KB196125

제임스 앨런의 생각의 지혜
3

제임스 앨런의 생각의 지혜
3

제임스 앨런 지음 | 이주영 옮김

도서출판 물푸레

옮긴이

이주영은 이화여자대학교 경제학과를 졸업하고 증권사에서 투자 및 분석 업무를 담당했다. 현재 바른번역 전문 번역가로 활동하고 있다. 옮긴 책으로는 《우리는 다시 연결되어야 한다》, 《원하는 것이 있다면 끝까지 버려라》, 《두 도시 이야기》 등이 있으며 《하버드 비즈니스 리뷰 코리아》 번역에도 참여했다.

제임스 앨런의 생각의 지혜 3

지은이 | 제임스 앨런
옮긴이 | 이주영
그림 | 김미식
펴낸이 | 우문식
펴낸곳 | 도서출판 물푸레

초판 인쇄 | 2024년 11월 07일
초판 발행 | 2024년 11월 11일
등록번호 | 제 1072-25호
등록일자 |1994년 11월 11일

경기도 의왕시 위인로 15, 101동 1101호
TEL | (031)453-3211 FAX | (031)458-0097
e-mail | ceo@kppsi.com
homepage | www.kppsi.com

정가 23,800원
ISBN 978-89-8110-350-7 04180
ISBN 978-89-8110-345-3 (세트)

변하지 않는 다정한 기질을 유지하며 오직 순수하고
온화한 생각만 하고 어떤 상황에서도 행복해지는 것,
이렇게 축복받은 환경과 더불어 아름다운 인격과 삶은 모든 사람,
그중에서도 특히 이 세상에서 불행을 줄이고 싶은 이들의 목표가 되어야 한다.
거칠고 불순하고 불행한 삶에서 스스로 벗어나지 못한 자가
어떤 이론이나 신학을 전파해 세상을 더 행복하게 만들 수 있다고
생각한다면 그것은 대단한 착각이다.
매일 거칠고 불순하고 불행한 삶을 살아가는 사람은
날마다 세상에 불행을 더한다.

제임스 앨런에 대하여

제임스 앨런(1864~1912)은 20세기 '신비의 문인'으로 불린다. 그의 베스트 셀러인 고전 《생각하는 그대로As a Man Thinketh》를 비롯한 저서들은 전 세계 1억 명 넘는 독자가 읽었지만, 정작 저자인 앨런에 대해서는 별로 알려진 바가 없다.

앨런은 1864년 영국 레스터에서 태어났으며, 어릴 때 아버지를 따라 미국으로 건너갔다. 그의 아버지는 유복한 사업가였지만 좋지 않은 경제 상황 탓에 1878년 파산했고, 그다음 해 비참하게 살해당했다. 이러한 가정환경 때문에 앨런은 열다섯 살 때부터 가족의 생계를 위해 생활 전선에 뛰어들 수밖에 없었다. 이후 앨런은 결혼해 가정을 꾸렸고, 영국 거대 기업에서 행정을 다루는 개인 서기관으로 일했다.

서른여덟 살 때 앨런은 인생 갈림길에 서게 되었다. 톨스토이의 저작들을 읽으며 영향을 받은 그는 돈을 벌고 소비하는 데 모든 것을 바치는 경박한 행위가 삶을 의미 없게 만든다는 사실을 깨달았다. 이후 직장을 그만둔 그는 묵상의 삶을 살고자 영국 남서부 연안에 있는 작은 시골집으로 이사했다. 그곳 해안 골짜기에서 자신의 스승이던 톨스토이의 교훈대로 자발적 빈곤, 영적인 자기 훈련, 그리고 검소한 삶을 통해 꿈을 수행해나갔다.

앨런은 성경 말씀 속 빛나는 지혜들을 마음 깊이 새겼을 뿐 아니라, 동양 고전에서도 많은 깨달음을 얻었다. 매일 글쓰기와 명상을 하고, 소일거리로 정원 가꾸는 일을 하면서 정신적인 삶을 영위하는 데 필요한 토양을 마련했다.

당시 앨런은 아침 일찍 일어나 한 시간 넘게 명상을 하기 위해 바다가 내려다보이는 절벽을 산책하는 것이 일상이었다. 명상을 통해 그는 눈에 띄지 않는 거미집처럼 영적인 비전이 고양되었고, 스스로 알려고 하지 않아도 우주의 비밀이 눈앞에 펼쳐졌다. 그리고 이러한 고요한 감동들은 오롯이 그의 내부에 각인되었다. 그는 산책을 마치고 집에 돌아와서는 종이에 자신이 느낀 단상들을 기록했다. 그리고 오후에는 정원을 가꾸는 일에 매진했으며, 저녁에는 고상한 철학적 주제에 대해 논쟁하길 원하는 마을 사람들과 친교를 다졌다.

10년 동안 앨런은 묵상과 사색을 하며 하루하루를 지냈고, 자신의 저서들에서 나오는 적은 로열티로 생활했다. 그러다 마흔여덟 살이 되었을 때 갑작스레 우리 곁을 떠났다.

앨런은 참으로 미지의 사람이었고, 명성으로 인해 폄훼되지 않았으며, 운명에 휩쓸리지 않은 채 자신이 원하던 삶의 방식대로 살다가 죽었다. 그의 저서들은 후에 문학 분야에서 천재적이고 영적인 걸작으로 인정받았다. 또한 수많은 철학자, 신학자, 정치가, 심리학자는 물론, 데일 카네기Dale Carnegie부터 나폴리언 힐Napoleon Hill, 스티븐 커비Stephen Covey, 잭 캔필드Jack Canfield에 이르기까지 수많은 자기 계발 구루의 삶에 영향을 미쳤으며 그들의 저서에도 인용되고 있다.

이는 살아생전 알려지지 않았던 영국 신비주의자가 원하는 길이기도 했다. 앨런이 죽은 후 그의 영적인 통찰력은 세계로 전파되었다.

《생각하는 그대로》에서 앨런은 "고결하고 숭고한 인격은 신의 은혜를 입거나 운이 좋아서 생긴 것이 아니다. 올바른 생각을 하려고 끊임없이 노력하고, 신과 같은 숭고한 생각을 소중하게 품어온 대가다"라고 언급했다.

앨런은 또한 "인간은 자신의 정신으로부터 분리될 수 없다"는 원칙을 깨달았는데, 실로 인간의 삶은 자기 정신과 생각으로부터 분리될 수 없다. 마치 빛, 광채, 색상을 따로 떼어놓을 수 없듯이, 정신과 생각도 인간의 삶과 떨어질 수 없는 관계다. 따라서 생각이 변하면 사람도 변할 수 있다는 결론이 나온다.

이와 같은 명상(영성) 문학의 원조로 알려져 있다. 앨런이 남긴 저서들을 연도별로 살펴보면 다음과 같다.

《번영의 길The Path to Prosperity》(1901), 《마음의 평화에 이르는 길The Way of Peace》(1901), 《생각하는 그대로As A Man Thinketh》(1903), 《거룩한 삶Heavenly Life》(1903), 《천국 들어가기Entering Kingdom》(1903), 《마음속 깊은 곳에서부터 Out From The Heat》(1904), 《축복의 샛길Byways of Blessedness》(1904), 《평화의 시 Poems of Peace》(1907), 《승리하는 삶The Life Triumphant》(1907), 《아침·저녁의 사색Morning And Evening Thoughts》(1908), 《선의 문을 통해Through the Gate of Good》(1908), 《운명의 지배The Mastery of Destiny》(1909), 《삶의 혼란을 넘어 Above Life's Turmoil》(1910), 《격정에서 평화까지From Passion to Peace》(1910), 《인간: 마음·몸·환경의 왕Man: King of Mind, Body & Circumstance》(1911), 《번영의 여덟 가지 기둥Eight Pillars of Prosperity》(1911), 《인생의 어려움을 밝히는 빛 Light on Life's Difficulties》(1912), 《행복과 성공을 위한 주춧돌Foundation Stone to Happiness and Success》(1913), 《제임스 앨런의 365일 명상James Allen's Book of Meditation for Everyday in The Year》(1913), 《인간과 체제Man and System》(1914), 《빛나는 문The Shining Gateway》(1915), 《신성한 동반자The Divine Companion》(1919).

이 책들은 모두 물푸레 출판사에서 완역해 《제임스 앨런의 생각의 지혜》 1~5권, 개별 낱권과 e북으로 출간했다.

우리 시대 최고의 신비주의자 제임스 앨런

대다수 사람이 인생에서 얻고 싶어 하는 것은 경제적 성공과 진실한 사랑이 아닐까? 학문적 성취나 예술 활동을 최고 가치로 삼는 사람도 물론 있을 것이다. 반면 정신적 성공을 인생 목표로 삼는 이는 사실상 드물다. 즉 영감靈感이 넘치는 인생, 우주의 영원한 질서와 하나가 된 삶, 지속적으로 인식을 확장하는 삶을 추구하는 사람은 드물다고 할 수 있다. 왜 그럴까? 그런 삶이 인간에게 가능하다고 차마 믿을 수가 없기 때문이다. 인간이란 그저 경제적 성공과 정서적 안정만 누려도 잘 산다고 할 수 있으며, 거기에 더해 학문과 예술까지 즐기면서 살아가는 행복이 인간이 지닌 한계라고 생각하는 것이다.

그런데 앨런은 이렇게 말한다. 먼저 정신적 성공을 최고 가치로 추구하면 경제적 성공과 정서적 안정, 진실한 사랑까지 성취할 수 있을 뿐 아니라, 정신적 성공은 인간이 꼭 이루어야 할 운명이라고. 또한 인간의 가장 근본적 열망은 높은 곳에 대한 사랑이며, 자신의 모든 잠재력을 불러일으키는 길은 가장 높은 곳을 향해 걸어가는 것이라고 말이다.

앨런의 책을 읽다 보면 그가 말하는 성공의 길이 주로 두 차원에서 이뤄진다는 것을 알 수 있다. 즉 수직적 차원에서는 저속한 생각과 격정passion을 극복하고 고귀한 방향으로 나아가는 길이요, 수평적 차원에서는 이기적인 생각과 자아를 극복하고 세계 전체로 시야를 확대하는 길이 그것이다. 결국에는 저속한 생각과 이기적인 생각을 완전히 없애고, 수직으로나 수평으로나 한없이 마음과 정신을 넓힘으로써 수직적 차원에서는 신神과 합일하고, 수평적 차원에서는 인류 전체와 우주 전체를 껴안는 것이 마지막 평화, 마지막 행복, 마지막 성공이라고 앨런은 강조한다.

이런 지고지순한 행복과 성공은 사실 동서양 고대 철학자들이 이미 인생 목적이라고 말했던 것으로, 앨런은 성경과 동양 고전에서 얻은 깨달음을 쉽고 간결한 언어로 현대인에게 전달하고자 했다. 그런데 앨런이 말하는 내용의 특이점 중 하나는 가장 불교적인 방법으로 가장 기독교적인 목적을 달성하라고 권고한다는 사실이다. 정신적 우주에도 엄격한 질서가 있음을 이해하고 그 질서에 맞추어 생각의 힘을 잘 이용해 자기 마음을 다스리는 것은 불교적인 방법인데, 바로 이 방법을 통해 기독교적인 구원을 이루라고 강조하고 있는 것이다. 앨런이 왜 그렇게 말하게 되었는지는 이 책을 읽다 보면 누구나 충분히 알 수 있다. 그 이유를 파악하는 것은 앨런이 말하는 성공의 열쇠를 손에 쥐는 것과 같다.

다만 앨런의 책을 읽으면서 주의해야 할 부분이 하나 있다. 그것은 'passion'이라는 영어 단어의 뜻 문제다. 영어 passion은 한국어로 정열, 열정, 격정 등으로 번역되며 철학 용어로 쓰일 때는 '정념情念'으로 번역되기도 한다. 그런데 문제가 발생하는 이유는 한국어에서 '정열'이 '무기력'의 반대말로 자주 쓰이는 반면, 영어에서는 '이성理性'의 반대말로 많이 쓰이기 때문이다. 격정의 반대말로 온유함을 쓰기도 한다. 앨런은 '무기력'의 반대말로 '열망aspiration'이라는 단어를 쓰고 있으며, '정열'은 맹목적 감정이라는 뜻으로 사용한다. 따라서 책에 나오는 '정열'이라는 단어를 어디까지나 '이성'의 반대 뜻으로 이해하길 바란다.

행복과 번영은 누구나 원하는 바이지만, 소위 성공했다고 일컬어지는 사람 중에서도 자기가 행복과 번영을 누리며 살아간다고 자신 있게 말하는 이는 드물다. 그들 역시 자신의 상황이 앞으로 어떻게 바뀔지 모르고 또 마음속에 불안이 남아 있음을 스스로 느끼기 때문이다. 그렇다면 진정한 행복과 번영은 도대체 무엇이고, 어떻게 해야 그것들을 누릴 수 있을까? 앨런의 책은 이 문제를 집중적으로 다루고 있으며, 모든 인간사를 관통하는 이치를 설명함으로써 자연스럽게 결론을 유도한다.

앨런이 모든 인간사를 관통하는 이치로서 제시하는 핵심 개념은 '생각의 힘'과 '영원한 법칙의 힘', 그리고 '섭리의 힘'이다. '생각의 힘'은 사람의 성격과 환경, 운명이 모두 생각이라는 씨앗에서 자라난 열매라는 의미다. 앨런에 따르면 원인과 결과의 관계는 자연 현상에서와 마찬가지로 정신세계에서도 필연적이며, 생각이 원인이 되어 성격과 환경, 운명이라는 결과를 만들어낸다. 그래서 사람은 자신의 환경과 운명을 직접 선택하는 것이 불가능하고 자기 성격도 뜻대로 변화시킬 수 없지만, 자신의 생각을 선택하는 것은 가능하며, 따라서 간접적이지만 확실하게 자기가 원하는 환경과 운명, 성격을 만들어낼 수 있다. 사람들은 흔히 돈의 중요성을 잘 알면서도 시간의 중요성은 잘 깨닫지 못하고, 생각의 중요성은 더더욱 간과한다. 그래서 돈을 손해 보면 크게 화내는 사람이 시간을 낭비하는 것은 대수롭지 않게 생각하고, 나쁜 생각이 마음속에 자리 잡은 것에 대해서는 그 심각성을 아예 느끼지 못하는 경우가 많다. 그러나 진정한 행복과 번성을 원하는 사람은 돈보다는 생각을 더 중요하게 관리할 필요가 있다. 앨런에 따르면 나쁘고 불순한 생각은 설령 실천에 옮기지 않더라도 신경계를 약화할뿐더러, 나쁘고 불순한 상황을 끌어당긴다. 더군다나 그것을 실천에 옮기면 나쁜 습관으로 구체화되고 마침내 나쁜 환경으로 굳어진다. 이에 반해 좋은 생각은 그 자체로 건강과 힘을 증진하며 유익한 상황을 끌어당기고, 실천에 옮기면 좋은 습관으로 구체화되어 마침내 좋은 환경으로 굳어진다.

'영원한 법칙의 힘'은 자연계와 정신세계를 포함한 우주 전체 질서를 유지하는 영원한 법칙의 절대성을 의미한다. 동양에서는 이 법칙을 '도道', '다르마'라는 이름으로 불러왔고, 서양 기독교 전통에서는 '로고스(말씀)'라고 하는데, 이 법칙은 물리적인 자연 현상에서뿐 아니라 도덕 영역에서도 "각자가 뿌린 대로 거두는" 질서를 유지한다. 인간은 자유 의지를 가지고 있지만 그 자유란 자신의 생각과 행위를 선택할 수 있는 자유일 뿐, 생각과 행위의 결과는 오직 '영원한 법칙의 힘'에 의해 규정된다. 운명은 인간의 생각과 행위라는 원인에 대한 우주적 법칙의 반작용이며, 사람은 사실상 매순간마다 생각과 말, 행위를 통해 자기 운명을 만들고 있다. 따라서 이미 저지른 결과를 순순히 받아들이고 원인을 새롭게 선택하는 것이 운명을 지배하는 첫걸음이 되며, 그 순간 비로소 진지한 인생이 시작된다.

영원한 법칙의 힘을 깨닫는 것은 나쁜 생각을 몰아내는 지름길이기도 하다. 나쁜 생각들은 우주의 질서를 믿지 못하는 공포심 속에서만 번성할 수 있다. 영원한 법칙의 힘을 신뢰하면 자신의 생각을 관리함으로써 성격과 환경, 운명도 스스로 관리할 수 있다는 자신감이 생기고, 자신에게 닥치는

제임스 앨런에 대하여 · 11

모든 상황을 불평 없이 긍정할 수 있다. 무너지지 않는 번영은 생각의 힘과 영원한 법칙의 힘을 이해하고 신뢰할 때 가능하다.

마지막으로 '섭리의 힘'이란 인간이 합리적 이성으로 파악할 수 없는 질서와 초자연적 존재의 작용을 의미한다. 앨런이 제시하는 우주관은 자연과학자들이 설명하는 우주관과는 조금 다르다는 점에 주의해야 한다. 앨런에 따르면 우주는 그저 시계처럼 정확히 기계적으로 움직이는 시스템이 아니라, 신성한 사랑의 완전한 실현을 향해 나아가는 하나의 정신적 생명체다. 이러한 우주의 목적과 반대되는 목표나 가치관을 가진 개인은 남에게 피해를 주지 않았는데도 본의 아니게 불행에 처하게 된다. 즉 인간에게는 자기 자신과 공동체의 좀 더 나은 삶, 좀 더 나은 완성을 실현하고자 계속해서 노력하는 태도가 요구된다. 생존 문제를 해결하는 데 너무 신경 쓴 나머지 자신도 모르게 공동의 가치를 훼손하는 일은 그것에 상응하는 반작용을 낳기에 고생의 길을 자초하는 셈이다. 이와 반대로 공동의 목표를 위해 봉사하는 사람에게는 우주가 그것에 상응하는 보답을 주며, 그 보답 안에는 경제적 문제 해결도 포함된다. 전체를 위해 사심 없이 봉사하면서 생존의 문제를 잊는 것, 이것이 변치 않는 행복이다. 따라서 성공을 꿈꾸는 사람은 경제적 문제 해결이나 개인적 명예를 위해서가 아니라, 전체 이익을 위해 봉사하려는 마음으로 성공을 꿈꾸는 편이 더 낫다. 이와 같은 앨런의 주장은 성공과 종교적 수행을 결코 분리하지 않는다. 물론 그가 말하는 성공은 상식적 의미에 국한하는 것이 아니라, 올바른 생각과 정서적으로 큰 기쁨이 늘 함께하는 것을 가리킨다.

앨런은 인생의 궁극적 목적은 신과 합일하고 자아를 완전히 초월해 영원한 생명을 얻는 것이라는 기독교 교리를 자주 강조한다. 그러면서 행복과 번영의 완성이 바로 영원한 생명이요, 신과의 합일이라고 주장한다. 그런데 이 책을 읽다 보면 앨런이 석가모니를 무척 존경하고, 석가모니의 말과 가르침을 자주 인용한다는 사실을 알게 된다. 그가 어쩌면 기독교의 '영원한 생명'과 불교의 '열반'을 동일시하는 것이 아닌가라는 생각이 들 정도다. 이 문제는 우리나라의 종교 상황에서 다소 민감한 측면이 있으니 판단은 독자의 몫으로 남겨두도록 하겠다.

다음은 앨런의 저서 22권을 완역해 《제임스 앨런의 생각의 지혜》 5권으로 묶은 내용이다. 《제임스 앨런의 생각의 지혜 1》과 《제임스 앨런의 생각의 지혜 2》는 2008년, 2015년에 출간된 《제임스 앨런의 생각의 지혜》에 내용을 추가하고 수정해 2권으로 나눈 것이다. 독자의 가독성을 위해 편집했지만 집필 순서대로 읽기를 원한다면 출판 연도에 따라 읽어도 무방하다.

제임스 앨런의 생각의 지혜 1

- 생각하는 그대로 As A Man Thinketh(1903)
- 번영의 길 The Path to Prosperity(1901)
- 마음의 평화에 이르는 길 The Way of Peace(1901)
- 마음속 깊은 곳에서부터 Out From The Heart(1904)
- 격정에서 평화까지 From Passion to Peace(1910)

제임스 앨런의 생각의 지혜 2

- 운명의 지배 The Mastery of Destiny(1909)
- 거룩한 삶 The Heavenly Life(1903)
- 천국 들어가기 Entering Kingdom(1903)
- 인간: 마음 · 몸 · 환경의 왕 Man: King of Mind, Body & Circumstance(1911)
- 아침 · 저녁의 사색 Morning And Evening Thoughts(1908)

제임스 앨런의 생각의 지혜 3

- 축복의 샛길 Byways of Blessedness(1904)
- 행복과 성공을 위한 주춧돌 Foundation Stone to Happiness and Success(1913)

마지막 《제임스 앨런 회고록》은 그의 아내 릴리 앨런이 썼다. 제임스 앨런의 소년 시절부터 성장 시기, 왕성한 활동 시기, 마지막 임종까지 남편이 아닌 신비주의자의 삶을 서술했다. 릴리는 "세월이 흘러도 그는 변함없이 곧은길을 나아갔으며 한 번도 뒤돌아보거나 신성한 길에서 벗어나지 않았다"고 회고했다.

릴리는 이 회고록을 앨런을 사랑하는 사람들, 온유한 마음과 눈물 어린 눈으로 이 글을 읽을 독자들을 위해 썼다고 한다. 제임스 앨런이 고요하고 평화롭고 조용하게 우리 곁을 떠난 1912년 1월 12일부터 1월 24일 수요일 새벽까지 순간을 덤덤하게, 하지만 슬픔이 가득한 마음으로 서술한 릴리의 글을 읽노라면 그 행간에 가득 담긴 사랑과 상실감, 또 다른 희망과 시린 아픔을 느낄 수 있을 것이다. 그리고 신비주의 작가 제임스 앨런의 주옥같은 글들에서 하나뿐인 삶을 살아가는 곧은길을 찾게 될 것이다. 마음과 머리에서 무거운 안개가 걷히는 듯한 느낌을 받으면서 말이다.

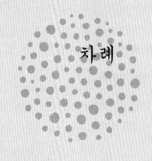

차례

11
축복의 샛길

샛길을 걸으며 그 아름다움을 느끼고 복됨에 취해 인생의 넓은 고속도로를 따라
순례하는 사람은 때가 되면 마지막 짐을 내려놓은 뒤 모든 피로가 사라져
마음 가벼운 자유를 누리고 영원한 평화 속에서 쉬게 될 것이다.

서문

버마(현 미얀마—편집자 주)의 고속도로를 따라가다 보면 먼지가 자욱한 도로에서 일정 거리를 두고 떨어진 곳에 시원한 나무 그늘이 펼쳐지고, 그 아래 '휴게소rest-house'로 불리는 작은 목조 건물이 하나 나온다. 이곳에서 지친 여행자들은 잠시 휴식을 취하며 친절한 주민들이 종교적 의무에 따라 준비해둔 음식과 물로 배고픔과 갈증을 해소하고 피로를 푼다.

인생이라는 큰 고속도로에도 이런 휴게소가 있다. 열정의 열기와 실망의 먼지에서 거리를 두고 떨어진 곳에 시원하고 상쾌한 지혜의 그늘이 펼쳐지고, 그 아래에 소박하고 눈에 띄지 않는 평화의 '휴게소'가 자리하고 있다. 눈에 잘 띄지 않는 이 작은 축복의 샛길에서 지치고 발이 아픈 사람들이 힘을 얻고 아픈 곳을 치유한다.

이 샛길을 무시하면 고통이 따른다. 인생이라는 큰길을 따라가다 보면 잡히지 않는 목표에 도달하려는 초조함과 열망이 우리를 압박한다. 사람들은 언뜻 하찮아 보이는 참된 생각의 '휴게소'를 경멸하면서 복된 행동의 작고 좁은 샛길에 주의를 기울이지 않는다. 그리고 이 샛길을 별것 아니라고 생각한다. 이에 셀 수 없이 많은 사람이 시시때때로 마음의 배고픔과 갈증, 피로에 시달리며 쓰러지고 죽어간다.

하지만 격렬한 압박에서 벗어나 이 책에서 제시하는 샛길을 알아차리고 그 길로 들어가려는 사람은 먼지투성이 발로 비할 데 없는 축복의 꽃을 밟으며 그곳의 아름다움을 바라보는 동안 마음이 달콤한 향기로 상쾌해질 것이다. 또한 편안하고 한결같은 마음으로 인생의 열병과 흥분에서 벗어나고, 먼지 속에 쓰러지거나 도중에 죽지 않고 살아남아 강하면서도 행복하게 성공적으로 여정을 끝마칠 것이다.

— 제임스 앨런

영국 일프렉콤 브로드파크 애비뉴에서

올바른 시작

시간과 더불어 시작되고 끝나는

모든 일상적인 것들과 매일의 일들,

기쁨과 불만도 올라야 할 과정이다.

날개가 없어 날아오를 수는 없어도

기어오를 수 있는 발이 있다.

—롱펠로Longfellow

평범한 삶, 삶의 필요

그리고 그 과정을 위해 내가 아름다운 빛깔 속에서 시작하기를

—브라우닝Browning

인생은 시작으로 가득하다. 시작은 모든 사람에게 매일 매순간 주어진다. 시작은 대부분 작고 사소하며 대수롭지 않은 것처럼 보이지만 실제로는 인생에서 가장 중요하다.

물질세계의 모든 것이 어떻게 작은 시작에서 비롯되는지 살펴보자. 아무리 큰 강도 처음에는 메뚜기가 뛰어넘을 수 있는 개울에 불과하고, 대홍수도 몇 방울의 비로 시작하며, 천 번의 겨울을 보내면서 폭풍을 견딘 단단한 참나무도 한때는 도토리였다.

영적 세계에서는 위대한 일들이 어떻게 가장 미미한 시작에서 비롯되는지 생각해보자. 가벼운 상상이 멋진 발명품이나 불멸의 예술 작품을 탄생시키는 발단이 될 수 있고, 말 한마디가 역사 흐름을 바꿀 수 있으며, 마음속에 품은 순수한 생각 하나가 전 세계를 쇄신하는 운동으로 이어질 수 있다.

시작의 엄청난 중요성을 아직도 모르겠는가? 당신은 시작이 어떤 의미를 담고 있는지 제대로 이해하는가? 얼마나 많은 시작을 계속하는지 알고 그 완전한 의미를 깨닫고 있는가? 만약 그렇지 않다면 잠시만 나와 함께 사람들이 무시하는 축복의 샛길을 신중하게 탐구해보자. 축복의 샛길은 현명하게 의지할 때 복되고, 이해하는 마음에 큰 힘과 위안을 준다.

시작은 원인이기에 반드시 하나 또는 일련의 결과가 뒤따른다. 그리고 결과는 늘 원인과 같은 성격을 띤다. 최초의 원동력이 가진 성격이 언제나 결과의 본질을 결정하는 것이다. 또한 시작을 통해 결말이나 완성, 성취, 목표를 예상할 수 있다. 문은 길로 이어지고 길은 특정 목적지로 이어진다. 마찬가지로 시작은 결과로 이어지고 결과는 성취로 이어진다.

시작에는 올바른 시작과 잘못된 시작이 있다. 그리고 같은 성격의 결과가 뒤따른다. 신중하게 생각한다면 잘못된 시작이 아닌 올바른 시작을 할 수 있으며, 따라서 나쁜 결과를 피하고 좋은 결과를 얻을 수 있다.

통제할 수 없고 권한조차 없는 시작도 있다. 이런 시작은 외부, 우주와 주변 자연계, 자신과 똑같은 자유를 가진 다른 사람들에게서 비롯된다.

통제할 수 없는 시작은 신경 쓰지 마라. 당신에게 완전한 통제권과 권한이 있는 시작, 그리고 복잡하게 얽힌 결과를 가져와 삶을 조직하는 시작에 에너지와 관심을 쏟아라. 이런 시작은 스스로의 생각과 행동에서, 또한 다양한 상황을 경험하며 나타나는 정신적 태도에서 비롯된다. 즉 좋든 나쁘든 당신의 세상에서, 당신이 만드는 당신의 삶에서 일어난다.

축복의 삶을 지향할 때 염두에 두고 제대로 해내야 하는 가장 간단한 시작 중 하나는 모든 사람이 매일 하는 일, 즉 하루의 삶을 시작하는 것이다.

당신은 어떻게 하루를 시작하는가? 몇 시에 일어나는가? 어떻게 업무를 시작하는가? 새로운 날의 신성한 삶을 어떤 마음으로 맞이하는가? 이런 중요한 질문에 뭐라 답할 것인가? 하루를 제대로 시작하느냐 아니냐에 따라 많은 행복 또는 불행이 뒤따른다. 하루를 현명하게 시작하면 행복한 것은 물론, 조화로운 일이 연속해서 일어나 삶 전체가 이상적인 축복에 가까워진다.

이른 기상은 하루를 시작하는 올바르고 효과적인 시작이다. 세상의 의무 때문에 일찍 일어날 필요가 없더라도, 이른 기상을 습관화해 나태함을 떨쳐버리고 하루를 활력과 에너지로 활기차게 시작하는 것이 현명하다. 매일을 나약함에 굴복한 채 시작한다면 어떻게 몸과 마음의 힘을 기르고 의지를 다질 수 있겠는가? 방종하면 늘 불행이 뒤따른다. 늦은 시간까지 침대에 누워 있는 사람은 전혀 밝거나 쾌활하지도, 생기 넘치지도 않으며 종종 짜증, 우울, 쇠약, 신경 장애, 비정상적인 몽상, 온갖 불행한 기분의 먹잇감이 되곤 한다. 일상에서 방종에 빠진 무거운 대가다. 그런데도 사람들은 자기 자신에게 영합해 눈을 감아버린다. 술주정뱅이가 술 때문에 정신이 망가지면서도 오히려 술을 마셔야 정신이 든다며 날마다 술을 들이켜는 것처럼, 늦게까지 침대에 누워 있는 사람은 방종 때문에 생긴 안 좋은 기분, 허약함, 장애 등을 치료하는 방법으로 오랫동안 휴식이 필요하다고 확신하는 것이다. 사람들은 이런 일상의 방종 탓에 심신의 강건함을 잃고 번영할 수 없으며, 지식을 놓치고 행복까지 잃어 큰 손실을 본다는 사실을 전혀 알지 못한다.

일찍 일어나서 하루를 시작하라. 일찍 일어나야 할 목적이 없어도 괜찮다. 일어나서 자연의 아름다움을 느끼며 조용히 산책하면 마음의 평화는 말할 것도 없고 명랑함과 상쾌함, 기쁨을 경험할 수 있다. 그리고 이런 경험은 일찍 일어나기 위한 당신의 노력을 충분히 보상할 것이다. 좋은 일에 한 번 노력을 기울이면 다음번에도 노력하게 된다. 다른 목적이 없더라도 일찍 일어나서 하루를 시작한 사람은 고요하고 이른 시간이 마음을 맑게 하고 생각을 평온하게 하는 데 도움이 된다는 사실을 깨닫는다. 이른 아침 산책을 통해 생각을 거듭함으로써 인생과 인생의 문제, 자신과 자신의 일을 더 명확한 시각으로 볼 수 있다는 사실도 알게 된다. 그리고 어느 순간이 되면 지혜와 평온의 힘으로 모든 어려움에 대처할 수 있도록 미리 마음의 준비를 하고 적응하겠다는 분명한 목적을 가지고 일찍 일어나게 될 것이다.

실제로 이른 아침 시간에는 영적인 영향력과 신성한 침묵, 표현할 수 없는 안식이 있다. 목적의식 아래서 편안함의 망토를 의연히 벗어던지고 아침 해를 맞고자 언덕을 오르는 사람은 축복과 진리의 언덕을 상당한 높이까지 올라가게 될 것이다.

하루를 일찍 시작하면 아침식사 때도 쾌활해져 가정에 밝은 영향이 스며든다. 자신감에 찬 강건한 정신으로 맡은 일을 수행하고 그날 하루를 잘 살게 된다.

하루하루는 새로운 인생의 시작이라고 할 수 있으며, 우리는 더 현명하면서도 나은 정신으로 새롭게 생각하고 행동하고 살아갈 수 있다.

하루하루는 새로운 시작
세상은 매일 아침 새롭게 만들어진다.
슬픔과 죄에 지친 당신에게
여기 아름다운 희망이 있다.
나에게도 당신에게도 희망이다.

어제의 죄나 과오에 집착해 오늘을 바르게 살 수 있는 에너지와 정신을 소진하지 말고, 어제의 죄 때문에 오늘을 제대로 살 수 없다고 낙담하지 마라. 오늘을 제대로 시작하고, 지난 모든 날의 축적된 경험을 바탕으로 과거의 어느 날보다도 더 잘 살아라. 다만, 더 잘 시작하지 않으면 더 잘 살 수 없다. 하루의 성격은 그것을 시작하는 방법에 따라 달라진다.

또 다른 중요한 시작이 있다. 책임 있는 특정 사업을 시작하는 일이다. 집을 지을 때 어떻게 시작하는가? 먼저 설계도를 구하고 계획에 따라 기초부터 세부 사항을 꼼꼼히 따져 건축을 진행한다. 만약 시작 단계, 다시 말해 정확한 설계도를 마련하는 단계를 소홀히 한다면 괜한 품을 낭비할 테고, 설령 건물이 무너지지 않고 완공되더라도 그것은 불안정하고 쓸모없는 건물이 될 것이다.

모든 중요한 일에는 같은 법칙이 적용된다. 건설할 것에 대한 정신적 계획을 명확히 세우는 것이 올바른 시작이자 최초의 핵심이다. 자연은 허술하거나 엉성하지 않고 혼란을 제거한다. 아니, 사실 혼란은 그 자체가 소멸이다. 질서, 명확성, 목적은 영원하고 보편적이다. 일을 할 때 정확한 요소들을 간과하는 사람은 실재성, 완전성을 얻을 수 없고 성공할 수도 없다.

계획 없는 삶
시작한 순간만큼이나 무익하네
불만이 번성하는 토양이 될 뿐
절반은 이미 지나갔네

체계적으로 수행할 수 있는 유용한 계획을 마련하지 않은 채 사업을 시작하면 일관된 노력을 하지 못해 사업 운영에 실패하고 만다. 집을 지을 때 지켜야 하는 법칙은 사업 운영에도 마찬가지로 적용된다. 명확한 계획 뒤에는 일관된 노력이 따른다. 그리고 일관된 노력 뒤에는 체계적이고 정돈된 결과, 즉 완전성과 완벽함, 성공, 행복이 따라온다.

기계와 관련되거나 상업적인 업무 외에도 모든 사업 분야에 이 법칙이 적용된다. 작가의 책, 예술가의 그림, 연설가의 연설, 개혁가의 운동, 발명가의 기계, 사령관의 전투 등은 모두 일에 착수하기 전 마음속에서 신중히 계획되어야 한다. 그럼 정신적 계획의 통일성, 연대성, 완벽성에 따라 사업의 실제적이고 궁극적인 성공이 이루어질 수 있다.

성공한 사람, 영향력 있는 사람, 선한 사람은 어리석은 자들이 하찮다며 지나치는 모호한 시작 속에 숨어 있는 가치를 깨닫고 그 힘을 활용한 이들이다.

그러나 무엇보다 가장 중요한 시작, 필연적으로 고통 또는 축복을 좌우하나 사람들이 가장 쉽게 간과하고 잘 이해하지 못하는 시작이 있다. 바로 어떤 일의 원인이 되지만 숨겨져 있는 마음속 영역에서 시작되는 '생각'이다. 삶은 나 자신의 생각에서 기인한 일련의 결과다. 생각이 모든 행동을 만들고 융합한다. 선하든, 악하든 행동은 생각이 가시화된 결과인 것이다. 풀과 나무의 시작은 땅에 심은 씨앗이고, 씨앗에서 싹이 터 빛 속으로 나와 자란다. 행동의 시작은 마음속에 심은 생각 하나다. 생각은 먼저 마음속에 뿌리를 내린 뒤 행동이나 행위 형태로 빛을 향해 나와 성격과 운명으로 발전한다.

사랑스럽고 부드럽고 친절하고 이타적이며 순수한 생각은 올바른 시작이자 행복한 결과로 이어진다. 이는 아주 간단하고 분명하며 틀림없는 사실이다! 그러나 우리는 이를 얼마나 쉽게 무시하고 회피하며 제대로 이해하지 못하는가!

언제, 어디에, 어떻게 씨앗을 뿌려야 하는지를 신중하게 연구해온 정원사가 더 많은 원예 지식을 획득하고 최상의 결과도 얻는 법이다. 최상의 수확물은 최고의 시작을 실천하는 사람의 영혼을 기쁘게 한다. 마음속에 강하고 건강하며 자비로운 생각의 씨앗을 심는 법을 끈기 있게 연구하는 사람은 인생에서 최상의 결과를 손에 넣고 진리라는 더 큰 지식을 얻을 수 있다. 가장 큰 축복은 마음속에 순수하고 고귀한 생각을 불어넣는 사람에게만 찾아온다.

바른 생각에는 바른 행동이 따르고, 바른 행동에는 바른 삶이 따른다. 바른 삶을 살면 모든 복을 성취할 수 있다.

생각의 본질과 의미를 늘 염두에 두면서 나쁜 생각을 없애고 좋은 생각으로 대체하고자 매일 노력하는 사람은 결국 존재의 모든 결에 영향을 미치는 결과의 시작점이 생각이고, 이것이 인생의 모든 사건과 상황에 강력한 효과를 발휘한다는 사실을 깨닫게 된다. 그리고 이를 깨달은 사람은 오직 올바른 생각만 하면서 정신을 평화와 축복으로 이끄는 시작을 실천하기로 마음먹을 것이다.

잘못된 생각은 시작할 때도, 성장할 때도, 결실을 맺을 때도 고통스럽다. 반면 올바른 생각은 시작할 때도, 성장할 때도, 결실을 맺을 때도 복되다.

지혜로 향하는 길에 발견하고 받아들여야 할 시작은 많지만, 처음이자 마지막이며 가장 중요하고 다른 모든 것을 포함하는 시작, 즉 모든 영구적인 행복의 근원이자 원천은 바로 올바른 생각이다. 이는 자제력, 의지력, 확고함, 강함, 순수함, 온화함, 통찰력, 이해력을 꾸준히 발전시켜야 한다는 의미이기도 하다. 생각이 온전한 사람은 모든 불행을 제거해 매순간 평화롭고 축복으로 가득 찬 삶을 살기 때문에 완벽한 인생에 다다를 수 있다. 완전하고 완벽한 축복에 이르는 것이다.

사소한 과업과 의무

가장 가까운 의무로 포장된 열쇠가

천국의 문을 열어주리라.

그가 보게 될 천국의 비전이 베일을 벗으면

너무 이르거나 늦지 않게 오는 이

멀리 빛나는 별처럼

서두르지 말고

그러나 쉬지도 말고

꾸준히 묵묵하게

하루를 지배하는 과업을 완성하라

그리고 최선을 다하라.

—괴테Goethe

    제대로 시작하느냐 아니냐에 따라 고통과 행복이 필연적으로 뒤따르듯
이, 불행과 축복은 소소한 일·의무와 불가분의 관계다. 의무 자체에 행복

이나 불행을 부여하는 힘이 있는 것은 아니다. 그 힘은 의무를 대하는 마음가짐에 있으며, 모든 것은 의무에 접근해 이를 수행하는 방식에 달렸다.

큰 행복뿐 아니라 큰 힘도 소소한 일들을 이기심 없이 현명하고 완벽하게 해낼 때 생겨난다. 삶은 소소한 일이 모여 이루어지기 때문이다. 지혜는 일상생활의 평범하고 세세한 부분에 있다. 부분이 완벽하면 전체도 무결하다.

우주에 있는 모든 것은 작은 것들로 구성되어 있으며, 위대한 것의 완전성은 작은 것의 완전성을 바탕으로 한다. 우주는 어느 작은 부분이 불완전하면 전체도 불완전해진다. 작은 입자가 하나라도 빠진 집합체는 존재하지 않는다. 먼지가 한 톨도 없는 세상은 있을 수 없으며, 그 먼지 한 톨이 완전하기 때문에 세상도 완전하다. 작은 것을 경시하는 태도는 큰 것을 혼동하는 태도와 마찬가지다. 눈송이는 별만큼이나 완벽하고, 이슬방울은 행성만큼이나 균형 잡혀 있으며, 미생물이라고 그 수학적 비율이 인간보다 떨어지는 것은 아니다. 돌 하나하나를 완벽하게 다듬어 서로 꼭 맞게 쌓아올리면 마침내 아름다움을 뽐내는 성전이 완성된다. 작은 것은 큰 것에 우선한다. 작은 것은 단순히 큰 것의 겸연쩍은 부수물이 아니라, 그 스스로의 주인이자 정보를 제공하는 지혜다.

허영심 많은 사람은 위대해지려는 야망을 품은 채 뭔가 대단한 일을 찾아다니면서 당장 주의가 요구되는 사소한 일들을 무시하고 경멸하곤 한다. 헛된 영광이 따르지 않는 일이 앞에 놓여 있을 때 그렇게 '하찮은 일'은 위대한 사람이 주목할 가치가 없다고 여긴다. 어리석은 자는 지식이 궁하고 겸손이 부족하기 때문에 자만한 생각으로 야망이 부풀어 불가능한 일을 목표로 삼는다.

위대한 사람은 작은 일에도 꼼꼼하고 헌신적인 관심을 기울였기에 위대해질 수 있었다. 그는 갈채를 부르지도 않고 보상을 약속하지도 않는 당연한 일을 하면서 야망과 자존심을 내려놓았고, 현명하며 강해졌다. 위대함을 쫓지 않고 이타심과 충실, 성실, 진실을 추구했다. 그리고 사소한 일과 의무라는 평범하고 반복적인 과제 속에서 이러한 가치를 발견해 알지 못하는 사이 위대함의 차원에 올라섰다.

위대한 사람은 찰나의 순간, 언어, 인사, 식사, 의복, 서신, 휴식, 일, 사심 없는 노력, 순간의 의무 등에 내포된 엄청난 가치를 안다. 짧은 주의를 요구하는 1,001개의 사소한 일과 평범하고 세세한 삶의 순간에 내재된 가치를 안다. 그는 모든 일을 신성하게 할당받았다고 여기며, 삶을 복되고 완전하게 만들고자 자신의 입장에서 공평한 생각과 공평한 행동을 한다. 그는 어느 것도 소홀히 하지 않을뿐더러 서두르지 않고, 오직 죄와 어리석은 행동을 피하려 하며, 주어진 모든 의무에 충실하고, 미루거나 후회하지 않는다. 가장 가까운 의무에 아낌없이 자신을 바치고 기쁨·고통을 모두 잊음으로써 어린아이 같은 천진난만함과 무의식적인 힘이 합쳐진 위대함에 다다른다.

공자는 제자들에게 "왕의 식탁에서 먹듯이 자신의 식탁에서 먹으라"고 말했다. 이는 또 다른 위대한 스승 부처가 "해야 할 일이 생기면 한 사람에게 그 일을 맡기고 그로 하여금 맹렬히 달려들게 하라"고 말한 것처럼 사소한 일의 헤아릴 수 없는 중요성을 강조하고 있다. 사소한 일을 경시하거나 마지못해 되는 대로 처리해버리는 것은 자신의 나약함과 어리석음을 드러낼 뿐이다.

제자리에 있는 모든 의무에 전적이고 사심 없는 관심을 기울이는 것은 힘을 끌어내고 재능, 천재성, 선함, 덕성을 키우는 행위이기에 자연스럽게 성장해 더 높은 의무로 발전한다. 식물이 꽃을 피우듯이 인간은 무의식적으로 자연스럽게 위대함의 차원에 오른다. 줄어들지 않는 에너지와 근면함으로 모든 노력을 기울여 세세한 부분들을 적절한 자리에 맞춰놓음으로써 마찰을 빚거나 힘을 낭비하지 않고 삶과 인격의 조화를 이룬다.

온갖 곳에 널리 흩어진 '의지력'과 '집중력'을 개발해준다는 무수한 비결을 보면 중요한 경험에 적용할 만한 주요 힌트를 얻는 데 전혀 소용없어 보이는 것들이 있다. '호흡하기', '자세 잡기', '시각화하기', '초자연적 방법들'은 인위적일 뿐 아니라, 삶에서 진실하고 필수적인 것과는 거리가 먼 현혹적인 수행법이다. 반면, 의지력과 사고의 집중력이 건전하고 순리적으로 발전할 수 있는 진정한 길, 즉 의무의 길이자 일상의 과제에 진지하게 전심으로 몰두하는 길은 아직 알려지지 않았고 누구도 밟아보지 않았으며 선택받은 사람조차 탐구하지 않은 길이다.

'힘'을 얻기 위한 부자연스러운 강요와 부담은 모두 버려야 한다. 유년기에서 성인기로 가는 방법은 성장 외에는 없다. 마찬가지로 어리석음에서 지혜로, 무지無知에서 지식으로, 약함에서 강함으로 가는 다른 방법은 없다. 사람은 생각에 생각을 더하고 노력에 노력을 더하고 행동에 행동을 더함으로써 매일 조금씩 성장하는 방법을 배워야 한다.

고행승이 오랜 시간 '자세 잡기'와 '고행'을 통해 일종의 힘을 얻는 것은 사실이지만 그 힘을 얻을 때는 큰 대가를 치르는데, 그 대가는 다른 방향으로 같은 힘을 잃는 것이다. 그는 강하고 유능한 인물이 아니라, 어떤 심리적 속임수에 능한 전문가일 뿐이다. 그는 발전한 사람이 아니고 불구자다.

진정한 의지력은 개인의 일상생활에서 작은 자극에도 쉽게 나타나는 성마름, 어리석음, 경솔한 충동, 도덕적 잘못을 극복하는 데 있다. 또한 세속적 의무의 압박과 격렬함 속에서, 열정적이고 불안정한 군중 속에서 침착함과 냉정함, 감정에 좌우되지 않는 행동을 기르는 데 있다. 이에 미치지 못하는 것은 진정한 힘이 아니며, 진정한 의지력은 매일의 정당한 과제와 부담스러운 의무를 점점 더 능숙하게 사심 없이 완벽히 수행하고 꾸준히 성장해가는 평범한 길을 따를 때만 발전될 수 있다.

위대한 사람은 신비와 경이로 '심리적 업적'을 완성했으면서도 방심한 순간 짜증, 후회, 역정, 기타 사소한 어리석음이나 악덕의 먹잇감이 되는 자가 아니다. 강건함, 만족, 확고함, 침착함, 무한한 인내 속에서 '통제력'이 드러나는 사람이다. 진정 위대한 사람은 스스로의 주인이며, 이외의 것은 통제력이 아니라 망상일 뿐이다.

과제가 주어지면 그것을 수행하는 데 온 마음을 쏟는 사람, 그리고 아무리 작은 일이라도 마음에서 다른 모든 것을 배제한 채 에너지와 지성을 쏟으며 완전하고 완벽하게 처리하고자 노력하고 과제의 모든 보상으로부터 자신을 분리하는 사람은 매일 자기 마음에 대한 지배력을 얻게 되고, 점점 단계가 올라가 마침내 힘이 있는 자, 위대한 자가 될 것이다.

현재 주어진 과제에 아낌없이 헌신하면서 일하고 행동하며 살아간다면 각 과제를 완성된 노동의 결과물로 만들 수 있다. 이것이 의지력을 얻고 사고를 집중하며 에너지를 보존하는 진정한 길이다. 마법 같은 공식이나 부자연스럽고 인위적인 방법을 찾지 마라. 모든 자원은 이미 당신과 함께 당신 안에 있다. 지금 맡은 자리에 현명하게 집중할 수 있는 방법만 배우면 된다. 이렇게 하기 전까지는 당신을 기다리는 다른 높은 자리를 쟁취할 수도, 그곳에 닿을 수도 없다.

힘과 지혜를 얻는 방법은 지금 이 순간 강하고 지혜롭게 행동하는 것 외에는 없으며, 현재는 매순간 그때의 과제를 보여준다. 위대한 사람, 지혜로운 사람은 어떤 것도 당연하고 '하찮게' 여기지 않고 작은 일도 중하게 다룬다. 약한 사람, 어리석은 사람은 나중에 뭔가 더 큰일을 하길 열망해 작은 일은 경솔하고 조악하게 수행한다. 작은 일을 무능하고 소홀이 다루어 끊임없이 자신의 무능함을 광고하면서 말이다. 자신을 잘 다스리지 못하는 사람이 다른 이들을 다스리고 중요한 책임을 맡는 것에는 더 야심 차다. "너무 작은 일이라고 생각해 마땅히 해야 할 일을 소홀히 하는 사람은 스스로를 속이고 있는 것이다. 그가 하지 않는 일은 그에게 너무 작은 일이 아니라 너무 큰일이다."

작은 일을 열심히 하면 큰 힘이 생기는 것과 마찬가지로, 작은 일을 대충 하면 더 약해지고 만다. 단편적인 의무를 행하는 인간이 결국 그 인격의 총체다. 약함은 죄만큼이나 큰 고통의 원천이며, 인격의 힘이 어느 정도 발전하기 전까지는 참된 축복이 있을 수 없다. 약한 사람은 작은 일에 가치를 부여하고 그 가치에 따라 행동함으로써 강해진다. 강한 사람도 작은 일에 나태하고 소홀하면 단순한 지혜를 잃고 에너지를 낭비함으로써 약해진다. 여기서 다소 이해하기 어려운 말로 표현된 성장 법칙의 효과를 확인해보자. "있는 자는 받을 것이요 없는 자는 그 있는 것까지 빼앗길 것이다." 사람은 자신이 하는 모든 생각, 내뱉는 모든 말, 옮기는 모든 행동, 손과 마음을 쏟는 모든 일을 통해 즉시 얻기도 하고 잃기도 한다.

인격은 매순간 더해진다. 모든 순간에 선의 척도가 더해지거나 차감되며, 빠르게 잇는 각각의 생각, 말, 행동에 더함과 뺌의 요소가 포함되어 있다.

작은 것을 통세하는 사람이 큰 것의 정당한 소유자가 된다. 작은 것에 지배당하는 자는 최고의 승리를 얻을 수 없다.

성공적인 사업, 완벽한 기계, 영광스러운 성전, 아름다운 인격은 여러 부분의 완벽한 조화에서 발전한다.

어리석은 사람은 작은 잘못, 작은 방종, 작은 죄는 전혀 중요하지 않다고 생각한다. 명백한 악덕을 저지르지 않는 한 자신은 고결하고, 심지어 덕이 높다고 스스로를 납득시킨다. 그러나 이로 인해 오히려 고결함과 덕을 잃는다. 세상은 그를 존경하거나 숭배하지도, 사랑하지도 않는다. 세상은 그를 그냥 지나쳐 무능한 사람으로 여기고 그의 영향력은 무너져 내린다. 그런 사람이 세상을 덕이 높은 곳으로 만들려고 노력하는 것, 동료들에게 큰 악덕을 버리라고 권고하는 것은 알맹이가 없을뿐더러 결실도 맺지 못한다. 자신의 작은 악덕을 사소하게 여기는 태도는 전체 성격에 스며들고 어른다움을 재는 척도가 되어 그를 하찮은 사람으로 여기게 만든다. 경솔하게 잘못을 저지르고 약점을 드러낸다면 그것은 영향력과 존경의 상실, 무시라는 형태로 자신에게 돌아온다. 아무도 그를 찾지 않는다. 누가 어리석음을 배우려 하겠는가? 일도 성공하지 못한다. 누가 갈대에 의지하겠는가? 말도 무시당한다. 실천과 지혜, 경험이 없는데 누가 메아리를 따라가겠는가?

지혜로운 사람, 또는 지혜로워지고 있는 사람은 대부분 인간이 무심코 저지르고 그냥 넘어가는 개인의 평범한 잘못에 숨겨진 위험을 본다. 또한 그런 잘못을 하지 않는 것, 대다수가 하찮다고 무시하는 고결한 생각과 행동을 실천하는 것, 즉 다른 이들의 눈에는 보이지 않는 조용하지만 중요한 매일의 자기 극복 속에서 구원을 본다.

자신의 작은 과오를 가장 위험한 본성으로 여기는 사람은 성인이 된다. 그는 자신의 모든 생각과 행동으로부터 광범위하게 뻗어나가는 선하거나 악한 영향력을 알 뿐 아니라, 한데 모여 인격과 삶을 형성하는 수많은 행동의 세세한 부분들이 지닌 건전성에 따라 자신이 어떻게 만들어지고 또 만들어지지 않는지를 안다. 따라서 조금씩 단계적으로 스스로를 지켜보고 경계하며 정화하고 개선해나간다.

바다가 물방울로, 땅이 티끌로, 별이 빛의 점으로 이루어져 있듯이 삶도 생각과 행동으로 이루어져 있다. 생각과 행동이 없다면 삶은 존재하지 않을 것이다. 모든 사람의 삶은 언뜻 상관없어 보이는 생각과 행동이 만들어낸 결과다. 그것들이 다 합쳐져 바로 나 자신이 된다. 한 해가 연속적인 순간들로 이루어진 것처럼, 사람의 인격과 삶도 연속적인 생각과 행동으로 이루어지며 완성된 전체는 부분의 특징을 지닌다.

온갖 일들과 날씨
모두 다 있어야 하네,
한 해와
하늘을 이루려면

작은 친절과 관대함, 희생이 상냥하고 너그러운 성격을 만든다. 작은 자제와 인내, 스스로에 대한 승리가 강하면서도 고귀한 인격을 만든다. 진실로 정직한 사람은 삶의 사소하고 세세한 부분에서도 정직하다. 고귀한 사람은 사소한 말과 행동 하나하나에 귀함이 깃들어 있다.

삶이 순간적인 생각·행동과는 별개라 여기고, 지나가는 생각·행동이 삶의 기초이자 실체라는 사실을 이해하지 못하는 것은 인간의 치명적 착각이다. 그 사실을 완전히 이해하면 모든 일이 신성하게 여겨지고 모든 행동이 경건해진다. 진리는 무한히 작은 부분들로 싸여 있다. 철저함은 비범한 재능이다.

재산은 사라지고, 생각은 변하며
열정은 요동치네
허나 상황의 폭풍에도 흔들리지 않고
가리거나 이지러지지도 않는 것
의무는 존재한다네

우리는 인생을 전체로 살지 않는다. 조각으로 살고 그 조각들로부터 전체가 나온다. 원한다면 각 조각을 고귀하게 살겠다고 마음먹을 수 있으며, 그렇게 되면 완성된 전체에 조악한 부분이 있을 수 없다. "작은 일을 소홀히 하지 않으면 큰일은 자연히 성사된다"는 말은 영적으로 쓰일 때 세상사에 더욱 맞는 것 같다. 삶과 인격의 총체·총량이 무사히 쌓이리라는 점을 알고 현재 지나가는 행동을 관리하는 것은 신성하게 현명해지는 길이기 때문이다. 위대하고 칭찬받을 만한 일을 하려고 갈망하지 마라. 이런 일들은 과제를 고귀하게 수행하면 저절로 이루어진다. 현재 맡은 의무가 가진 제한과 한계에 짜증내지 말고 그 일을 행하는 데 고귀하게 헌신하라. 불만과 무기력, 자기 능력 너머의 위대한 업적을 이루려는 어리석은 계획은 치워둬라. 그리고 보라! 그렇게 동경하던 위대함이 보이기 시작한다. 역정을 내는 것만큼 약점이 되는 일도 없다. 외적 영광이 아닌 내면의 고귀함을 얻기를 열망하고, 지금 있는 곳에서 고귀함을 얻기 시작하라.

지금 과제가 갑갑하고 고통스럽게 느껴지는 사람은 마음속에서만 그럴 뿐이다. 과제에 대한 마음가짐을 바꾼다면 그 즉시 구부러진 길이 곧게 펴지고 불행이 기쁨으로 바뀐다.

찰나의 모든 순간이 강하고 순수하며 목적을 가졌다는 사실을 직시하라. 흘러가는 모든 일과 의무에 진심을 쏟고 사심을 넣지 마라. 생각과 말, 행동을 다정하고 진실되게 하라. 그리하여 연습과 경험을 통해 삶을 이루는 작은 것들의 헤아릴 수 없는 가치를 배운다면 조금씩 풍성하고 영원한 복을 모을 수 있을 것이다.

어려움과
혼란 뛰어넘기

사람이 되려는 자는

자신의 제국을 다스려야 한다. 그 안에서

최고 권자가 되어 왕좌를 세워야 한다.

의지를 이겨내고, 희망과 두려움의 무법 상태를 진압하고,

혼자가 되어야 한다.

─셸리Shelley

목표를 놓쳤는가? 그렇다면 표적은 여전히 빛나고 있네.

경주에서 쓰러졌는가? 그렇다면 다음 기회를 위해 숨을 고르게.

축복은 어느 정도 문제와 혼란에서 나온다고 말하면 틀림없이 많은 사람
이 터무니없는 소리라고 생각할 것이다. 하지만 진실은 언제나 역설적이
며, 어리석은 자의 저주는 지혜로운 사람들의 축복이다. 문제는 무지와 나
약함에서 생겨나는 만큼 우리는 지식을 얻고 힘을 키워야 한다.

올바른 삶을 살아가며 지혜를 얻는다면 흩어지기 쉬운 안개처럼 문제는

줄어들고 혼란은 점차 사라진다.

어려움은 본디 그것을 발생시킨 상황에 있지 않다. 그 상황을 대하고 영향을 미치는 정신 상태에 있다. 아이 같은 사람에게 어려운 문제가 성숙한 사람의 마음에는 아무런 어려움도 주지 않으며, 무지한 사람의 마음속에서 혼란스러운 일이 지적인 사람에게는 혼란의 근거를 제공하지 않는다.

교육받지 못하고 미성숙한 어린아이에게는 간단한 가르침을 배우는 일에 수반되는 어려움이 얼마나 크고 극복할 수 없는 문제처럼 보이겠는가? 그 해결책을 찾기까지 불안하고 힘든 시간과 날, 달이 얼마나 많이 필요하겠는가? 통달하거나 극복할 수 없는 어려움의 벽을 마주한 절망감으로 얼마나 많은 눈물을 흘리겠는가? 그러나 어린아이가 느끼는 마음속 어려움의 근거는 오직 무지에 있으며, 아이가 지성을 깨우치고 궁극적인 번영과 행복, 유용함을 얻기 위해서는 어려움을 정복하고 해결하는 과정이 절대적으로 필요하다.

더 큰 아이들이 직면하는 삶의 어려움도 마찬가지다. 성장과 발달을 위해 반드시 해결하고 극복해야 한다. 어려움을 해결한다는 것은 훨씬 더 많은 경험을 쌓고 더 많은 통찰력과 지혜를 얻는다는 의미다. 과제를 성공적으로 완수했을 때 찾아오는 기쁨과 자유로움, 소중한 가르침을 얻었다는 뜻이다.

어려움의 진짜 본질은 무엇일까? 가르침에 내포된 것들을 완전히 파악하거나 이해하지 못한 상황이 아닐까? 따라서 어려움에 직면하면 지금까지보다 더 깊은 통찰력과 폭넓은 지성을 개발하고 발휘해야 한다. 또한 사용하지 않은 에너지를 끌어내고 잠재된 힘과 숨겨진 자원을 발현한 뒤 활용할 필요가 있다. 한마디로 어려움은 비록 가장假裝하긴 했지만 선한 천사이자 친구이고 스승이다. 침착하게 듣고 제대로 이해하면 우리를 더 큰 축복과 높은 지혜로 이끈다.

어려움 없이는 진보도, 발전도, 진화도 있을 수 없다. 전 세계에 침체가 만연하고 인류는 권태로 소멸할 것이다.

장애물에 직면했을 때 기뻐하라. 이는 무관심이나 어리석음의 어떤 경계에 도달했으며, 이제 스스로를 구하고 더 나은 길을 찾기 위해 자신의 모든 에너지와 지성을 끌어모으도록 요구받았다는 의미이기 때문이다. 또한 내면의 힘이 더 큰 자유와 확대된 행동 범위, 영역을 절실히 필요로 한다는 뜻이기도 하다.

어떤 상황도 그 자체로는 어렵지 않다. 상황의 복잡성에 대한 통찰력 부족, 상황에 대처하는 지혜의 결핍이 어려움을 불러온다. 따라서 우리가 헤아리지 못하는 부분은 어려움을 극복했을 때 얻는 이득이다.

어려움은 자의적으로 우연히 생겨나지 않는다. 진화의 법칙 자체에 따라 인간 존재의 필요가 커지고 이유가 있을 때 생겨난다. 여기에 어려움이 가져다주는 축복이 있다.

틀림없이 문제와 혼란으로 끝나는 행동 방식이 있고, 마찬가지로 반드시 골치 아픈 문제에서 벗어날 수 있는 행동 방식이 있다. 따라서 스스로를 아무리 단단히 옭아매도 언제나 풀고 나올 수 있다. 어떤 문제의 진흙탕, 또는 길도 없는 혼란의 황무지를 정처 없이 헤맨다 해도 다시 길을 찾을 수 있을 뿐 아니라, 지혜롭고 복된 행동의 양지바른 도시로 향하는 잃어버린 단순함의 고속도로를 곧고 명료하게 찾을 수 있다. 반면, 절망에 빠진 채 주저앉아 울거나, 불평과 걱정만 하면서 무작정 다른 상황이기를 바란다면 결코 길을 찾지 못한다. 딜레마는 경계심, 논리적 사고, 침착한 계산을 필요로 한다. 어려움은 나 자신을 강하게 다스릴 것을 요구하며, 생각하고 탐색하고 스스로를 되찾는 일에 끊임없이 불굴의 노력을 기울이도록 만든다. 걱정과 불안은 마음을 의기소침하게 하고 어려움의 크기를 과장할 뿐이다. 조용히 자신을 돌아보고 현 상황에 처하게 된 다소 복잡한 과정을 머릿속으로 되짚어본다면 이내 어디에서 실수를 저질렀는지 알아차릴 수 있다. 잘못된 방향으로 들어섰던 길, 그리고 조금만 더 사려 깊었거나 분별력을 가졌거나 경제적으로 판단했거나 자제력을 발휘했다면 스스로를 구할 수 있었던 길을 발견할 것이다. 단계마다 자신이 어떻게 관여했는지, 좀 더 성숙한 판단과 명확한 지혜가 있었다면 완전히 다르고 좀 더 진실한 길을 어떻게 선택했을지 알게 될 것이다.

여기까지 오면서 과거 행동으로부터 이 귀중한 금빛 지혜의 알갱이를 뽑아냈다면 어려움이 더는 난공불락처럼 느껴지지 않을 테다. 그럼 냉정한 생각의 탐조등으로 어려움을 철저히 분석해 모든 세부 사항을 파악하고, 그 세부 사항이 내면에서 행동과 행위를 빚는 동기의 원천과 맺고 있는 관계를 이해할 수 있다. 이후 어려움에서 벗어날 수 있는 곧은길이 뚜렷이 나타나고 어려움은 끝날 것이다. 영원한 교훈을 얻고, 지혜라는 도구와 다시는 빼앗기지 않을 축복의 수단을 얻을 것이다.

무지, 이기심, 어리석음, 무분별함의 길이 혼란과 문제로 끝나는 것처럼 지식, 자제심, 지혜, 통찰의 길은 즐겁고 평화로운 완성으로 이어진다. 이를 아는 사람은 용감한 마음으로 어려움과 직면해 극복하고 잘못에서 진리를, 고통에서 행복을, 불안에서 평화를 끌어낼 것이다.

어떤 사람도 마주해서 제압할 힘이 없는 어려움에는 맞서지 않는다. 걱정은 무익할 뿐 아니라 어리석다. 문제를 해결할 힘과 지성을 무너뜨리기 때문이다. 모든 어려움은 제대로 다루기만 하면 극복할 수 있다. 따라서 불안은 무익하다. 극복할 수 없는 과제는 어려움이 아니라 불가능이 된다. 불가능을 대하는 방법은 단 하나, 복종뿐이기에 불안은 여전히 불필요하다. 피할 길 없는 과제는 이 방법이 최선이다.

진심으로 알기를
반신들이 떠나면
신들이 온다네.

가정, 사회, 경제적 어려움이 무지에서 배태되어 더 성숙한 지식으로 이어지듯이 모든 종교적 의심, 정신적 혼란, 마음을 흐리는 그림자는 더 큰 정신의 이익을 얻을 전조이자 더 밝은 지성의 새벽을 예언하는 징조다.

삶의 신비에 관한 당혹스러운 문제가 마음을 사로잡은 순간이 찾아왔다면 당시에는 비록 알지 못하더라도 한 사람의 인생에서 굉장한 날이다. 이것은 그가 죽은 듯한 무관심과 동물적 나태함, 단순한 식물적 행복의 시대를 끝내고 앞으로는 열망을 품고 자가 진화하는 존재로서 살아갈 것임을 의미하기 때문이다. 즉 그는 더는 단순한 동물로서 인간이 아니라 사람으로 살기 시작할 것이고, 진리의 파수꾼으로서 지혜의 사원 입구에서 뇌리를 떠나지 않는 문제들에 대한 답을 찾으며 삶의 문제를 해결하는 데 모든 정신적 에너지를 쏟을 것이다.

큰 시련이 왔을 때
그것을 추구하거나 피하지 않고 다만 침착하게 머무는 사람.

또한 그는 다시 이기적인 편안함과 무관심한 무지에 안주하거나 돼지의 껍데기를 쓴 채 반질반질하게 배를 불리는 육체적 기쁨에 만족하지 않을 것이고, 어둡고 정의하기 어려운 마음속 질문의 끊임없는 속삭임으로부터 숨을 곳을 찾지도 않을 것이다. 그의 내면에 있던 신성이 깨어났다. 잠자던 신은 밤의 일관성 없는 환상을 떨쳐버린 뒤 다시는 잠들지 않을 테고, 그의 눈이 충만하고 넓은 진리의 낮에 안식을 취할 때까지 다시는 쉬지 않을 것이다.

이런 사람이 자기 안에서 깨어난 더 높은 목적과 성취에 대한 부름을 오랫동안 감추기는 불가능하다. 잠에서 깨어난 존재의 능력이 문제를 해결하라고 끊임없이 그를 촉구할 것이기 때문이다. 그에게는 더 이상 죄 안에서 평화도, 잘못 안에서 안식도 없으며 지혜 이외에 마지막 피난처도 없다.

의심과 문제가 태어난 무지를 자각하고 인정하며 이해하는 사람, 그리고 무지로부터 숨으려 애쓰지 않고 이를 해소하고자 노력하면서 날마다 쉼 없이 어두운 그림자를 몰아내 의심을 없애고, 귀찮은 문제에 대한 해결책을 찾을 수 있게 돕는 빛의 길을 추구하는 사람이 받는 축복은 크다. 어린 아이가 오랫동안 애써온 가르침을 익혔을 때 기뻐하듯이, 사람 마음은 속세의 어려움을 만족스럽게 해결했을 때 가볍고 자유로워진다. 물론 사람 마음은 오랫동안 고민하고 씨름해오던 어떤 중요하고 영원한 질문에 대한 완전한 답을 찾고 그 어둠을 영원히 몰아냈을 때 훨씬 더 큰 기쁨과 평화를 얻는다.

어려움과 혼란을 악의 전조로 여기지 마라. 이를 악의 전조로 여기면 정말 그렇게 될 것이다. 반면 어려움과 혼란을 선의 전조라고 생각하면 실로 그렇게 된다. 어려움과 혼란을 모면할 수 있으리라고 스스로를 설득하지 마라. 피할 수 없는 일이다. 도망치려고 하지 마라. 어디로 피하든 어려움과 혼란은 여전히 당신과 함께일 것이라서 도망은 불가능하다. 어려움과 혼란에 침착하면서도 용감하게 대면하라. 모을 수 있는 모든 냉정함과 위엄으로 맞서라. 어려움과 혼란의 정도를 가늠하고 분석하는 것은 물론, 자세한 내용을 파악해 그 강도를 측정하고 이해하라. 그들을 공격해 마침내 정복하라. 이를 통해 당신은 힘과 지성을 기를 수 있다. 그리고 언뜻 봐서는 보이지 않는 축복의 지름길로 들어서게 될 것이다.

짐을
내려놓아라

이것은 내게 삶

삶이 짐이 된다면 나도 동참하리

다만 노래 한 곡의 짐으로 만들겠네.

─베일리Bailey

싸움에서 이겨 좋다는 말을 들어본 적 있는가?

나는 지는 것도 좋다고 말하겠네. 싸움은 이길 때와 똑같은 정신으로 패하기

때문이지.

─월트 휘트먼Walt Whitman

　우리는 짐을 지는 것에 대해서는 많이 듣고 읽었지만, 짐을 내려놓는 좋은 방법에 대해서는 듣거나 아는 바가 거의 없다. 그렇다면 우리는 왜 마음의 짐을 내려놓은 채 사람들 사이에서 자유롭고 쾌활하게 행동할 수 있는데도 무거운 짐을 얹고 사는가? 부득이 한 곳에서 다른 곳으로 옮길 때를 빼고는 어떤 사람도 등에 짐을 지고 다니지 않는다. 누구도 어깨에 영원한

짐을 짊어진 채 자신을 고통의 순교자로 삼지 않는다. 그런데 당신은 왜 마음에 쓸데없는 짐을 지우고 자기 동정과 자기 연민의 고통에 무게를 더하는가? 어째서 짐과 고통을 모두 버림으로써 스스로를 먼저 기쁘게 하고 세상에 기쁨을 더하지 않는가? 끊임없이 고통스러운 짐을 짊어지는 것을 정당화할 만한 이유는 어디에도 없으며, 어떤 논리도 이를 뒷받침하지 못한다. 물질적 짐이 불가피한 이동 수단일 뿐 결코 슬픔의 원천이 아니듯이, 영적인 짐도 어떤 선하고 필요한 목적을 향한 수단으로만 져야 하며 목적을 달성한 후에는 내려놓아야 한다. 그러한 짐을 지는 것은 슬픔의 원천이 되기보다 오히려 기쁨의 원인이 될 것이다.

우리는 일부 종교 수행자가 스스로에게 가하는 육체적 고행이 불필요하고 헛된 일이라고 말한다. 그렇다면 많은 사람이 스스로에게 가하는 정신적 고행은 필요하고 의미 있는 일인가?

불행이나 슬픔을 야기하는 짐은 어디에 있는가? 그런 것은 존재하지 않는다. 해야 할 일이 있다면 속으로 신음하면서 한탄하지 말고 즐겁게 행하라. 필요한 일을 친구이자 안내자로 받아들이는 것이 최고 지혜다. 필요한 일을 적으로 노려보고 그것을 극복하거나 피하려는 짓은 가장 어리석은 행위다. 우리는 늘 자기 자신의 의무와 만나며, 의무는 우리가 그것을 인정하고 받아들이기를 거부할 때만 무거운 짐이 된다. 필요한 일을 불평불만의 마음으로 처리하면서 불필요한 쾌락만 쫓는 사람은 고통과 실망의 채찍으로 자신을 내리치고, 끊임없는 신음 속에서 무거운 권태와 불안의 짐을 두 배로 짊어지게 된다.

깨어나라 그대, 오 자아여, 더 좋은 것들을 위해
저 높은 곳으로 날개를 펴라
다시 인생의 시편을 시작하라
선한 것을 노래하고, 진실한 것을 노래하라

잘못된 것에 대한 완전한 승리를 노래하라

더 풍요롭고 달콤한 노래를 만들어라

의심과 걱정, 고통에서

기쁘고 즐거운 후렴구를 만들어라

가시에서 보기 드문 기쁨의 왕관을 짜라

이제, 그대 노래하라

개인적으로 나는 삶과의 계약에 들어가는 모든 일을 수행할 때 이기적이지 않고 쾌활하게 완전한 관심을 기울일 것이다. 그리고 막중한 책임을 진다 해도 그 어떤 힘든 무게나 슬픈 짐도 자각하지 않을 것이다.

당신은 당신을 괴롭히는 어떤 일, 즉 의무나 인간관계, 사회적 의무가 성가시다고 말하면서 "이 일을 시작했고 계속하겠지만 무겁고 슬프다"는 생각으로 자신을 억압하곤 한다. 그러나 그 일이 정말 성가신 것일까, 아니면 이기심이 자신을 억압하는 것일까? 나는 이렇게 말하겠다. 당신이 그토록 구속이라 여기는 바로 그 일이 해방의 첫 번째 관문이며, 영원한 저주라고 믿는 바로 그 일에 당신 스스로가 접근 불가능한 다른 방향에 있다고 헛되이 확신하는 진짜 축복이 담겨 있다고 말이다. 모든 것은 나 자신을 비추는 거울이다. 일에서 인식하는 우울함은 그 일에 대한 자신의 정신 상태를 반영하는 것일 뿐이다. 바르고 사심 없는 마음 상태로 일하라. 그런 다음에 보라! 그 일은 즉시 일변해 당신의 마음 상태를 반영하고 힘과 축복의 수단이 된다. 당신은 찡그린 얼굴로 거울을 보면서 거울이 흉한 얼굴로 자신을 비춘다고 불평하겠는가, 아니면 표정을 고치고 거울 속에서 더 기분 좋은 자신의 얼굴을 보겠는가?

어떤 일을 해야 하는 것이 옳고 필요하다면 그 일을 하는 것은 선하며, 하지 않기를 바랄 때만 괴로워진다. 이기적인 바람은 일을 악하게 보이도록 만든다. 어떤 일을 하는 것이 옳지도, 필요하지도 않다면 원하는 쾌락을 얻으려고 그 일을 하는 것은 어리석으며, 이는 괴로움의 문제로 이어질 뿐이다.

나 자신이 회피하는 의무는 나를 야단치는 천사이고, 내가 쫓는 기쁨은 아첨하는 적이다. 어리석은 자여! 언제 현명해질 텐가?

원자原子의 조화를 요구하듯이, 늘 피조물에게 지혜를 촉구하며 어디에나 존재하는 것이 우주의 은혜. 점점 더 심한 고통을 수반하는 어리석음과 이기심은 보존적이고 선하다. 고통은 무관심의 적이자 지혜의 전령이기 때문이다.

무엇이 고통스러운가? 무엇이 슬픈가? 무엇이 성가신가? 열정이 고통스럽고, 어리석음이 슬프며, 이기심이 성가시다.

자아에 대한 어두운 숭배
일단 생각과 행동을 하면
눈물 흘리고 피 흘리며 신음하길 요구하네

마음과 행동에서 열정, 어리석음, 이기심을 없애면 삶에서 고통을 제거할 수 있다. 짐을 내려놓는다는 것은 내면의 이기심을 버리고 그 자리에 순수한 사랑을 채우는 일이다. 마음속에 사랑을 품은 채 맡은 일을 하면 가볍고 쾌활한 마음으로 임할 수 있다.

무지가 마음에 짐을 만들고 형벌을 가한다. 그 누구도 짐을 짊어질 운명은 없다. 이런 것들은 스스로 만든 것이다. 슬픔은 임의로 찾아오지 않는다. 이성은 마음의 정당한 군주이며, 열정이 왕좌를 빼앗으면 혼란이 영적 왕국을 지배한다. 쾌락에 대한 사랑이 전방에 주둔하면 괴로움과 번민이 후방을 맡는다. 당신에게는 선택할 자유가 있다. 열정에 묶여 무력감을 느끼더라도 이는 스스로 묶은 것이고 당신은 무력하지 않다. 스스로 묶은 것은 스스로 풀 수 있다. 당신은 단계적으로 현 상태에 이른 것이기에, 따라서 단계적으로 자신을 회복하고 이성을 되찾아 열정을 왕좌에서 끌어내릴 수 있다. 악을 피해야 하는 순간은 쾌락을 받아들이기 전이지만, 일단 쾌락을 받아들이면 연속된 결과들이 지혜를 가르쳐줄 것이다. 결심을 내려야 하는 순간은 책임을 받아들이기 전이지만, 일단 책임을 받아들이면 모든 이기적 고려는 불평, 불만, 우는 소리와 함께 마음에서 양심적으로 배제되어야 한다. 책임은 사랑스럽고 현명하게 받아들일 때 가벼워진다.

　이기적 욕망 또는 연약한 생각 때문에 더 무거워지거나 견디기 힘들지는 않지만, 그럼에도 버겁게 느껴지는 짐은 무엇인가? 상황이 '괴롭다'면 그것은 당신에게 그 상황이 필요하고, 당신 스스로 그 상황을 타개할 능력을 지녔다는 뜻이다. 상황이 괴로운 까닭은 그 상황과 관련해 당신 안에 약한 부분이 있기 때문이며, 그 약한 부분이 뿌리째 뽑히기 전까지 상황은 계속 괴로울 것이다. 더 강하고 현명해질 수 있는 기회가 왔음을 기뻐하라. 어떤 상황도 지혜를 시험할 수 없고, 그 무엇도 사랑을 지치게 할 수 없다. 더는 괴로운 상황을 곱씹지 말고 주변 사람들의 삶을 생각하라.

　여기 일주일에 1파운드로 겨우 먹고사는 대가족을 둔 한 여성이 있다. 그녀는 빨래 등 모든 집안일을 하고, 시간을 내 아픈 이웃을 돌보며, 빚과 낙담이라는 일반적인 두 개의 수렁에 겨우 빠지지 않은 채 살아간다. 하지만 그녀는 아침부터 밤까지 쾌활하고 자신의 '괴로운 상황'을 결코 불평하지 않는다. 그녀는 이기적이지 않기에 늘 쾌활하다. 자신이 다른 사람들에게 행복의 수단이라는 생각에 행복하다. 그녀가 휴일, 예쁜 장신구, 빼앗긴 게으름의 시간들을 곱씹는다면, 그녀가 보지 못하는 연극과 듣지 못하는 음악, 읽지 못하는 책, 참석하지 못하는 파티, 할 수 있었을 선한 일, 맺지 못한 우정 등 환경이 더 좋았으면 누렸을 법한 수많은 기쁨에 대해 생각한다면 얼마나 비참한 존재가 되겠는가? 그녀의 일은 얼마나 견딜 수 없이 힘들어지겠는가? 모든 사소한 가정의 의무가 목에 맷돌처럼 매달려 그녀를 무덤으로 끌고 내려갈 테고, 마음 상태를 바꾸지 않는 한 그녀는 순식간에 무덤에 닿아 이기심에 의해 죽게 될 것이다! 그러나 자신을 위한 헛된 욕망

속에서 살지 않으면 모든 짐에서 벗어나 행복할 수 있다. 쾌활함과 이기적이지 않음은 공공연한 친구다. 사랑은 괴로운 수고를 알지 못한다.

여기 또 다른 여성이 있다. 그녀는 여가와 사치를 누릴 만한 넉넉한 수입이 있지만, 덜어내고 싶은 의무에서 해방되려면 시간과 기쁨, 돈을 일부 써야 하기에 끊임없이 불만을 품고 불행하다고 느끼면서 '괴로운 상황'을 불평한다. 그녀가 원하는 의무는 자신이 좋아하는 일이나 어떤 만족하지 못한 욕망을 마음속에 기르는 것이었다. 불만과 이기심은 떼어놓을 수 없는 친구다. 자기애는 즐거운 노동을 모른다.

이 두 여성처럼 인생에는 대조적인 사례가 가득하다. 그렇다면 어느 쪽이 '괴로운' 상황일까? 사실 둘 다 괴로운 상황이 아니며, 둘 다 들어간 사랑이나 이기심 크기에 따라 복되거나 복되지 않은 것이 아닌가? 모든 문제의 근원은 개인의 마음에 있지 상황에 있는 것이 아니지 않은가?

최근 신학, 종교 또는 '신비주의'의 어떤 분과를 공부하기 시작한 한 남자가 이렇게 말했다. "내게 아내와 가족이라는 부담이 없었다면 위대한 일을 할 수 있었을 것입니다. 내가 지금 알고 있는 바를 몇 년 전에 알았더라면 결코 결혼하지 않았을 것입니다." 그 남자는 아직 가장 보편적이고 넓은 지혜의 길, 즉 후회보다 더 큰 어리석음은 없다는 사실을 깨닫지 못했으며, 패기만만하게 이룰 수 있다고 말하는 위대한 일을 할 능력이 없다. 어떤 사람이 인류를 위해 위대한 일을 하고 싶을 만큼 인간에 대한 깊은 사랑을 지니고 있다면 그는 언제나 지금 있는 곳에서 그 초월적 사랑을 드러낼 것이다. 그의 집은 사랑으로 가득 찰 테고, 그가 가는 어디든 이타적 사랑의 아름다움과 달콤함, 평화가 따라다니면서 주변 사람들을 행복하게 만들고 모든 것을 선으로 변화시킬 것이다. 집 안에서는 찾아볼 수 없고 집 밖으로 나가야 드러나는 사랑은 사랑이 아니라 허영이다.

잘못 인도된 선교사나 종교인의 우울한 집과 방치된 자녀들을 보지 못했는가? 이 얼마나 가엾은 광경인가! 자기 연민과 자기 순교가 기다리는 것은 이런 자기기만이며, 이에 현혹된 자는 자초한 불행을 자신이 짊어져야 하는 거룩하고 종교적인 짐으로 여긴다.

위대한 사람만이 위대한 일을 할 수 있다. 그는 어디에 있든 위대해질 것이고, 일이 닥쳤을 때 어떤 상황에 있든 자신의 고귀한 일을 수행해나갈 것이다.

인류를 위한 일과 타인을 돕는 일을 열망한다면 가정에서부터 그 일을 시작하고 당신 자신과 이웃, 아내, 자녀를 먼저 도와라. 현혹되지 마라. 더 가깝고 사소한 곳에서 지극히 충실한 마음으로 의무를 다하기 전에는 더 크고 위대한 일을 할 수 없다.

어떤 사람이 오랜 세월을 정욕과 이기적 쾌락 속에서 살아왔다면 누적된 잘못이 마침내 그를 무섭게 짓누르는 것이 세상 이치다. 통렬히 느끼지 않는 한 그는 정욕과 쾌락을 버리지 않을 테고, 더 나은 삶을 찾고자 노력하지 않을 것이기 때문이다. 그러나 그가 자초해 짊어진 짐을 신이 자신에게 내린 '거룩한 십자가'나 우월한 미덕의 표시, 운명이나 환경, 다른 이들이 그에게 부당하고 부조리하게 얹은 짐으로 여긴다면 어리석음이 연장되고 짐이 무거워지는 것은 물론, 고통과 슬픔이 배가될 뿐이다. 그는 오직 자신의 짐은 스스로 만들었고 자기 행동의 누적된 결과라는 진실을 깨우칠 때만 나약한 자기 연민에서 벗어나 짐을 내려놓을 더 나은 방법을 찾을 수 있다. 눈을 떠 자신의 모든 생각과 행동이 인생이라는 성전을 짓는 또 다른 벽돌이자 돌임을 깨달을 때 비로소 자신의 불안정한 소행을 인식할 통찰력과 그것을 인정할 흔들리지 않는 강인함, 더 고귀하고 영속적으로 삶을 이어갈 용기를 키울 수 있다.

사랑과 지혜가 부족한 사람에게 고통스러운 짐은 불가피하다. 축복의 성전은 고통과 굴욕의 바깥뜰 너머에 있다. 축복의 성전에 닿으려면 순례자는 바깥뜰을 통과해야 한다. 불완전한 이해로 바깥을 안으로 착각하는 한 그는 바깥뜰에서 서성댈 뿐이다. 스스로를 동정하고 고통을 거룩한 것으로 혼동할 때 그는 고통 속에 머무르게 된다. 반면, 마지막 남은 부정한 자기 연민의 누더기를 벗어던지고 고통은 목적이 아닌 수단이자, 자생적이며 자기 증식된 상태라는 사실을 알고 방향을 바꿔 올바른 마음을 갖는다면 금세 바깥뜰을 지나 안에 있는 평화의 집에 닿을 것이다.

고통은 완전함이 아니라 불완전함에서 시작된다. 완성이 아닌 미완성을 나타낸다. 따라서 뛰어넘을 수 있다. 자기 안에서 고통이 일어나는 원인을 찾고 조사하고 이해해 영원히 제거할 수 있다.

우리가 고통을 지나 안식에 이르고 고독을 지나 평화에 이르러야 하는 것은 사실이다. 다만 고통받는 사람은 그것이 '지나간다'는 사실을 잊지 말아야 한다. 고통은 통로일 뿐 거주지가 아니고, 고독은 경로일 뿐 목적지가 아니며, 조금만 더 가면 고통은 없고 축복이 가득한 안식에 이를 것임을 명심해야 한다.

짐은 조금씩 쌓인다. 무게는 눈에 띄지 않게 서서히 증가한다. 즉 무분별한 충동과 거친 방종, 맹목적 열정에 굴복하고 만족하는 일이 반복되며, 불순한 생각을 키우고 매번 잔인한 말을 내뱉거나 어리석은 일을 저지르다가 마침내 수많은 어리석음이 모이게 되고, 결국 그 무게를 감당하기 어려워진다. 처음 한동안은 무게를 느끼지 못한다. 하지만 날마다 무게가 더해져 누적된 짐이 힘겹게 느껴지고, 이기심이라는 쓴 열매가 모여 삶이 피곤해지면서 마음이 괴로울 때가 온다. 이 시기가 오면 스스로 자신을 돌아보라. 짐을 내려놓는 복된 길을 찾아라. 그럼 더 잘 살기 위한 지혜, 더 즐겁게 살기 위한 순수함, 더 고귀하게 살기 위한 사랑을 발견할 것이다. 짐을 쌓았던 행동과는 반대 행동을 통해 마음이 가벼운 밤낮과 쾌활한 행동, 밝은 기쁨을 발견할 것이다.

세상 밖으로 나와서 위로 올라와라

십자가와 무덤 위로

푸른 지구는 온당하며 나 그것을 사랑하지만

우리는 그것을 노예가 아닌 주인으로서 사랑해야 하네

먼지가 일어나지 않는 곳으로 올라와라

다만 꽃향기만은 퍼지는 곳

삶이 아름다운 시간들이 주는 놀라움으로

기쁘게 되리니

숨겨진 희생

천국이 우리를 둘러싸고 우리 안에 있는데
지나간 에덴동산이나 앞으로 올 낙원이
무슨 필요가 있겠는가?

낮음은 모든 미덕의 기본
가장 낮은 곳으로 내려가는 이가 의심할 여지없이 가장 안전한 집을 짓네
　　—베일리Bailey

진실은 우리 안에 있네
무엇을 믿든 외적인 것에서는 비롯되지 않네
　　—브라우닝Browning

　내줌으로써 얻는다는 것은 역설적 진리 중 하나다. 우리는 탐욕스럽게
움켜쥐다가 결국 잃는다. 덕을 얻으면 악덕은 필연적으로 감소한다.
거룩해진다는 것은 매번 이기적 쾌락을 포기해야 한다는 의미다. 진리의 길로 나아갈 때마다 자기 확신에 찬 잘못을 버려야 한다.

　새 옷을 입으려는 사람은 먼저 낡은 옷을 버려야 하고, 참된 것을 찾으려는 사람은 거짓된 것을 버려야 한다. 정원사는 기르는 식물에 퇴비로 주려고 잡초를 솎아낸다. 지혜의 나무는 뿌리 뽑힌 어리석음의 퇴비 위에서만 번성할 수 있다. 성장, 즉 얻음은 희생, 즉 버림을 필요로 한다.

　참된 삶, 축복받은 삶, 격정과 고통에 시달리지 않는 삶은 버림을 통해서만 도달할 수 있다. 외적 요소를 버리는 것이 아니라 내적인 잘못과 더러움을 버려야 한다. 삶에 불행을 가져오는 요인은 오직 내적인 것들이기 때문이다. 버려야 할 것은 선하고 참되지 않으며 악하고 거짓되다. 따라서 모든 버림은 결국 얻는 것이지 본질적으로 잃는 것이 아니다. 처음에는 잃는 것이 커 보이고 버림이 고통스럽게 느껴지시겠지만 이는 이기심에 항상 수반되는 자기기만과 영적인 무분별함 때문으로, 본성에서 이기적인 부분을 도려내는 데는 늘 고통이 따른다. 술주정뱅이가 술을 마시고 싶은 욕망을 버리기로 결심했다면 굉장한 고통의 시기를 보내야 할 뿐 아니라, 큰 쾌락을 잃는다고 생각할 것이다. 그러나 승리를 쟁취해 술을 마시고 싶은 욕망이 잠들고 마음이 고요하면서 맑아지면 이기적이고 동물적인 쾌락을 포기함으로써 헤아릴 수 없는 이익을 얻었다는 사실을 알게 된다. 그가 잃은 것은 악하고 거짓된 것으로, 지킬 가치가 없다. 아니, 오히려 지킨다면 계속 불행이 따라오고 만다. 자제력과 맑은 정신을 통해 얻는 것은 더 큰 마음의 평화이자 선하고 참된 것으로, 결국 우리가 취해야 할 대상들이다.

　모든 진정한 희생이 그렇듯이 버림은 처음 시작한 순간부터 완성되기 전까지는 고통스럽다. 사람들이 버리기 전에 뒷걸음질하는 이유다. 이기적인 만족을 절제하고 극복하는 데서 어떤 목적도 찾지 못하는 것이다. 그들에게 버림은 좋은 부분을 너무 많이 잃는 것과 같고, 불행을 얻으려 애쓰면서 행복과 쾌락을 포기하는 일처럼 보인다. 이는 정말이다. 자신이 가진 특정 형태의 이기심을 포기함으로써 무한한 행복을 얻을 수 있다는 사실을 안다면 더 큰 이익에 대한 욕망, 즉 이기심이 더욱 강해져 사심 없는 마음을 얻기가 훨씬 힘들어지기 때문이다.

이익이나 보상을 바라지 않고 흔쾌히 잃기 전까지는 누구도 사심 없는 사람이 될 수 없고, 지고의 행복에 도달할 수도 없다. 어떤 이익이나 보상도 바라지 않은 채 흔쾌히 잃는 마음이 바로 사심 없는 마음이다. 이기적인 습관과 행동은 진실되지 않으며 무가치하기 때문에 주변 사람들의 행복을 위해 어떤 보상이나 좋은 대가를 바라지 않고 자신의 이기적인 습관과 행동을 겸허히 버려야 한다. 아니, 자기 자신을 위해 잃을 준비, 즉 쾌락과 행복, 심지어 생명조차 잃을 준비가 되어 있어야 한다. 그렇게 한다면 세상을 더 아름답고 행복하게 만들 수 있다. 그러나 이것이 과연 잃는 일일까? 수전노가 황금에 대한 욕망을 포기하면 과연 잃는 것일까? 도둑이 도둑질을 그만두면 잃는 것일까? 방탕한 자가 무가치한 쾌락을 희생하면 잃는 것일까? 자기 또는 자신의 일부를 버려서 잃는 사람은 없다. 그럼에도 사람들은 버림으로써 잃는다고 생각한다. 그리고 이런 생각 때문에 고통을 겪는다. 바로 여기에서 버림의 의미가 생긴다. 인간은 버림으로써 얻는다.

모든 진정한 버림은 내면에 있다. 그것은 마음 깊은 곳에 숨겨져 있고 영적인 겸손함에서 촉발된다. 자신을 버리는 것만큼 이로운 일은 없으며, 사람은 영적 진화 과정에서 언젠가 이에 도달해야 한다. 그렇다면 몰아self-abnegation는 어디에 있는가? 어떻게 실천하는가? 어디에서 찾을 수 있는가? 몰아는 이기적으로 생각하고 행동하려는 일상의 경향성을 극복하는 데 있다. 다른 이들과의 평범한 교제에서 실천해가며 격동과 유혹의 시기에 찾을 수 있다.

많은 노력과 고통이 따르지만 마음속에 숨겨진 희생은 버리는 사람과 그것을 받는 사람 모두에게 무한히 복된다. 사람들은 어떤 대단한 일, 경험의 필요를 넘어서는 위대한 희생을 하고 싶어 하면서도 꼭 필요한 한 가지를 경시하고, 매우 가까워서 더욱 긴급한 희생에는 늘 눈을 감는다.

당신을 괴롭히는 죄는 어디에 숨어 있는가? 약점은 어디에 있는가? 유혹에 가장 취약한 부분은 무엇인가? 그것을 첫 번째로 버리면 평화에 이르는 길을 찾을 수 있다. 그것은 분노나 불친절일지 모른다. 그렇다면 분노를 표출하는 충동과 말, 불친절한 생각과 행동을 버릴 준비가 되었는가? 똑같이 되갚기를 거부하고 폭언, 공격, 비난, 불친절을 조용히 참을 준비가 되었는가? 나아가 이런 우매한 어리석음에 대해 친절과 사랑의 보호를 베풀 준비가 되었는가? 그렇다면 당신은 자신을 더없는 복으로 인도해줄 숨겨진 버림을 수행할 준비를 마친 것이다.

분노나 불친절한 마음에 사로잡히면 그 감정을 내려놓아라. 이렇게 힘들고 잔인하며 부정한 마음 상태는 어떤 이익도 가져오지 못하고 오직 불안과 불행, 엉석 무지만 가져다줄 뿐이다. 다른 이에게도 불행만 안겨준다. 아마 당신은 이렇게 말할지도 모르겠다. "하지만 그 사람이 내게 먼저 불친절했는걸요. 나를 부당하게 대했습니다." 물론 그랬을지도 모른다. 그러나 이 얼마나 형편없는 변명인가! 또 얼마나 대담하지 못하고 무익한 도피인가! 상대가 당신에게 불친절을 베푼 것이 그렇게 잘못되었고 큰 상처였다면 그에게 당신이 불친절을 베푼 것도 똑같이 잘못이고 큰 상처다. 타인의 불친절은 나 자신의 불친절을 정당화하는 것이 아니라, 내 편에서 오히려 큰 친절을 행하라는 요구다. 더 많은 물을 쏟아부으면 홍수를 막을 수 있을까? 마찬가지로 불친절로 불친절을 줄일 수는 없다. 불로 불을 끌 수 있을까? 분노 역시 분노를 이길 수 없다.

모든 불친절과 분노를 내려놓아라. "손바닥도 마주쳐야 소리가 난다." 부디 '어느 한쪽' 손바닥이 되지 마라. 상대방이 화를 내거나 불친절하게 대하면 내가 어디에서 잘못 행동했는지를 찾고, 내가 잘못했든 안 했든 분노의 말이나 불친절한 행동을 그대로 되받아치지 마라. 침묵하고 자제하며 친절하라. 옳은 일을 하려고 계속 노력함으로써 잘못한 자를 측은히 여기는 법을 배워라.

어쩌면 당신은 습관적으로 조급해하고 짜증을 낼 수도 있다. 그렇다면 남몰래 무엇을 버려야 하는가? 조급증을 버려라. 늘 조급해지는 지점에서 그것을 극복하라. 더는 조급증의 무도한 영향력에 굴복하지 말고 정복해 물리치겠다고 결심하라. 다른 사람들의 어리석음과 괴팍함이 필연적으로 나의 조급증을 만든다는 망상에 사로잡혀 있지 않다면 조급증은 단 한 시간도 유지할 가치가 없으며, 한순간도 당신을 지배하지 못할 것이다. 다른 사람들이 어떤 말이나 행동을 하든, 심지어 당신을 비웃고 조롱할지라도 조급증은 불필요할 뿐 아니라, 제거하고자 하는 악을 악화하는 것 외에 어떤 일도 할 수 없다. 침착하고 강하며 신중한 행동은 많은 것을 이루지만 조급증과 이에 수반되는 짜증은 늘 약함과 무능을 보여주는 지표가 된다. 조급증과 짜증은 무엇을 가져다주는가? 당신 자신이나 주변 사람에게 휴식, 평화, 행복을 주는가? 오히려 그들을 비참하게 만들지는 않는가? 당신의 조급증은 다른 이들에게 상처를 줄 수 있지만, 분명한 사실은 누구보다 자기 자신을 상처 입히고 아프게 하며 피폐하게 만든다는 점이다.

조급해하는 사람은 참된 복을 알지 못한다. 자기 자신이 끊임없는 문제와 불안의 근원이기 때문이다. 인내의 고요한 아름다움과 영원한 감미로움은 그에게 미지의 것이며, 평화가 다가와 그를 달래고 위로하지 못한다.

조급증을 버리기 전까지는 어디에도 복은 없다. 조급증을 버린다는 것은 참을성을 키우고, 인내를 실천하며, 새롭고 온화한 마음의 습관을 만든다는 의미다. 조급증과 짜증이 완전히 정리되어 마침내 사심 없음의 제단에 바쳐질 때 강하고 조용하며 평화로운 마음의 축복을 깨닫고 누릴 수 있다.

나보다 타인을 더 생각할 때
그때 우리는 다시 산다.
타인의 이익을 위해 낮은 희생을 할 때
자신보다 더 많은 삶을 산다.

더 높은 곳에서 온 빛을 향해 영혼의 창문을 열어라

그리하여 기쁨으로 너의 운명을 맞이하라.

이기적 방종 가운데 종종 무해한 듯이 보여 흔히 조장되는 것들이 있다. 그러나 이기적 방종 중에서 무해한 것은 없다. 사람들은 나약하고 이기적인 만족에 습관적·반복적으로 굴복함으로써 무엇을 잃는지 알지 못한다. 인간 안의 신이 굳세고 의연하게 일어서려면 인간 안의 짐승은 사라져야만 한다. 동물적 본성에 영합하는 것은 아무리 순수하고 달콤해 보여도 우리를 진리와 축복으로부터 멀어지게 한다. 당신이 매번 내면의 짐승에게 굴복해 먹이를 주고 만족시킬 때마다 이 짐승은 점점 강해지고 다루기 힘들어져 진리를 지켜야 할 당신의 마음을 더 확고하게 장악한다. 언뜻 사소해 보이는 방종을 버리고 나서야 그 방종 때문에 지금까지 어떤 힘과 기쁨, 인격의 균형과 거룩한 영향력을 잃었는지 깨달을 수 있다. 쾌락에 대한 갈망을 버리고 나서야 영구적인 기쁨의 충만함 속으로 들어갈 수 있다.

사람은 방종 때문에 스스로 품위를 떨어뜨리고, 방종의 정도와 빈도에 따라 자존감을 상실하며, 좋은 영향력과 자신의 일에서 지속적인 선을 이룰 수 있는 힘을 잃는다. 또한 맹목적 욕망에 이끌려 마음의 눈이 멀고 궁극의 명료한 시각, 즉 사물의 핵심을 꿰뚫어 진정으로 참된 것을 이해하는 분명한 지각력도 잃는다. 동물적 방종은 진리를 인식하는 것과는 거리가 멀다. 인간은 방종을 버림으로써 혼란과 의심을 넘어 통찰력과 확신을 얻는다.

아끼고 원하는 방종을 버려라. 덧없는 쾌락보다 더 높고 고귀하며 오래도록 지속되는 가치에 마음을 둬라. 감각적 흥분을 갈망하지 않고 살아가는 삶은 헛되거나 불확실하지 않을 것이다.

독단self-assertion을 버리는 일은 다른 이들에게 미치는 영향이 매우 광범위할뿐더러, 결국 버린 사람에게 풍성한 진리의 계시가 뒤따른다. 이는 타인의 삶이나 견해, 종교 등을 간섭하는 대신 그들에게 이해심 있는 사랑과 동정심을 발휘하는 것이다. 자기주장이나 독단은 지성주의, 변증법적 기술과 관련해 가장 일반적으로 나타나는 자기중심 성향 또는 이기심의 한 형태다. 독단은 추정적이고 무자비하며, 종종 미덕으로 여겨지기도 한다. 그러나 일단 마음을 열어 온유함과 자기희생적인 사랑의 길을 인식하면 독단의 무지함과 추함, 고통스러운 본질이 또렷이 보인다.

독단의 희생자는 자기 의견을 옳음의 기준, 판단의 척도로 설정하고 자기 기준에 반하는 모든 사람의 삶과 의견을 틀린 것으로 간주한다. 그리고 다른 이들을 바로잡으려는 열망 때문에 스스로를 바로잡지 못한다. 이런 마음가짐은 그를 바로잡고 싶어 하는 사람들의 반대와 모순을 부른다. 그는 허영심에 상처 입고 비참해져 결국 끊임없이 냉담해지고, 불행과 분노에 찬 생각의 열병을 안은 채 살아간다. 다른 이들을 자신의 사고방식과 행동방식에 맞추고 싶은 욕망을 버리기 전까지 그에게는 평화도, 참된 지식도, 발전도 있을 수 없다. 또한 다른 사람의 마음을 이해해 그들의 노력과 꿈에 다정하게 관여할 수도 없다. 마음이 비좁고 냉혹해 모든 달콤한 동정과 영적 교류에서 따돌림을 당한다.

독단적 마음을 버리는 사람, 타인과의 일상 교제에서 자신의 편견과 의견을 접어두고 그들로부터 배우면서 그들을 있는 그대로 이해하려 노력하는 사람, 자신에게 그렇듯이 다른 이들에게도 의견과 삶의 방식을 선택할 완전한 자유를 허용하는 사람은 지금까지보다 더 깊은 통찰력과 더 넓은 자비심, 더 풍요로운 축복을 얻게 되고, 이전에 가로막혔던 축복의 샛길로 들어설 것이다.

우리는 탐욕과 탐욕스러운 생각을 버릴 수 있다. 기꺼이 나 자신보다 남이 소유하도록 하는 마음, 자신을 위해서는 탐내지 않지만 다른 이들이 소유하고 누리며 행복해지는 것을 보며 기뻐하는 마음, 누구의 '소유'를 주장하지 않고 이기심과 악의 없이 타인에게 양보하는 마음이 필요하다. 이런 마음가짐은 깊은 평화와 큰 영적 힘의 원천이다. 바로 자기 이익self-interest 을 희생하는 것이다.

물질적 소유는 짧은 한때라서 진정으로 우리 소유라고 할 수 없다. 단지 잠깐 동안 맡아두고 있을 뿐이다. 하지만 영적 소유는 영원하며 늘 우리에게 남는다. 사심 없는 마음은 물질적 소유와 즐거움을 탐하지 않고, 물질적인 것을 나 자신의 특별하고 배타적인 즐거움으로 여기지 않으며, 그것을 다른 이들의 이익을 위해 기꺼이 양보할 때만 얻을 수 있는 영적 소유물이다.

사심이 없는 사람은 설령 부유하더라도 속으로 '배타적 소유'라는 생각을 멀리하기 때문에 탐욕스러운 정신에 수반되는 괴로움과 두려움, 불안에서 벗어난다. 그는 외적 재산을 결코 잃어선 안 되는 소중한 대상으로 여기지 않는 반면, 사심 없음의 미덕은 세상과 고통받는 인류가 잃거나 버리기에는 대단히 큰 가치를 지닌다고 생각한다.

그렇다면 복된 사람은 누구인가? 더 많이 소유하기를 갈망하며 소유물에서 얻을 수 있는 개인적 쾌락만 생각하는 사람? 아니면 다른 이들의 유익과 행복을 위해 가진 것을 포기할 준비가 되어 있는 사람? 행복은 탐욕에 의해 파괴되고, 탐욕을 버림으로써 회복된다.

영적인 아름다움을 얻고 인간의 슬픔을 치유하는 데 강력한 효능을 발휘하는 또 다른 버림은 바로 미움을 버리는 것이다. 즉 다른 이들을 향한 모든 괴로운 생각과 악의, 혐오, 분노를 포기하는 일이다. 타인에 대한 괴로운 생각과 축복은 함께할 수 없다. 미움은 그것을 품은 사람의 마음속에서 평화와 행복의 달콤한 꽃을 시들어 죽게 하고 임하는 모든 곳을 지옥으로 만든다.

미움은 여러 이름과 다양한 형태를 지니지만 본질은 타인에 대한 분노로 불타는 마음, 그것 단 하나다. 미움은 때론 종교라는 이름 하에 맹목적 추종자들로 하여금 삶과 죽음에 관한 서로의 견해를 받아들이지 않게 하고,

또 서로를 공격하고 비방하며 박해하게 만들어 세상을 고통과 눈물로 가득 채우기도 한다.

타인을 향한 분노, 혐오, 나쁜 생각, 나쁜 말은 모두 미움이며, 미움이 있는 곳에는 항상 불행이 있다. 이런 분노나 나쁜 생각이 떠오를 때 그 미움을 극복하는 사람은 아무도 없다. 미움을 버리는 것은 나 자신에게 잘못을 저지른 이들까지 친절한 생각과 마음으로 대할 수 있을 때에야 완성된다. 이 상태가 되어야만 진정한 축복을 깨달을 수 있다. 단단하고 잔인하며 견고한 미움의 문 너머에는 미움으로 가득 찬 생각을 극복하고 버린 사람들에게 모습을 드러내 그를 평화로 인도할 준비가 되어 있는 신성한 사랑의 천사가 기다린다.

다른 이들이 나에 대해 뭐라고 말하고 어떤 행동을 하든 절대 화내지 마라. 미움으로 미움을 돌려주지 마라. 누군가 나를 미워한다면 의식적으로든 무의식적으로든 내가 어떤 행동을 잘못했거나, 약간의 온유함과 이성을 발휘하면 해결될 오해가 있어서 그럴 것이다. 다만, 어떤 상황에서든 "주여, 그들을 용서하소서"라는 태도가 "나는 그들과 더는 아무런 상관이 없다"는 태도보다 훨씬 낫고 다정하며 고상하다. 미움은 너무 작고 가난하고 맹목적이고 비참하다. 사랑은 위대하고 풍요로우며, 또한 멀리 내다보고 더없이 행복하다.

최상의 개화는 나쁜 말을 하지 않는 것
최고의 개혁가는 모든 아름다움과 가치를
재빨리 보는 눈을 가진 사람
그리고 신중하고 잘 정돈된 삶만으로
죄를 꾸짖는 자

모든 미움을 다른 사람에 대한 헌신이라는 거룩한 제단 위에서 소멸시켜

라. 자신의 옹졸한 자아가 입은 상처는 더는 생각하지 마라. 앞으로는 다른 사람을 해치거나 상처 입히지 않도록 하라. 마음의 수문을 열어 달콤하고 위대하며 아름다운 사랑이 흘러들게 하라. 사랑은 보호와 평화라는 강하지만 온유한 생각으로 모두를 감싸안는다. 어느 누구도, 아니 나를 미워하거나 경멸하거나 비방하는 사람조차도 추위에 내버려두지 않는다.

그리고 축복받지 못한 마음가짐이자 기형적인 마음인 불순한 욕망, 나약한 자기 연민과 격 떨어지는 자기 자랑, 허영심과 교만을 버려야 한다. 이런 마음을 하나씩 억누르고 점차 극복하는 사람은 자신의 성공 기준에 따라 나약함과 고통, 슬픔을 뛰어넘어 완전하고 영원한 축복을 이해하며 누릴 수 있다.

자, 지금까지 언급한 모든 남모를 버림은 순수하고 겸손한 마음의 제물이다. 이는 내면에서 이루어지며, 신성하고 외롭고 보이지 않는 마음의 제단에 바쳐진다. 먼저 "나에게 잘못이 있다"고 스스로에게 고백하기 전까지는 누구도 잘못을 버릴 수 없다. 마침내 잘못을 버릴 때 나의 잘못이 가리고 있던 진리를 인식하고 받아들이게 된다.

"천국은 보이게 임하지 않는다." 다른 사람의 이익을 위해 자신을 조용히 희생하고 매일 자신의 이기적 성향을 버리는 일은 눈에 띄지 않을뿐더러 보상도 없다. 인기와 칭찬이라는 요란한 휘장을 가져다주지도 않는다. 온 세상의 눈, 아니 가장 가까운 사람들의 시선에서도 보이지 않는다. 육신의 눈으로는 그 영적 아름다움을 인식할 수 없기 때문이다. 그러나 보이지 않는다 해서 헛되다고 생각지 마라. 그 지복의 빛은 당신이 누리게 된다. 또한 사람들이 보거나 이해할 수 없어도 무의식적으로 그들에게 영향을 미치기 때문에 조용한 희생이 가지는 선한 힘은 크고 광범위하다. 그들은 당신이 어떤 소리 없는 전투를 벌이는지, 자아와 관련해 어떤 영원한 승리를 거두었는지 모르지만, 사랑이 넘치는 생각들로 만들어진 당신의 변화된 태도와 새로운 마음을 느낄 테고, 그 행복과 축복을 얼마간 공유할 것이다. 사람들은 당신이 행하는 싸움이 얼마나 자주 격렬해지는지, 어떤 상처를 입고 어떤 연고를 바르는지, 어떤 고뇌를 겪고 그 후 어떤 평화를 얻는지 아무것도 알지 못한다. 그러나 당신이 더 다정하며 온화해졌고, 더 강해지고 조용히 자립한 것은 물론, 인내심이 있고 순수해졌으며, 당신의 존재 덕분에 쉼을 얻고 도움을 받는다는 사실을 알게 된다. 어떤 보상이 이것과 비교할 수 있을까? 향기로운 사랑의 사무소 옆에서 하는 사람들의 칭찬은 천박하고 역하다. 사심 없는 마음의 순수한 불꽃 속에서 아첨은 재로 변한다. 사랑은 그 자체로 보상이고, 그 자체로 기쁨이며, 그 자체로 만족이다. 사랑은 격정에 고통받는 영혼들의 마지막 피난처이자 안식처다.

자기희생은 물론, 그것이 선사하는 최고의 지식과 축복은 단 한 번의 위대하고 영예로운 행동으로 얻어지는 것이 아니라, 평범한 삶에서 이어지는 사소하고 계속된 희생, 매일같이 이기심을 극복하는 진리의 연속된 발걸음에 의해 달성된다. 하루하루 스스로의 다짐에서 승리를 쟁취하며 불친절한 생각, 불순한 욕망, 죄를 향한 성향을 억제하고 잊는 사람은 매일 더 강하고 순수하며 현명해질뿐더러, 자기희생적인 행위로써 새벽마다 부분적으로 모습을 드러내는 진리의 마지막 영광에 가까이 다가갈 수 있다.

진리의 빛과 축복을 당신 자신의 밖이나 너머가 아닌, 안에서 찾아라. 그것은 의무라는 좁은 영역, 마음속 겸손하고 숨겨진 희생 안에서 발견할 수 있다.

연민

당신의 시선이

자신의 영혼으로 향할 때 가장 엄격해져라.

그러나 시선이 다른 사람에게 향할 때는 친절이 다스리게 하라.

축축한 땅에서 잡초가 자라듯

평범한 입에서 내뱉는 하찮은 비난은 삼가라.

―엘라 휠러 윌콕스Ella Wheeler Wilcox

나는 상처 입은 사람에게 어떠냐고 묻지 않는다.

직접 상처 입은 그 사람이 된다.

―월트 휘트먼Walt Whitman

우리는 자신을 극복한 만큼만 타인을 동정할 수 있다. 자신을 애염하고 동정하는 동안에는 다른 사람을 생각하고 동정할 수 없다. 자신의 탁월함이나 자기 자신, 자기 의견, 자기 소유를 배타적으로 보호하고자 할 때는 다른 사람을 사랑으로써 부드럽게 대할 수 없다. 자신을 망각한 상태에서 타인을 배려하는 마음 이외에 동정이란 과연 무엇일까?

다른 사람을 동정하려면 먼저 그 사람을 이해해야 한다. 그 사람을 이해하려면 그 사람에 대한 개인적 선입견을 모두 버리고 그를 있는 그대로 바라봐야 한다. 그의 내면으로 들어가 그의 마음의 눈을 통해 보면서 그가 한 경험의 영역을 이해하고 그와 하나가 되어야 한다. 당연히 나보다 더 큰 지혜와 경험을 가진 사람을 동정하는 것은 불가능하다. 또 내가 다른 사람보다 더 높은 차원에 있다고 생각한다면 그 누구도 동정할 수 없다. 자기중심적 성향과 동정은 함께할 수 없기 때문이다. 반면, 내가 성공적으로 벗어난 죄와 고통에 아직 사로잡혀 있는 모든 이에게는 동정을 베풀 수 있다. 또한 나보다 위대한 사람을 동정해 그를 포용하고 보호할 수는 없어도, 그가 베푸는 더 큰 동정의 비호를 받아 나 자신을 속박하는 죄와 고통에서 벗어나는 것은 가능하다.

편견과 악의는 동정하는 데 완벽한 장애물이고, 교만과 허영심은 동정받는 데 절대적인 장애물이다. 미워하는 사람을 동정할 수 없고, 부러워하는 사람으로부터 받는 동정은 즐길 수 없다. 우리는 싫어하는 사람이나, 동물적 충동으로 잘못된 애정을 품고 있는 사람을 이해하지 못한다. 그를 있는 그대로 보지 않고, 또 볼 수도 없다. 그에 대해 우리가 가지는 불완전한 관념만 볼 수 있으며, 근거 없는 의견이라는 우리의 과장된 매개를 통해 왜곡된 이미지만 볼 뿐이다.

다른 사람을 있는 그대로 보려면 충동적인 호불호와 심한 편견, 이기적인 생각이 그와 나 사이에 끼어들지 않게 해야 한다. 그 사람의 행동에 분개하거나 그의 신념과 의견을 비난해서는 안 된다. 자신을 완전히 배제한 채 일단 그 사람의 입장을 받아들여야 한다. 그래야만 그와 공명할 수 있고, 그의 삶과 경험을 헤아리면서 이해할 수 있다. 그를 이해한다면 비난할 수 없게 된다. 사람들은 서로를 이해하지 못하기에 각자 잘못 판단하고 비난하며 피한다. 이렇게 서로를 이해하지 못하는 까닭은 스스로를 극복하고 정화하지 못했기 때문이다.

삶은 성장이자 발전이고 진화로, 죄인과 성자 사이에 본질적 차이는 없다. 오직 정도의 차이만 있을 뿐이다. 성자도 한때 죄인이었고 죄인도 언젠가는 성자가 될 것이다. 죄인은 어린이이고 성자는 어른이다. 죄인을 피해야 할 악인으로 여기면서 그들과 거리를 두는 사람은 마치 어린이가 지혜롭지 못하고 순종적이지 않으며 장난감을 가지고 논다는 이유로 아이와 접촉을 피하는 어른과 같다.

모든 생명은 하나이지만 나타나는 모습은 다양하다. 꽃은 나무와 별개의 것이 아니라 나무의 일부이고 잎의 또 다른 형태일 뿐이다. 수증기는 물과 별개의 것이 아니라 물의 또 다른 형태다. 선은 악이 변한 것이듯, 성자는 죄인이 발전하고 변화된 결과다.

죄인은 이해가 발달하지 않은 사람으로, 몰라서 잘못된 행동 방식을 선택한다. 반면 성자는 이해 능력이 성숙한 사람으로, 지혜롭게 올바른 행동 방식을 선택한다. 죄인은 다른 사람이 잘못된 행동 방식을 택한 것에 대해 비난한다. 반면 성자는 자신도 전에는 그와 같은 자리에 있었다는 사실을 기억해 죄인을 비난하지 않는다. 그를 어린 동생이나 친구처럼 여겨 깊이 동정한다. 동정은 옳고 현명한 행동 방식이기 때문이다.

모든 사람에게 동정을 베푸는 완성된 성자는 죄와 고통을 초월해 영원한 복을 누리고 누구의 동정도 필요로 하지 않는다. 그러나 고통받는 모든 사람에게는 동정이 필요하다. 그리고 죄를 지은 사람은 모두 고통을 받는다. 다만 생각이든, 행동이든 죄를 지으면 합당한 고통을 받는다는 사실을 알게 된 사람은 비난을 멈추고 죄에 부과된 고통을 보면서 동정하기 시작한다. 그리고 스스로를 정화함으로써 그러한 이해에 도달한다.

사람은 격정을 씻어내고 이기적 욕망을 변형하며 자기중심적 성향을 발밑에 내려놓음으로써 인간 경험의 깊이, 즉 모든 죄와 고통과 슬픔, 모든 동기와 생각과 행동을 판단하고 도덕률을 완벽하게 이해하게 된다. 완전한 자기 정복은 완전한 지식과 완전한 동정을 가져온다. 타인을 순수한 마음이라는 깨끗한 시각으로 보는 사람은 그들을 동정심으로 대하고 또 자신의 일부로 바라본다. 불결하고 분리되고 구별된 것이 아니라, 바로 자기 자신처럼 보는 것이다. 자신이 죄를 지었던 것처럼 죄를 짓고, 자신이 고통받았던 것처럼 고통받으며, 자신이 슬퍼했던 것처럼 슬퍼하지만, 그럼에도 자신이 그랬던 것처럼 그들에게도 마침내 완전한 평화가 찾아올 것이라는 점을 알고 기뻐한다.

진정으로 선하고 지혜로운 사람은 열렬한 지지자는 되지 못하더라도 모든 이에게 동정을 베풀뿐 아니라, 타인에게서 비난하거나 저항할 악을 보지 않는다. 그는 오직 죄인은 볼 수 없어 막상 닥쳤을 때 이해하지 못하는 뒤늦은 슬픔과 고통, 그리고 죄인이 기뻐하는 죄를 본다.

동정심은 사람의 지혜가 닿는 데까지만 발휘될 뿐, 그 이상으로는 확장되지 않는다. 또한 사람은 온유하고 동정심이 커질 때만 더 현명해진다. 동정심을 줄이는 것은 마음을 편협하게 만드는 일이며, 따라서 삶도 어둡고 비참해진다. 동정심을 확장하는 것은 자신의 삶을 밝히고 기쁘게 하는 일인 동시에, 다른 이들에게 빛과 기쁨의 길을 명확히 열어주는 일이다.

타인을 동정하는 것은 그의 존재를 받아들이고 그와 하나가 되는 길이기도 하다. 이기심 없는 사랑은 둘을 굳게 결합시킨다. 모든 인류와 생명체에게 동정심을 베풀어 그들을 모두 포용하는 사람은 자신의 정체성은 물론, 모든 것과 하나 됨을 깨닫고 보편적 사랑, 법칙, 지혜를 이해한다.

타인에게 동정을 베풀지 않는 사람은 천국, 평화, 진리에 다가갈 수 없다. 동정이 끝나는 곳에서 무지와 고통, 혼란이 시작된다. 다른 이들에게 사랑을 베풀지 않는 것은 사랑의 축복에서 멀어져 자신을 스스로 어두운 감옥에 가두는 행위나 마찬가지다.

동정심 없이 길을 걷는 사람은 자신의 수의를 입고 제 장례식에 가는 사람과 같다.

무한한 동정을 베풀 때만 진리의 영원한 빛이 드러나고, 제한을 모르는 사랑 안에서만 무한한 축복을 누릴 수 있다.

동정심은 더없는 기쁨이며, 그 안에서 가장 높고 순수한 복이 나타난다. 동정심은 신성하다. 그 호혜적인 빛 속에서는 자아에 대한 모든 생각이 사라지고 다른 이들과 하나 되는 순수한 기쁨, 영적 정체성의 말로 표현할 수 없는 교감만 남는다. 사람은 동정을 멈춘 곳에서 삶을 멈추며, 보고 깨닫고 이해하기를 멈춘다.

타인에 대한 이기적인 생각을 버려야만 그들을 진정으로 동정할 수 있다. 이기적인 생각을 떨치고 타인을 있는 그대로 보고자 애쓰며 개개인의 죄와 유혹, 슬픔, 믿음, 의견, 편견을 이해하려 노력하는 사람은 마침내 그들이 영적 진화 과정의 어디쯤에 서 있는지 정확히 파악하고, 그들의 경험 곡선을 이해하며, 지금 그런 행동을 하는 것 외에 다른 도리가 없다는 사실을 알게 된다. 타인을 동정하는 사람은 그들 모두 자기가 가진 지식의 정도 또는 지식의 부족함에 따라 생각하고 행동하며, 만일 맹목적이고 어리석은 행동을 한다면 그것은 지식과 경험의 미숙함에서 비롯된 일이고, 마음이 깨달음을 얻은 상태로 성장해야만 지혜롭게 행동할 수 있다는 사실을 안다. 또한 이러한 성장은 더 성숙한 모범의 영향을 받을 뿐 아니라 시기적절한 말과 가르침을 통해 격려, 도움, 자극을 받지만, 부자연스럽게 강요할 수 있는 부분이 아니라는 점도 잘 알고 있다. 사랑과 지혜의 꽃은 자랄 시간이 필요하고, 미움과 어리석음의 메마른 가지는 한 번에 전부 잘라낼 수 없다.

동정심을 가진 사람은 자신이 만나는 이들의 내면세계로 들어가는 문을 발견한 뒤 그 문을 열고 들어가 존재의 숨겨진 성역에서 그들과 함께 머무른다. 그 성역에서 미워하고 헐뜯고 비난할 부분이 아닌, 사랑하고 보살펴야 할 점을 발견한다. 그리고 자기 마음속에서 더 큰 동정과 인내, 더 큰 사랑을 위한 공간을 발견한다.

동정심을 가진 사람은 자신이 다른 이들과 하나이고 그들이 자신의 또 다른 측면에 불과하다는 점, 그들의 본성이 변형되어 있고 그 정도에 차이가 있다는 것을 제외하고는 자신의 본성과 다르지 않다는 점을 이해한다. 누군가가 어떤 죄 많은 성향을 행동으로 옮겼을 때 동정심을 가진 사람은 자신의 내면을 들여다보며 자기 안에서 아마도 절제되었거나 정화되었겠지만 그 누군가와 똑같은 성향을 찾을 것이다. 또 누군가가 어떤 거룩하고 신성한 특성을 보인다면 자기 안에서 힘과 발전의 정도는 덜해도 똑같이 순수한 영혼을 발견할 것이다.

자연의 손길 한 번으로 온 세상은 친척이 된다.

한 사람의 죄는 모두의 죄다. 한 사람의 미덕은 모두의 미덕이다. 그 누구도 다른 사람과 크게 동떨어져 있지 않다. 본성의 차이는 없고 상태의 차이만 있을 뿐이다. 누군가 나는 더 고결하기 때문에 다른 사람들과 차별화된 존재라고 생각한다면 그렇지 않다. 그는 무지할뿐더러, 큰 착각을 하고 있는 것이다. 인류는 하나이고, 동정심의 거룩한 성소에서 성자와 죄인이 만나 하나가 된다.

예수는 온 세상의 죄를 짊어지셨다. 자신을 죄와 동일시하시고, 자신을 죄인들과 본질적으로 구별되는 존재가 아닌, 그들과 같은 본성을 지닌 존재로 여기셨으며, 모든 사람과 하나 됨을 깨달으셨다. 이런 깨달음은 큰 죄를 지어 다른 사람들로부터 회피당하고 버려진 자들에 대한 깊은 동정심으로써 그분의 삶 속에서 나타났다.

동정이 가장 필요한 사람은 누구인가? 성자도 아니고 깨달음을 얻은 선지자도 아니며 완벽한 사람도 아니다. 바로 죄인, 깨달음을 얻지 못한 사람, 불완전한 사람이다. 죄가 클수록 동정이 더 많이 필요하다. "나는 의로운 자를 부르러 온 것이 아니라 죄인을 불러 회개하려고 왔노라." 이는 모든 인간의 필요를 이해한 사람이 한 말이다. 의로운 사람에게는 동정이 필요하지 않지만, 죄 많은 사람에게는 꼭 있어야 한다. 동정은 자신의 잘못된 행동 탓에 오랫동안 고통과 괴로움을 자초하고 있는 사람에게 필요하다.

명백히 불의한 자는 그와 비슷하게 살아가는 사람들로부터 비난과 멸시를 받으며 회피당할 것이다. 동정하지 않고 서로 비난하는 것은 죄가 발생한 데 대한 이해가 부족하다는 점을 방증하는 가장 흔한 표현이기에 낭상은 불의한 자가 나타내는 특성 형태의 죄가 다른 사람들에게는 적용되지 않는 것처럼 보일 수도 있다.

죄가 있는 자는 마찬가지로 죄가 있는 다른 사람을 비난할 테고, 자신의 죄가 깊고 클수록 다른 사람을 더 심하게 비난할 것이다. 사람은 자신의 죄를 슬퍼하고 그 죄를 극복해 순수함과 이해의 더 선명한 빛으로 나아갈 때만 다른 이들에 대한 비난을 멈추고 그들을 동정하는 법을 배운다. 다만, 격정이라는 사나운 게임에 관여하는 사람들의 서로에 대한 끊임없는 비난은 반드시 필요하다. 이는 보편적이고 영원한 대법칙의 작동 방식이며, 다른 사람들로부터 비난받는 불의한 자가 자기 죄에 따른 결과로서 비난을 겸허히 받아들이고 앞으로 타인을 비난하지 않기로 결심한다면 이는 좀 더 빨리 높고 고귀한 마음과 삶에 도달하는 길이 되기 때문이다.

진정으로 선하고 지혜로운 사람은 누구도 비난하지 않는다. 그는 맹목적인 격정과 이기심을 버리고 사랑과 평화의 고요함 속에 살면서 모든 죄의 양태와 그것에 따른 고통, 슬픔을 이해한다. 깨달음을 얻고 눈을 떠 모든 이기적 편견에서 벗어나 인간을 있는 그대로 바라보는 마음은 모든 이에게 거룩한 동정심으로 반응한다. 어떤 사람이 그를 비난하거나 욕하거나 비방한다면 그런 행동을 하게 만든 그들의 무지를 이해하고, 또 그들이 잘못된 행동으로 고통받을 것임을 알기에 그들에게 동정의 친절한 보호를 베푼다.

자기 자신을 정복하고 지혜를 습득해 지금 당신이 비난하는 그 사람을 사랑하고, 당신을 비난하는 그 사람을 동정하는 법을 배워라. 사람들의 비난에서 눈을 돌려 자기 마음을 탐색하고 발견하고 깨달은 순간에 스스로를 책망하게 될 무정하거나 불친절하거나 잘못된 생각을 찾아내라.

흔히 동정이라고 부르는 많은 것이 개인적 애정이다. 나를 사랑하는 사람을 사랑하는 것은 인간의 당연한 편향이고 경향이지만, 나를 사랑하지 않는 사람을 사랑하는 것은 신성한 동정이다.

고통을 겪지 않는 존재나 사람은 없기에 세상에는 고통이 만연하다. 그래서 동정이 필요하다. 동정심은 고통을 통해 진화한다. 인간의 마음이 고통으로 정화되고 부드러워지는 것은 한 해, 한 생애, 한 시대에 이루어지는 것이 아니다. 간헐적으로 고통스러운 여러 삶을 거치고 끊임없이 반복되는 슬픔의 시대가 지나 경험이라는 금빛 결과물을 수확한 후에야 잘 익은 풍성한 사랑과 지혜를 저장할 수 있다. 그런 다음 이해하고 공감한다.

모든 고통은 무지한 탓에 법칙을 어긴 결과다. 잘못된 행동을 여러 번 똑같이 반복하고, 그 행동에서 기인한 똑같은 고통을 여러 번 반복한 후에야 법칙을 알고 더 높은 복종과 지혜의 상태에 도달하게 된다. 그때 비로소 순수하고 완전한 동정의 꽃이 피어난다.

동정의 한 가지 형태는 연민이다. 연민은 슬픔 또는 고통에 빠진 타인의 괴로움을 덜어주거나 그들을 돕고자 하는 바람을 가지고 그들을 불쌍히 여기는 마음이다. 세상에는 이런 신성한 자질이 더 많이 필요하다.

연민은 세상을 약한 자에게는 부드러운 것으로,

강한 자에게는 고귀한 것으로 만든다.

　다만, 연민은 모든 무정함과 불친절, 비난과 분노를 없앴을 때만 커진다. 타인이 자신의 죄 때문에 고통받는 모습을 보고 무자비하게 "당할 만하다"고 생각하는 사람은 연민을 느낄 수 없으며, 치유의 향유도 바를 수 없다. 다른 이들이 아무리 어리석다고 해도 그들에게 냉담하게 행동하거나 필요한 동정을 베풀지 않는 것은 매번 자신의 성장을 방해하고 말로 표현할 수 없는 축복을 걷어차면서 고통을 준비하는 것과 같다.

　동정의 또 다른 형태는 타인이 나보다 더 크게 성공했을 때 함께 기뻐하는 것이다. 모든 시기와 악의에서 자유로운 사람, 자신이 원수로 여기는 자의 행운을 듣고 기뻐하며 반기는 사람은 진정 복되다.

　신성한 동정이 나타나는 또 다른 모습은 나보다 약하고 무방비 상태인 생명을 보호하는 것이다. 어리석은 생명이 가진 무력한 연약함은 깊은 동정심을 필요로 한다. 더 강한 것이 누리는 영광은 파괴가 아니라 보호하는 힘에 있다. 약한 것을 무자비하게 파괴하기보다 보호함으로써 삶을 좀 더 진정하게 살아갈 수 있다.

　모든 삶은
　연결되어 있고 동질하다.

　가장 낮은 곳의 피조물은 약해서가 아니라 지능이 떨어지기 때문에 가장 높은 곳의 피조물과 구별된다. 그것을 동정하고 보호할 때 우리는 자기 안의 신성한 생명과 기쁨을 드러내고 확장할 수 있다. 반면 경솔하고 무정하게 고통을 가하거나 파괴한다면 우리의 신성한 생명이 가려지고 기쁨은 소멸한다. 육체는 물질적인 것과 격정으로 살 수 있지만, 신성한 본성은 오직 친절, 사랑, 동정, 그리고 순수하고 사심 없는 행동에 의해서만 길러지고 유지되며 발전한다.

타인에게 동정을 베풀면 나의 동정심도 늘어난다. 동정심은 결코 없어지지 않는다. 동정심은 모든 생명이 이해하는 보편적 언어라서 아무리 비열한 생명체라도 그 신성한 손길에는 반응한다.

최근 들은 이야기 가운데 다트무어 교도소에 수감되었던 한 죄수에 관한 실화가 있다. 여러 교도소를 돌며 40년 넘게 수감 생활을 하고 있던 그는 가장 무자비하고 파렴치한 범죄자 중 한 명으로 여겨졌고, 교도관들은 그를 거의 다룰 수 없는 인간으로 여겼다. 그러던 어느 날 그가 쥐를 한 마리 잡았다. 약하고 겁에 질려 사냥감이 된 쥐였다. 그는 자신의 처지와 비슷한 쥐의 무력한 연약함에 마음이 흔들렸다. 범죄로 무정해진 그의 마음에서 다 타버려 이제는 어느 누구의 손길로도 깨어나지 않던 동정심의 신성한 불꽃이 타오르기 시작한 것이다.

그는 감방 안에 있는 낡은 장화에 쥐를 넣어두고 먹이를 주면서 보살폈고, 무력한 생명체를 향한 사랑으로 강한 자에 대한 증오를 잊었다. 그의 마음과 손이 더는 동료들에게 거칠게 나가지 않았다. 그는 극도로 유순하고 다루기 쉬운 사람이 되었다. 교도관들은 이런 변화를 이해할 수 없었다. 가장 무자비하던 범죄자가 갑자기 온순하고 순종적인 아이처럼 변하다니 기적 같은 일이었다. 얼굴 표정도 눈에 띄게 달라졌다. 이전에는 잔인한 미소만 짓던 입가에 기분 좋은 미소가 번지기 시작했고, 그토록 무정하던 눈빛도 사라져 부드럽고 달콤한 눈빛으로 바뀌었다. 그는 더는 범죄자가 아니었다. 구원받고 회개했으며 온전한 정신을 갖게 되었다. 또한 인정과 인간성을 회복했으며, 무방비 상태인 생명체를 연민으로 돌봄으로써 신성에 이르는 길에 굳건히 이르렀다. 이 이야기는 그가 쥐를 데리고 석방된 지 얼마 되지 않아 교도관들 사이에서 알려졌다.

이렇듯 동정을 베풀면 마음속 동정심 저장고가 늘어나 삶이 풍요롭고 비옥해진다. 동정을 베풀면 복을 받고, 동정을 아끼면 복을 잃는다. 사람은 동정심을 키우고 넓히는 만큼 이상적인 삶, 완전한 축복에 훨씬 더 가까워진다. 또한 마음이 아주 나긋나긋해져서 딱딱하거나 씁쓸하거나 무정한 생각이 들어와 그 영원한 달콤함을 훼손할 수 없을 때 진정 풍요롭고 신성하며 복되다.

용서

사람들이 이해한다면

그렇게 무턱대고 판단하는 영혼의

그렇게 불친절하게 찌르는 마음의

잠자고 깨어나는

모든 공허함과 고통을

그러면 부드러운 말과 감정으로

치유의 향유를 바를 텐데

사람들이 이해하기만 한다면

친절, 복수보다 더 고귀한 것.

—셰익스피어Shakespeare

상처를 기억하는 것은 영적인 어둠이고, 원한을 키우는 것은 영적인 자살이다. 용서의 정신과 실천에 호소하는 것은 깨달음의 시작이자, 평화와 행복의 시작이다. 모욕과 상처, 잘못을 품고 있는 사람에게 안식은 없으며, 자신이 부당하게 대우받았다고 느끼는 사람, 적을 무너뜨리기 위한 행동을 계획하는 사람에게 고요한 마음의 안식은 없다.

원한으로 산란해진 마음에 어떻게 행복이 깃들 수 있겠는가? 새들이 집을 짓고 노래하기 위해 불타는 덤불을 선택하겠는가? 마찬가지로 행복도 원한으로 불타는 가슴에는 깃들 수 없다. 그런 어리석음이 있는 곳에는 지혜조차 거하지 않는다.

복수는 용서의 정신을 모르는 사람의 마음에만 달콤해 보인다. 하지만 용서의 달콤함을 맛보면 복수의 쓰디쓴 맛을 알게 된다. 격정의 어둠에 빠진 사람에게 복수는 행복을 가져오는 듯하지만, 격정의 격렬함을 버리고 용서의 온유함을 회복하면 복수가 고통으로 이어진다는 사실을 깨닫게 된다.

복수는 마음의 생명력을 갉아먹고 영적 존재 전체를 독살하는 바이러스다. 또한 분노는 마음의 건강한 에너지를 태워버리는 정신적 열병이고, '화를 내는 것'은 친절과 선의의 건강한 흐름을 약화하는 도덕적 질병의 한 형태다. 우리는 이것들로부터 해방되고자 노력해야 한다. 용서하지 못하고 분노하는 영혼은 큰 고통과 슬픔의 원천이 되고 이런 마음을 품고 북돋우는 사람, 극복하지 못한 채 버리지 않는 사람은 큰 복을 잃을뿐더러 진정한 깨달음도 얻지 못한다. 무정한 마음을 가지면 고통 속에서 빛과 위안을 박탈당하는 반면, 온유한 마음을 가지면 고요히 기뻐하면서 빛과 위로를 얻는다. 무정하고 용서하지 않는 사람이 가장 크게 고통받는다는 말이 어쩌면 이상하게 들릴 수도 있다. 그러나 이는 사실이다. 끌어당김의 법칙에 따라 다른 사람에 대한 복수심으로 가득 찬 격정이 나에게로 끌어당겨질 뿐 아니라, 무정한 마음 자체가 지속적인 고통의 원인이 되기 때문이다. 사람은 타인에 대해 냉담한 마음을 가질 때마다 스스로에게 다섯 가지 고통을 지운다. 사랑을 잃는 고통, 교감하고 동료 의식을 갖지 못하는 고통, 괴롭고 혼란스러운 마음을 갖는 고통,

열정과 자존심에 상처를 입는 고통, 다른 이들이 가한 벌을 받는 고통이 그것이다. 용서하지 않는 모든 행위는 그 당사자에게 이 다섯 가지 고통을 남긴다. 반면 용서하는 모든 행위는 다섯 가지 축복을 가져다준다. 사랑의 축복, 교감하고 동료 의식이 높아지는 축복, 고요하고 평화로운 마음을 갖는 축복, 열정이 진정되고 교만이 극복되는 축복, 다른 이들이 나에게 친절과 선의를 베푸는 축복이 그것이다.

오늘날 수많은 사람이 용서하지 않는 영혼 때문에 불타는 듯한 고통을 겪고 있다. 그 영혼을 극복하려고 노력할 때만 자신이 얼마나 잔인하고 엄격한 주인을 섬기는지 알게 된다. 용서라는 더 고귀한 주인을 섬기기 위해 잔인하고 엄격한 주인, 즉 용서하지 않는 마음을 버린 사람만이 그 마음의 고통을 알고 용서가 얼마나 달콤한지 깨달을 수 있다.

선의를 가져라
살아 있는 모든 것에게, 불친절함을 죽이고
탐욕과 분노도 죽게 하라. 그리하여 삶을
지나가는 산들바람처럼 만들어라.

용서하기 위해 보복을 포기할 때 그 사람은 어둠에서 빛으로 나아간다. 용서하지 않는 마음은 어둡고 무지하기 때문에 지혜롭고 깨달은 존재는 그쪽으로 전락하지 않는다. 다만, 용서하지 않는 마음이 가져오는 어둠은 그 마음을 버린 뒤 더 좋고 고귀한 행동 방침을 찾아 실천하기 전까지는 이해할 수도, 알 수도 없다. 인간은 자신의 어둡고 죄 많은 성향에 의해서만 눈멀고 현혹된다. 용서는 교만함과 특정 형태의 열정을 포기한다는 뜻이며, '자기 중요성'과 자신을 보호하고 방어할 필요성에 대해 뿌리 깊게 가지고 있던 생각을 포기한다는 의미이기도 하다. 이렇게 포기할 때 교만함과 열정에 완전히 가려져 있던 더 높은 삶, 더 넓은 지혜, 더 순수한 깨달음이 빛과 아름다움으로 드러난다.

사소한 성냄, 작은 악의, 지나가는 모욕은 뿌리 깊은 증오와 복수보다는 덜 심각하지만, 인격의 성장을 방해하고 영혼을 속박한다. 이것들은 자기 중요성이라는 죄에서 태어나 허영심으로 번성한다. 허영심에 눈멀고 현혹된 사람은 자신에 대한 다른 이들의 행동과 태도에서 계속 성낼 부분을 본다. 특히 허영심이 강할수록 가공의 모욕이나 잘못을 더 크게 과장하곤 한다. 이렇게 사소한 분노에 빠져 사는 것은 증오의 마음을 키울뿐더러, 우리를 점점 더 큰 어둠과 고통, 자기기만으로 이끈다.

화를 내거나 감정을 상하지 마라. 즉 교만과 허영심을 버려라. 다른 사람의 감정을 해치거나 상하게 하지 마라. 모든 사람을 온화하게 배려하고 용서하며 자비심을 베풀어라.

허영심과 교만을 버리는 것, 완전히 뿌리 뽑는 것은 대단히 어렵지만 복된 일이다. 이는 분노하지 않는 마음을 끊임없이 실천하고, 명상을 통해 생각과 행동을 이해하며 정화함으로써 달성할 수 있다. 용서의 정신은 교만과 허영심을 극복하고 버리는 만큼 하나로 완성된다.

화를 내지 않는 것과 남의 감정을 상하지 않게 하는 것은 함께 다닌다. 타인의 행동에 분노하기를 멈춘 사람은 자기 자신을 우선시하거나 방어하기보다 상대를 먼저 생각하면서 친절하게 행동한다. 그런 사람은 말과 행동이 온화할 뿐 아니라, 다른 이들에게 사랑과 친절을 불러일으키고, 악의와 다툼을 조장하지 않는다. 또한 자신을 향한 타인의 행동에 대해 아무런 두려움도 갖지 않는다. 아무도 해치지 않는 사람은 누구에게도 두려움을 갖지 않기 때문이다. 반면 용서하지 않는 사람, 실제의 것이든 가상의 것이든 모욕이나 상처를 '갚아주려고' 열심인 사람은 자신을 먼저 생각하면서 끊임없이 적을 만들고 다른 이들을 배려하지 않는다. 또한 자신이 남에게 하듯이 남들도 나에게 똑같이 행동할 것이라고 생각해 두려움 속에서 살아간다. 남에게 상처를 입히려는 사람은 남을 두려워한다.

고대 인도의 한 스승이 제자들에게 "미움은 미움으로 멈추지 않고 미워하지 않음으로써 멈춘다"는 고귀한 진리를 일깨우려고 디르가유 왕자에 관한 아름다운 이야기를 들려주었다. 베나레스국(현 인도 우타르프라데시주 바라나시—편집자 주)의 강한 왕 브라흐마닷타는 왕국을 넓히기 위해 베나레스보다 훨씬 작은 나라 코살라(현 우타르프라데시주 아와드 지역—편집자 주)의 왕 디르게티를 상대로 전쟁을 일으켰다. 디르게티는 브라흐마닷타의 큰 힘에 대적할 수 없다는 사실을 알고 도망쳤고, 결국 왕국은 브라흐마닷타 손에 넘어갔다. 디르게티는 한동안 신분을 숨긴 채 왕비와 함께 이곳저곳을 떠돌다가 어느 기술공의 오두막집에 머물게 되었다. 왕비는 아들을 낳고 아기 이름을 디르가유라고 지었다.

이즈음 브라흐마닷타는 패배한 왕을 죽이고자 디르게티가 숨어 있는 곳을 찾는 데 혈안이 되었다. "내가 그의 왕국을 빼앗았으니 그를 죽이지 않으면 언젠가 그가 나를 죽일지도 모른다"고 생각했기 때문이다.

그 후 여러 해가 흘렀다. 그동안 디르게티는 부지런히 아들을 가르쳤고, 디르가유는 열심히 배워 학식이 뛰어나고 유능하며 현명한 청년으로 성장했다.

얼마 후 디르게티가 숨어 사는 곳이 알려졌다. 디르게티는 브라흐마닷타가 자신을 찾아내 가족까지 모두 죽일 것이라는 두려움에 아들을 멀리 도망치게 했다. 그 후 얼마 지나지 않아 디르게티는 브라흐마닷타에게 잡혀 왕비와 함께 죽임을 당했다.

브라흐마닷타는 생각했다. "디르게티와 왕비는 제거했지만 아들 디르가유가 살아 있으니 반드시 나를 암살할 방법을 꾀할 것이다. 하지만 그를 아는 사람이 아무도 없어 찾을 길이 없구나." 이에 브라흐마닷타는 큰 두려움을 가지고 끊임없는 마음의 고통 속에서 살아갔다.

부모가 죽임을 당한 뒤 디르가유는 신분을 숨긴 채 왕의 마구간에서 일자리를 구했다. 코끼리 사육사가 그를 고용했다. 디르가유는 곧 모든 사람들로부터 사랑을 받았다. 마침내 브라흐마닷타도 그의 뛰어난 능력에 대해 듣게 되었다. 디르가유를 자기 앞에 데려오게 한 왕은 이내 그에게 반해 자기 성에 고용했다. 디르가유는 매우 유능하고 성실했으며, 브라흐마닷타는 곧 그를 중요한 자리에 앉혔다.

어느 날 긴 사냥을 떠난 브라흐마닷타는 신하들과 떨어져 디르가유와 단둘이 남게 되었다. 피곤에 지친 왕은 디르가유의 무릎을 베고 잠이 들었다.

그때 디르가유는 생각했다. "이 자는 나에게 큰 잘못을 저질렀다. 내 아버지의 왕국을 빼앗고 부모님을 죽였다. 게다가 지금 완전히 내 손안에 있다." 그는 브라흐마닷타를 죽이려고 칼을 뽑았다. 그러나 절대 복수하려 하지 말고 끝까지 용서하라고 가르쳤던 아버지의 말씀이 떠올라 칼을 거두었다.

왕이 깨어나자 디르가유는 왕에게 왜 그렇게 겁에 질려 있느냐고 물었다. 그러자 왕이 대답했다. "나는 늘 잘 자지 못한다네. 젊은 디르가유가 나를 잡아 죽이는 꿈을 자주 꾸기 때문이지. 지금 자면서 그 어느 때보다 생생한 꿈을 꾸었고, 그래서 두려움과 공포가 엄습해왔다네."

그러자 청년은 칼을 뽑으며 말했다. "내가 디르가유다. 당신은 내 손안에 있고 이제 복수의 때가 왔다."

왕은 무릎을 재빨리 꿇고 디르가유에게 살려달라고 간청했다. 그러자 디르가유가 말했다. "왕이시여! 살려줘야 할 사람은 바로 당신입니다. 당신은 오랫동안 나를 찾아 죽이려 했습니다. 이제 나를 찾았으니 부디 내 목숨을 구해주십시오."

그 자리에서 브라흐마닷타와 디르가유는 손을 맞잡은 채 서로의 목숨을 구해주기로 약속했으며, 서로를 절대 해치지 않겠다고 엄숙히 맹세했다. 왕은 디르가유의 고귀한 마음과 용서하는 정신에 감복해 딸을 그와 혼인시켰고, 아버지의 왕국을 돌려주었다.

이렇듯 미움은 미워하지 않음, 즉 용서함으로써 멈춘다. 용서는 매우 아름다울 뿐 아니라, 복수보다 달콤하고 효과적이다. 용서는 자기 자신을 추구하지 않는 신성한 사랑의 시작이다. 용서를 실천하고 그 안에서 자신을 완성하는 사람은 마침내 교만, 허영심, 증오, 보복의 고통이 전혀 없는, 불변하고 무한한 선의와 평화의 복된 상태를 깨닫게 될 것이다. 고요하고 조용한 축복의 상태에서는 용서조차 사라지고 그 필요성도 없어진다. 복된 경지에 도달한 사람은 분노할 악을 보지 않고 오직 동정할 무지와 착각만 보는데, 용서는 분노하고 보복하며 화낼 때만 필요하기 때문이다. 모든 사람에 대한 평등한 사랑은 곧 모든 미약한 상태가 완성되는 완벽한 법, 완벽한 삶, 완벽한 상태를 의미한다. 용서는 흠 없는 신성한 사랑의 성전으로 들어가는 하나의 문이다.

악을 보지 않기

단단한 단단한 우주는

사랑을 이해하네

안대를 감은 눈으로 결코 죄를 범하지 않네

주위에, 아래에, 위에

그 눈부신 빛

하얀 빛을

하나님과 사탄의 무리에 던져

악과 선을

신비로운 책략으로

화해시키네

—에머슨Emerson

네가 악을 생각한다면

네 행동에 오점의 그림자가 있을 것이요,

네 행동이 완전하다고 생각한다면

그 행동은 완전하고 진실하며 순수할 것이다.

—공자 이후

　여러 번 용서를 실천하고 어느 정도 용서의 정신을 키웠다면 마음속으로 선과 악의 본질을 서서히 알게 된다. 마음속에서 생각과 동기가 어떻게 형성되고 발전하며 행동으로 발현되는지 이해하기 시작하는 것이다. 이는 마음에 새로운 비전이 열리면서 더 고귀하고 높고 신성한 삶이 시작된다는 의미다. 이런 사람은 이제 자신을 향해 타인이 어떤 행동을 해도 저항하거나 분노할 필요가 없음을, 모든 분노는 스스로의 무지에서 기인하며 자신의 영적 고통이 잘못된 것임을 깨닫는다. 이 상태에 이른 사람은 스스로에게 다음과 같은 질문을 던질 것이다.

　"어째서 보복과 용서를 반복하는가? 왜 다른 사람에게 고통스러운 분노를 느끼고 난 후에야 후회하고 용서하는가? 용서란 노여움을 거두어들이는 것, 분노를 버리는 것이 아닌가? 노여움과 분노가 선하고 필요한 것이라면 왜 후회하고 버리는가? 모든 괴로운 감정을 없애고 전적으로 완전히 용서하는 것이 그렇게 아름답고 달콤하며 평화롭다면 괴로움의 감정을 키우지 않고 타인의 행동이 악하다고 성내거나 분노하지 않으며 다만 용서를 실천하면서, 즉 타인에 대한 난폭한 격정을 모두 버렸을 때에야 비로소 알게 되는 순수하고 고요하고 복된 사랑의 경험 속에서 살아가는 것이 더 아름답고 달콤하며 평화롭지 않겠는가? 타인이 내게 잘못을 저질렀다면 그를 향한 나의 미움은 잘못된 것이 아닌가? 하나의 잘못이 다른 잘못을 정당화할 수 있는가? 더욱이 그가 자기 잘못으로 내게 진짜 상처를 입혔는가, 아니면 자기 자신을 해쳤는가? 나는 그의 잘못이 아니라 나 자신의 잘못으로 상처를 입은 것은 아닌가? 그렇다면 나는 왜 화를 내는가? 왜 분노하고 보복하고 괴로운 생각에 사로잡히는가? 내 자존심이 상했거나, 허영심이 상처를 입었거나, 이기심이 좌절됐기 때문이 아닌가? 맹목적이고 동물적인 격정이 깨어나 나의 더 나은 본성을 억누르기 때문은 아닌가? 나 자신의 교만이나 허영심, 정화되지 않은 제멋대로의 격정 때문에 나를 향한 다른 이들의 태도에서 상처를 받는다면 그들의 잘못보다는 내 잘못을 살펴서 교만과 허영심, 격정을 없애고 전혀 상처받지 않는 편이 낫지 않을까?"

스스로에게 이렇게 질문하고 그 질문에 온유한 생각과 냉정한 판단으로 답함으로써 점차 격정을 극복하는 것은 물론, 격정을 일으켰던 무지에서 벗어나는 사람은 마침내 다른 이의 악을 보지 않고 보편적 선의와 사랑, 평화 속에서 살아가는 복된 상태에 도달할 것이다. 무지와 어리석음을 보지 않게 되는 것이 아니다. 또한 고통과 슬픔과 불행을 보지 않게 되는 것이 아니다. 순수한 행동과 불순한 행동, 옳은 행동과 그른 행동을 구별하지 않게 되는 것도 아니다. 다만, 격정과 편견을 버리고 지식이라는 완전하면서도 명확한 시각으로 상황을 있는 그대로 정확히 봄으로써 다른 이들에게서 자신을 해칠 염려가 있는 행동, 격렬하게 저지하고 진압해야 하며 방어해야 하는 행동, 어떤 악한 힘도 보지 않게 되는 것이다. 마음에서 악을 제거하고 악을 제대로 이해한 사람은 악이 증오와 두려움, 분노를 필요로 하는 것이 아니라 배려와 동정, 사랑을 필요로 한다는 사실을 알게 된다.

셰익스피어는 등장인물 중 한 명을 통해 "어둠은 없고 무지만 있을 뿐"이라고 말했다. 모든 악은 무지이자, 마음의 짙은 어둠이다. 마음에서 죄를 없애는 것은 어둠에서 나와 영적인 빛으로 가는 것이다. 어둠이 빛의 부정 또는 부재인 것처럼 악은 선의 부정이다. 그렇다면 부정의 어떤 점 때문에 분노나 원한이 일어나는 것인가? 세상에 밤이 내려앉았다고 누가 어리석게 어둠을 탓하겠는가? 마찬가지로 깨달은 사람 역시 간혹 부드럽게 꾸짖어 빛이 있는 곳을 가리킬 수 있으나, 죄 형태로 나타나는 인간의 마음속 영적 어둠을 비난하거나 책망하지는 않는다.

여기서 악 또는 악의 근원이라고 언급한 무지에는 두 가지가 있다. 먼저 선과 악에 대해 아무것도 모른 채 선택의 여지없이 저지르는 무의식적 잘못이다. 또 하나는 해서는 안 된다는 사실을 알면서도 행하는 의식적 잘못이다. 무의식적 잘못과 의식적 잘못은 모두 무지에서 발생한다. 즉 사람은 잘못의 진정한 본질과 고통스러운 결과에 대해 무지하기 때문에 잘못을 저지르는 것이다.

왜 사람은 해서는 안 된다고 생각하는 일을 계속하는 것일까? 자신이 하는 일이 잘못이라는 것을 안다면 대체 무지는 어디에 존재하는가?

인간은 잘못에 대해 불완전한 지식을 갖고 있기 때문에 해서는 안 된다고 생각하는 일들을 계속한다. 어떤 계율에 따라 해서는 안 되는 행동이 무엇인지 알면서도 자신이 하고 있는 일에 대해 완전히 이해하지 못하는 것이다. 어떤 행동이 즉각적 쾌락을 안겨준다는 사실을 알기에 쾌락에 뒤따르는 양심의 가책에도 같은 행동을 계속 저지른다. 쾌락은 선하고 바람직한 것이니 누려야 한다고 확신한다. 쾌락과 고통이 하나라는 사실을 모른 채 다른 하나 없이 나머지 하나를 가질 수 있다고 믿는다. 인간의 행동을 좌우하는 법칙을 알지 못하고, 자신의 고통을 자신이 저지른 잘못과 연관시켜 생각하지 않는다. 또한 고통이 타인의 잘못에서 기인한 것이거나 불가사의한 신의 섭리라서 탐구 또는 이해할 수 없는 부분이라고 확신한다. 행복을 추구하면서 자신에게 가장 큰 즐거움을 가져다준다고 믿는 행동을 하지만, 그 행동에 수반되는 필연적이고 숨겨진 결과에 대해서는 완전히 무지한 상태인 것이다.

한번은 나쁜 습관의 희생자가 이렇게 말했다. "나쁜 습관이라는 것을 압니다. 내게 득보다 해를 끼치죠." 그래서 물었다. "그 습관이 나쁘고 해롭다는 사실을 알면서 왜 계속하는 것입니까?" 그가 답했다. "즐거운 데다가 제가 좋아하거든요."

이 사람은 자신의 습관이 나쁘다는 사실을 정말로 아는 것이 아니다. 그는 그 습관이 나쁘다는 말을 들었고 스스로도 그 사실을 알고 있다고 생각하지만 실제로는 그 습관이 좋다고, 그 습관이 행복과 안녕을 가져다준다고 믿기 때문에 계속해왔던 것이다. 어떤 행동이 나쁘다는 사실을 경험으로 알고 그 행동을 할 때마다 몸이나 마음 또는 둘 다에 해를 입는다는 것을 알 때, 그리고 그 행동에 대해 완전히 정통해 그것이 초래하는 일련의 유해한 효과를 알 때 그는 더는 그 행동을 할 수 없을뿐더러, 하고 싶지도 않을 것이다. 또한 이전에 그 행동에서 얻었던 쾌락조차 고통스러워질 것이다. 독사의 색깔이 예쁘다고 그 뱀을 주머니에 넣을 사람은 없다. 아름다운 무늬 뒤에 치명적인 독니가 숨어 있음을 알기 때문이다. 마찬가지로 잘못된 생각과 행동에 숨겨진 불가피한 고통과 상처를 알면서도 그것을 계속 생각하고 저지르는 사람은 없다. 심지어 이전에 탐욕스럽게 추구했던 즉각적인 쾌락조차 사라지고 겉으로 드러난 매력도 없어진다. 그는 더는 전에 해오던 행동의 본질에 무지하지 않으며, 행동 그대로를 보게 된다.

한 젊은 사업가가 있다. 그는 교회에 다니면서 자원봉사를 하고 중요한 직책도 맡고 있었지만, 사업에는 거짓말과 속임수가 절대적으로 필요하며 그렇게 하지 않으면 매우 확실한 파멸이 뒤따를 것이라고 주장했다. 그는 거짓말이 잘못이라는 것은 알지만 사업을 하는 동안에는 계속 거짓말을 해야 한다고도 했다. 그래서 대화해보니, 그는 사업을 하면서 정직하고 진실하려 애쓴 적이 없고 더 나은 방법을 시도해볼 생각조차 하지 않았다는 것을 알 수 있었다. 그는 정직이 '더 나은 방법'이 아니라고 너무나도 굳게 확신해서 그것이 생산적인지, 파멸적인지도 알지 못했다. 자, 그렇다면 이 젊은 사업가는 과연 거짓말이 잘못이라는 사실을 아는 것일까? 그는 거짓말의 지각적 의미는 알아도 더 깊고 실제적인 의미는 알지 못했다. 그는 거짓말이 잘못된 행동이라 배웠고 양심도 그 가르침을 따랐지만, 거짓말이 자신에게 이익과 번영, 행복을 가져다주고 정직은 손실과 가난, 불행을 가져다준다고 믿고 있었다. 요컨대 마음속 깊은 곳에서는 거짓말을 옳은 행위로, 정직을 잘못된 일로 여기고 있는 것이다. 그는 거짓말이라는 행위의 본질을 알지 못했다. 거짓말을 하는 순간 자신이 어떻게 인격을 잃고 자존감을 상실하는지, 또 힘과 유용성, 영향력을 잃고 복을 잃는지, 어떻게 평판을 잃고 물질적 이익과 번영에 손해가 되는지를 모르는 것이다. 다른 이들의 행복을 생각하기 시작하고 자신이 갈구하는 이득을 움켜쥐기보다 두려운 손실을 받아들일 수 있을 때 그는 고결한 도덕적 행위만이 가져다주는 진정한 지식을 얻고, 더 큰 축복을 경험하게 된다. 그리고 지금까지 다른 누구보다도 자기 자신을 기만하고 속여 왔으며, 가장 어두운 무지와 자기기만 속에서 살아왔음을 깨달을 것이다.

이와 같은 잘못된 행동의 일반적 사례가 진리를 찾고 있지만 아직 미심쩍어하고 불확실함과 혼란을 느끼는 사람들에게 모든 죄나 악은 무지의 상태에서 비롯되는 것이기에 증오가 아닌 사랑의 정신으로 다루어야 한다는 심오한 진리를 설명하고 더 명확하게 알려주는 데 도움이 되리라 본다.

나쁜 습관이나 거짓말과 마찬가지로 정욕, 증오, 악의, 시기, 교만, 허영심, 방종, 이기심 등 모든 형태의 죄는 영적 어둠의 상태로, 마음에 진리의 빛이 없을뿐더러 지식을 부정하는 것이다. 따라서 마음속 잘못된 상태를 극복해 악의 본질을 완전히 깨닫고 단순한 믿음이 살아 있는 지식에 자리를 양보할 때 우리는 더는 가증스럽게 악을 묵과하지 않고, 격렬히 저항하지 않으며, 잘못을 저지른 이들을 온유한 연민을 가지고 바라볼 수 있다.

이는 악의 또 다른 측면으로 모든 사람이 자신의 행동을 선택할 수 있는 권리, 즉 개인의 자유에 대해 생각하게 만든다. 사람은 타인에게서 악을 보는 것과 더불어 그들을 자신의 사고 및 행동 방식으로 바꾸거나 강요하려는 욕망을 지니고 있다. 아마도 인간이 가진 가장 흔한 착각 중 하나가 자신이 믿고 생각하고 행동하는 것만이 선이며, 그렇지 않은 것은 모두 악이니 단호히 비난하고 저지해야 한다고 믿는 것일 테다. 모든 박해가 이런 착각에서 비롯된다. 무신론자를 악의 세력에 굴복한, 전적으로 악한 인간이라고 생각하는 기독교인들이 있고, 기독교인이 '미신적이고 잘못된 교리'로 인류에게 엄청난 해를 끼친다고 굳게 믿는 무신론자들이 있다. 진실은 기독교인과 무신론자 모두 악하거나 악을 위해 봉사하지 않으며, 다만 각자 자신의 길을 선택해 스스로 옳다고 믿는 길을 추구할 뿐이다.

전 세계 다양한 종교를 믿는 수많은 신자가 자신은 선하며 옳다고 믿고, 상대는 악하며 잘못되었다고 비난한다는 사실을 곰곰이 생각해보면 모든 악은 무지와 영적 어둠에 불과함을 알 수 있다. 그리고 이런 사실을 열심히 생각해보는 것은 친절과 자비, 통찰력과 마음의 폭을 키우는 데 무엇보다 큰 도움이 된다.

진정으로 현명하고 선한 사람은 모두에게서 선을 보고 누구에게서도 악을 보지 않는다. 그는 다른 이들이 자신처럼 생각하고 행동하기를 바라는 어리석음을 표출하지도 않는다. 인간은 서로 다르게 만들어졌고, 서로 다른 영적 발달 단계에 있으며, 필연적으로 다르게 생각하고 행동한다는 사실을 알기 때문이다. 그는 증오와 비난, 이기주의, 편견을 버리고 깨달음을 얻어 순결, 사랑, 연민, 온유함, 인내, 겸손, 비이기심은 빛과 지식의 표현이고 불순함, 증오, 무자비, 격정, 분노, 교만, 이기심은 어둠과 무지의 표현임을 안다. 또한 모든 인간은 빛 속에서 살든, 어둠 속에서 살든 스스로 필요하다고 생각하는 것들을 행하며, 빛이나 어둠에 대한 자기만의 기준에 따라 행동한다는 사실을 안다. 현명한 사람은 이런 점들을 알기에 모든 괴로움과 비난을 멈춘다.

사람은 옳고 그름에 대한 분별력을 가지고 자신의 본성에 따라 행동하며 경험에 따른 결과를 획득한다. 모든 존재가 갖는 최고 권리가 하나 있다. 바로 자신이 선택한 대로 생각하고 행동할 수 있는 권리다. 타인의 행복보다 자신의 즉각적인 행복만 고려하면서 이기적으로 생각하고 행동하기로 선택한 사람은 원인과 결과라는 도덕 법칙에 의해 금세 고통을 느낄 테고, 따라서 잠시 멈춘 뒤 생각을 거듭해 더 나은 방법을 찾을 것이다. 경험에 비할 스승은 없다. 또한 사람들이 무지해 스스로에게 가하는 벌만큼 교정력과 정화력이 좋은 벌도 없다. 이기적인 사람은 무지하다. 그는 자신의 길을 선택하지만, 그것은 고통으로 이어지는 길이며, 고통을 통해 앎과 축복에 이른다. 선한 사람은 지혜롭다. 그도 마찬가지로 자신의 길을 선택하지만, 그 선택은 무지와 고통의 단계를 지나 앎과 축복에 도달하는 완전한 깨달음의 빛 속에 있다.

사람은 타인을 판단할 때 모든 개인적 욕망을 버린 채 그의 관점에서 그를 보고, 자신의 기준이 아닌 그의 기준에서 행동을 살펴야 비로소 '악을 보지 않는 것'이 무엇인지 이해하기 시작한다. 인간은 옳고 그름에 대한 자의적 기준을 세운 뒤 타인이 자신의 기준을 따르기를 열망하기 때문에 서로에게서 악을 본다. 사람은 나나 너의 기준이 아니라, 당사자의 기준에서 살펴야만 바르게 판단할 수 있으며, 타인을 이렇게 대하는 태도는 단순히 판단하는 것이 아니라 사랑하는 것이다. 개인감정을 섞지 않은 사랑의 눈으로 바라볼 때 우리는 비로소 깨달음을 얻고 타인을 있는 그대로 볼 수 있다. 그리고 마음속으로 "내가 뭐라고 다른 사람을 판단하는가? 나는 얼마나 순수하고 죄가 없어서 다른 이들을 비난하고 그들에게 악의 심판을 내리는가? 타인에 대한 재판관 자리에 앉기 전 나 자신을 낮추고 내 잘못이나 바로잡아야겠다"라고 말할 수 있을 때 사랑에 다가가게 된다.

옛날 가장 어두운 죄 가운데 하나를 범한 여자를 돌로 치려는 이들에게 예수는 이렇게 말했다. "죄 없는 자 먼저 돌을 던져라." 이 말을 한 그분은 죄가 없었으나 돌을 들지 않았고 어떤 신랄한 판단도 내리지 않았다. 다만 무한한 온유함과 동정심을 가지고 말했다. "나도 너희를 정죄하지 아니하노니 가서 다시는 죄를 범하지 마라."

순수한 마음은 온유함과 사랑으로 가득 차 있어서 개인적 판단과 증오가 머무를 공간이 없다. 그러한 마음은 악을 보지 못하며, 인간은 다른 이들에게서 악을 보지 못할 때 죄와 슬픔, 고통에서 자유로워진다.

깨달음을 얻은 사람 외에는 자기 자신이나 자신의 행동에서 악을 보는 이는 없다. 깨달음을 얻은 사람은 자신의 행동이 잘못되었다는 사실을 알면 바로 그 행동을 멈춘다. 사람은 누구나 자신의 행동을 정당화할 뿐 아니라, 다른 이들이 아무리 그 행위를 악하게 여겨도 스스로는 그 행동이 선하며 필요하다고 생각한다. 그렇지 않다면 그런 행동을 하지 않을 테고, 그런 행동을 할 수도 없을 것이다. 화를 내는 사람은 늘 자신의 분노를 정당화한다. 탐욕스러운 사람은 자신의 탐욕을, 불순한 사람은 자신의 부정함을 정당화하고, 거짓말쟁이는 자신의 거짓말이 완전히 필연적인 것이었다고 생각한다. 남을 비방하는 사람은 자기가 싫어하는 상대방의 성격을 헐뜯고 다른 이들에게 그의 '악한' 본성을 경고하면서 이것이 잘하는 행동이라고 믿는다. 도둑은 도둑질이 풍요와 번영, 행복으로 가는 가장 편하고 좋은 방법이라고 확신한다. 심지어 살인자조차 자신의 행동을 정당화할 근거가 있다고 믿는다.

사람은 누구나 빛과 어둠에 대한 자신만의 기준에 따라 행동할 뿐, 자신의 본모습보다 더 고귀하게 살거나 가진 지식의 한계를 넘어서서 행동할 수 없다. 그럼에도 사람은 개선될 수 있으며, 그것을 통해 자신의 빛을 점점 크게 만들고 지식 범위도 확장할 수 있다. 분노하는 사람은 지식이 관용과 인내로 확장되지 않기 때문에 야유와 학대에 빠진다. 온유함을 실천하지 않아 그것을 이해하지도, 선택할 수도 없으며, 온유함의 빛과 비교해 분노의 어둠이 어느 정도인지 알지도 못한다. 거짓말쟁이, 험담꾼, 도둑도 마찬가지다. 이들은 어두운 마음을 가지고 어두운 행동을 하며 살아간다. 자신의 미성숙한 지식과 경험 탓에 그런 마음에 한정되어 있기 때문이다. 고양된 상태에서 살아본 적이 없기에 더 나은 상태를 알지 못한다. 이들에게는 마치 더 나은 상태가 존재하지 않는 것과 같다. "어둠 속에 빛이 비쳐도 어둠은 그것을 이해하지 못한다." 어둠 속에서 사는 사람 역시 자신이 살고 있는 상태를 이해하지 못한다. 어둠 속에서는 모든 지식이 결여되기 때문이다.

반복된 고통을 겪다가 마침내 자신의 행위를 반성한 사람이 분노나 거짓말, 자신이 지금까지 살아온 무지의 상태가 괴로움과 슬픔만 낳는다는 사실을 알게 되면 그 행동을 그만두고 지금까지와는 반대인 깨달음의 상태를 찾아 실천하기 시작한다. 그리고 더 나은 방법, 즉 깨달음의 상태에 확고히 자리 잡으면 양쪽 상태에 대해 완전히 알게 되어 이전에 자신이 얼마나 큰 어둠 속에서 살았는지 눈뜨게 된다. 선과 악에 대한 경험에서 얻은 지식이 깨달음을 가져다주는 것이다.

상대방의 눈을 통해 그를 있는 그대로 보고, 내 기준이 아닌, 그의 기준으로 판단하기 시작하면 타인에게서 악을 보지 않게 된다. 선악에 대한 인식과 기준이 사람마다 다르다는 사실을 알기 때문이다. 이것만큼 나쁜 악이 없는데 어떤 사람은 그것을 선으로 여기고, 반대로 이것만큼 높은 덕이 없는데 누군가는 그것을 악으로 여긴다. 그에게는 어떤 것이 선으로 생각되면 그것이 선이고, 악으로 생각되면 그것이 악이다.

타인에게서 악을 보지 않는 정화된 사람은 자신만의 방식이나 의견으로 상대를 이기겠다는 헛된 욕망 없이 오히려 그의 방식으로 그를 도우려 할 것이다. 사람을 더 높은 지식과 큰 축복으로 이끄는 것은 단순한 의견 변화가 아닌, 확대된 경험이라는 사실을 알기 때문이다.

사람은 나 자신과 타인에게서 악을 보고, 나에게 동의하는 이들에게서 선을 본다. 자신을 무척 사랑하고 자기 생각에 흠뻑 빠져 있는 사람은 자신의 생각에 동의하는 이들을 좋아하고 동의하지 않는 이들을 싫어할 것이다. "너희가 너희를 사랑하는 자를 사랑하면 무슨 상이 있겠느냐? 원수를 사랑하고 너희를 미워하는 자에게 선을 행하라." 이기심과 허영심은 사람의 눈을 멀게 한다. 종교적 견해가 다른 이들은 서로를 미워하고 박해한다. 정치적 견해가 다른 이들은 서로 싸우고 비난한다. 어떤 생각을 열렬히 지지하는 이들은 모든 사람을 자기 기준으로 평가하고 그것에 따라 판단한다. 내가 옳고 다른 사람들이 틀렸다고 확신해서 마침내 그들에게 자신의 사고방식과 행동 방식을 강요한다. 그리고 그들의 이성과 의지에 반대되는 올바른 생각, 즉 내 입장에서 올바른 생각으로 그들을 이끌기 위한 잔학한 행동이 선하고 필요하다고 확신한다.

　인간이 서로를 미워하고 비난하며 적대하고 고통을 가하는 이유는 그들이 본래 악하거나 '사악'해 완전한 진리의 관점에서 봤을 때 잘못이라고 알고 있는 것을 고의적으로 행하기 때문이 아니다. 오히려 그러한 행동을 필요한 것, 옳은 것이라고 생각하기 때문이다. 모든 사람은 본질적으로 선하지만, 유독 현명하고 경험이 많은 이들이 있다. 최근 다음과 같은 두 남자의 대화를 들었다. 두 남자를 D와 E라고 부르겠다. X라고 부를 세 번째 사람은 저명한 정치인이다.

E : 모든 사람은 스스로의 생각과 행동에 따른 결과를 얻고, 자기 자신의 잘못으로 고통받습니다.

D : 정말 그렇다면, 그러니까 어떤 사람도 자신의 악행으로 인한 형벌에서 벗어날 수 없다면 일부 권력자가 준비해야 할 지옥은 정말 대단하겠군요.

E : 권력자든, 아니든 인간은 무지와 죄 속에서 살아가는 한 슬픔과 고통을 얻게 됩니다.

D : 예를 들어 이기심과 야망에 완전히 빠져 있는 악한 X를 보세요. 그렇게 파렴치한 인간에게는 틀림없이 엄청난 고통이 기다리고 있을 것입니다.

E : 하지만 그가 사악한지 어떻게 아십니까?

D : 그가 한 행위와 결과로 아는 거죠. 나는 악을 행하는 사람을 보면 그가 악하다는 것을 압니다. X만 생각하면 의분이 불타오릅니다. 타인에게 많은 해를 끼칠 수 있는 위치에 있는 그런 사람을 보면 나는 때때로 선을 위한 지배적 힘이 있는지 의심이 듭니다.

E : 그가 어떤 악행을 저지르고 있나요?

D : 그가 펼치는 정책이 전부 악하죠. 그가 권력을 유지한다면 나라가 망할 것입니다.

E: 하지만 X에 대해 당신처럼 생각하는 사람도 많지만 그를 선하고 유능하다고 생각하면서 그의 뛰어난 자질을 높이 사고, 그의 정책이 유익한 것은 물론, 국가 발전에도 도움이 된다고 보는, 당신처럼 똑똑한 사람도 많습니다. 이런 사람들 덕분에 그가 지금 그 자리에 있는 거죠. 그럼 그 사람들도 악한가요?

D: 그들은 오도되고 속은 것입니다. 그것은 오히려 X가 이기적인 목적을 달성하기 위해 본인의 재능을 다른 이들을 속이는 데 아주 잘 사용했다는 방증으로, 그의 악함을 더욱 크게 만들 뿐입니다. 나는 그 남자가 싫어요.

E: 당신이 속았을 개연성은 없나요?

D: 어떤 식으로요?

E: 증오는 자기기만이고 사랑은 자기 깨달음입니다. 증오를 멈추고 사랑을 실천하기 전에는 누구도 자신과 타인을 명확하게 볼 수 없죠.

D: 정말 아름다운 말처럼 들리지만 실행이 불가능하네요. 타인을 속이고 오도하고 악을 행하는 사람을 보면 그를 미워해야죠. 그것이 옳은 일입니다. X에게는 양심의 불꽃이라는 것이 전혀 없어요.

E: X가 당신이 생각하는 사람일 수도, 아닐 수도 있지만 당신의 말처럼 설령 그가 악하다 할지라도 그는 동정을 받아야지 비난받아서는 안 됩니다.

D: 왜 그런가요?

E: 그에게 양심이 없다면서요.

D: 전적으로 그렇습니다.

E: 그렇다면 그는 정신적 장애인입니다. 당신은 맹인이 보지 못한다고, 벙어리가 말하지 못한다고, 귀머거리가 듣지 못한다고 미워하겠습니까? 선장이 방향타를 잃었거나 나침반이 고장 났는데 배가 바위를 피하지 못했다고 그를 비난하겠습니까? 인명 손실에 대해 선장에게 책임을 물을 건가요? 양심이 전혀 없는 사람이라면 도덕적 지침을 얻을 만한 수단이 없고, 필연적으로 자신의 모든 이기심이 선하고 옳고 적절하다고 생각할 것입니다. 당신에게는 X가 악하게 보이겠지만, X가 자기 자신에게도 악할까요? X는 자신의 행동을 악하다고 여깁니까?

D : 그가 스스로를 악하다고 여기든 말든 그는 악합니다.

E : 만약 당신이 X를 증오한다는 이유로 내가 당신을 악하다고 여긴다면 나는 옳습니까?

D : 아니요.

E : 왜 아닙니까?

D : 내 경우에는 증오가 필연적이고 정당하며 정의롭기 때문이죠. 의로운 분노나 의로운 증오 같은 것은 존재합니다.

E : 의로운 이기심, 의로운 야망, 의로운 악 같은 것이 있습니까? 내가 당신을 악하다고 여기는 것은 잘못입니다. 당신은 옳다고 확신하는 일을 하고 있기 때문이죠. X에 대한 증오를 인간이자 시민으로서 의무라고 여기고 있으니까요. 그럼에도 증오보다 더 좋은 방법이 있습니다. 더 좋은 방법을 알기에 나는 당신처럼 X를 증오하지 않을 수 있는 것입니다. X의 행동이 내게 잘못처럼 보여도 X 본인이나 그의 지지자들에게는 잘못이 아닌 데다, 모든 사람은 뿌린 대로 거두기 때문입니다.

D : 그렇다면 더 나은 방법이 대체 무엇입니까?

E : 사랑입니다. 다른 사람들을 악하다고 여기는 일을 그만두는 것입니다. 이는 복되고 평화로운 마음 상태입니다.

D : 누군가 악한 행동을 하는 모습을 보고도 화를 내지 않을 수 있고, 또 그런 상태에 도달할 수 있다는 뜻입니까?

E : 아니요, 그런 의미가 아닙니다. 사람은 타인을 악하게 여기는 동안에는 그들에게 계속해서 화를 낼 것이기 때문입니다. 내 말은 평온한 통찰력과 순결한 사랑의 상태에 도달할 수 있다는 뜻입니다. 그 상태에서 사람은 화를 낼 악을 보지 않고, 인간의 다양한 본성을 이해합니다. 그들이 어떻게 행동할지, 생각과 행동의 대가로서 고통이라는 독초와 축복이라는 곡식을 어떻게 수확할지 알게 됩니다. 이는 모든 사람을 연민과 사랑으로 대하는 경지에 도달하는 것입니다.

D : 당신이 말하는 그것은 매우 고양된 상태군요. 의심의 여지없이 무척

거룩하고 아름다운 상태입니다. 하지만 내가 도달하기에는 유감스러운 상태이군요. 나는 X 같은 사람을 미워하지 않는 마음을 갖게 되지 않도록 늘 기도하니까요.

이 대화를 통해 D가 자신의 증오를 선으로 여기고 있음을 알 수 있다. 이렇듯 사람은 모두 자신이 하는 일을 꼭 해야 하는 필요한 일로 여긴다. 그리고 자신이 믿는 것을 습관적으로 실천하고, 어떤 것에 대한 믿음이 완전히 끝나면 실천하기를 중단한다. D 개인의 자유는 다른 이들의 자유와 마찬가지로 중요하고, 원한다면 그에게는 타인을 미워할 권리도 있다. 증오가 남기는 슬픔과 불안으로 인한 미움이 얼마나 잘못되고 어리석으며 맹목적인지, 증오를 실천함으로써 스스로를 얼마나 해치게 되는지 알기 전까지 D는 증오의 마음을 버리지 않을 것이다.

한 위대한 스승에게 제자가 선과 악의 차이를 설명해달라고 했다. 그러자 스승은 손가락으로 아래쪽을 가리키며 물었다.

"내 손이 어디를 가리키고 있느냐?"

제자는 "아래쪽을 가리키고 있습니다"라고 대답했다.

그러자 이번에는 스승이 손을 뒤집은 뒤 물었다.

"지금 내 손은 어디를 가리키고 있느냐?"

"위쪽을 가리키고 있습니다."

"맞다. 이것이 선과 악의 차이니라."

이 간단한 예로 스승은 악은 단지 잘못된 방향으로 향하는 에너지이고 선은 올바른 방향으로 향하는 에너지라고 설명한다. 이른바 악한 사람도 행동을 뒤집으면 선해진다는 것이다.

선하게 살면서 악의 진정한 본질을 이해하는 것은 곧 타인을 악하게 보지 않는 것이다. 다른 이들의 악으로부터 돌아서서 자기 마음을 정화하는 데 힘쓰는 사람은 복되다. 언젠가 그는 '악을 볼 수 없을 정도로 순수한 눈'을 갖게 될 것이다.

악의 본질을 아는 사람은 어떻게 해야 하는가? 그는 선함 속에서만 살 것이다. 그렇기 때문에 누군가 자신을 비난한다고 똑같이 그를 비난하지 않는다. 나를 욕하면 친절을 베풀고, 나를 비방하면 그의 좋은 점을 말한다. 나를 미워하는 자에게 필요한 것은 사랑이고, 그는 이런 사랑을 받을 것이다. 참을성이 없는 자에게는 인내심을 발휘하고, 탐욕스러운 자에게는 관대하며, 난폭한 데다 걸핏하면 싸우려는 자에게는 온화하고 평화롭게 대할 것이다. 악을 보지 않으니 누구를 미워하고 누구를 적으로 여기겠는가?

내 형제, 누이여, 사람들이 너를 죽이거나 시기했느냐?
참으로 안타깝구나. 사람들은 나를 죽이지도 시기하지도 않았나.
모두 내게 친절했으니 한탄할 이유가 없었다.
한탄해서 뭐 하겠는가?

타인을 악하게 보는 사람을 '사악'하다고 말하는 행위 이면에 특정 죄를 촉발하는 조직적인 악이 실재한다고 믿는다. 반면, 순결한 시각을 가진 사람은 행위 자체를 악으로 볼 뿐, 그 행위 뒤에 악한 힘이나 영혼이 존재하지 않는다는 사실을 안다. 우주의 실체는 선이며, 악의 실체는 없다. 영원한 것은 오직 선뿐이고, 고정되거나 영구적인 악은 없다.

형제자매가 한 부모로부터 태어나 가족으로서 온갖 부침을 겪으면서도 서로 사랑하고, 서로에게서 악을 보지 않으며, 잘못을 너그럽게 받아들이고, 애정이라는 강한 유대를 통해 함께 뭉치듯이, 선한 사람은 인류를 같은 아버지와 어머니에게서 태어나 같은 본질을 지니고 같은 목표에 기여하는 하나의 영적 가족으로 본다. 그는 모든 이를 형제자매로 여기면서 구분과 차이를 두지 않고, 누구도 악하게 보지 않으며, 모두와 의좋게 지낸다. 이렇게 복된 상태에 이른 사람은 행복하다.

영원한 기쁨

마음에 음악을 나르는 자

어두운 길과 시끄러운 시장을 지나

바쁜 다리로 부지런히 매일의 일을 하네

그들의 비밀스러운 영혼은 더 신성한 긴장을 되풀이하므로

—키블Keble

사랑이 과오를 범하지 않는 빛일 때

기쁨이 그 자체로 안전할 때

우리의 날은 고요하고 밝을 것이고

우리의 본성은 행복할 것이네

—워즈워드Wordsworth

영원한 기쁨! 그런 것이 있는가? 어디에 있는가? 누가 가지고 있는가? 영원한 기쁨은 존재한다. 그것은 죄가 없는 곳에 있다. 순수한 마음을 가진 사람들이 가지고 있다.

어둠은 지나가는 그림자이고 빛은 잔존하는 실체이듯이, 슬픔은 덧없지만 기쁨은 영원히 머문다. 참된 것은 사라지지 않고 거짓된 것은 사라진다. 슬픔은 거짓된 것이기에 머무르지 않지만 기쁨은 참된 것이기에 계속 머무른다. 기쁨은 잠시 가려질 수 있으나 언제나 다시 회복된다. 슬픔은 잠시 머물 수 있지만 우리는 이를 극복해 흩뜨릴 수 있다.

슬픔이 남아 있으리라고 생각지 마라. 마치 구름처럼 흩어질 것이다. 죄로 인한 고통이 영원히 나 자신의 몫일 것이라고 생각지 마라. 끔찍한 악몽처럼 사라질 것이다. 깨어나라! 일어나라! 거룩해지고 기뻐하라!

나의 그림자를 창조하는 사람은 바로 나다. 우리는 욕망하다가 슬퍼하고 포기하다가 기뻐한다. 우리는 슬픔의 무력한 노예가 아니다. 영원한 기쁨이 당신이 십으로 돌아오기를 기다리고 있다. 당신은 어둠에 사로잡힌 무력한 포로가 아니며, 죄의 꿈에 사로잡힌 죄수도 아니다. 지금도 거룩함의 아름다운 빛이 당신의 잠든 눈꺼풀을 비추면서 비전이 깨어나기를 기다리며 환영 준비를 하고 있다.

죄와 자아의 무겁고 괴로운 잠 속에서 영원한 기쁨은 길을 잃고 잊힌다. 더는 불멸의 음악이 들리지 않고, 시들지 않는 꽃의 향기는 나그네 마음을 북돋우지 못한다.

그러나 죄와 자아를 버릴 때, 개인적 쾌락을 위해 사물에 집착하지 않을 때 슬픔의 그림자는 사라지고 마음은 영원한 기쁨으로 회복된다.

기쁨은 비워진 마음에 스스로 와 채워진다. 평화로운 사람에게 머물며 순수한 사람과 함께한다.

기쁨은 이기적인 자에게서 달아나고, 다투기 좋아하는 자를 떠나며, 불순한 자에게서 숨어버린다.

기쁨은 천사처럼 아름답고 섬세하며 순결하기에 오직 거룩함과 함께 거한다. 이기심과는 함께하지 못한다. 기쁨은 사랑과 혼인한 사이이기 때문이다.

기쁨은 이기적 욕망을 버리는 만큼만 드러난다. 기쁨의 영속성에 대해 아무리 완전하고 생생하게 알고 있더라도, 시시각각 단절되지 않는 연속된 기쁨은 전적으로 순수한 사람의 몫이다. 기쁨의 달콤함은 이기적이지 않은 마음으로 고양된 모든 사람이 맛볼 수 있다. 진정으로 이기적이지 않은 생각과 행동에서 눈물 어린 반응이 뒤따르지 않는 기쁨이 드러난다. 흥분이나 쾌락으로 불리는 열띤 감정이 아니다.

사람은 이기적이지 않은 한 진정으로 행복하고, 이기적이면 불행하다. 진정으로 선한 사람, 즉 자기와의 싸움에서 승리한 자는 모두 기쁨을 누린다. 성자의 환희는 얼마나 큰가! 진정한 스승은 궁극적 삶의 목적으로 슬픔을 약속하지 않는다. 진정한 스승은 기쁨을 약속한다. 물론 슬픔을 가리키긴 하지만, 이는 다만 죄가 필연적으로 만든 과정으로서 가리킬 뿐이다. 슬픔은 자아가 사라지는 곳에서 소멸한다. 기쁨은 의로움의 동반자다. 신성한 삶에서는 눈물 어린 슬픔이 앉았던 자리를 부드러운 연민이 채운다. 이기심을 버리는 과정에는 깊은 슬픔의 시기가 있다. 정화는 반드시 가혹하다. 모든 발달 과정은 고통스럽다. 영원한 기쁨은 존재의 완전함 속에서만 완성된다. 다음과 같은 상태다.

숭고한 마음의 자질을 가지고
모든 것이 사랑스러움이고 힘이며 사랑인
상태
… 모두가
행동, 감정, 생각, 상황, 자질까지
스스로에 대한 완전한 통제권을 즐기는 상태

꽃이 어떻게 진화하고 변하는지 생각해보라. 처음에는 깜깜한 흙 속에서 위쪽 빛을 향해 더듬더듬 길을 찾는 작은 씨앗이 있다. 이후 싹이 트고 잎에 잎이 더해지다가 마침내 모든 노력이 끝나고 달콤한 향기와 순결한 아름다움을 간직한 완벽한 꽃이 핀다.

인간의 삶도 마찬가지다. 처음에는 눈이 먼 채 이기심과 무지라는 깜깜한 흙 속에서 빛을 찾는다. 그러다가 빛으로 들어가 고통과 슬픔을 동반한 이기심을 서서히 극복하고, 마침내 노력하지 않아도 거룩함의 향기와 기쁨의 아름다움이 드러나는 순수하고 비이기적인 완벽한 삶의 꽃을 피운다.

선한 사람, 순수한 사람은 지극히 행복하다. 아무리 시비를 걸면서 부정하고 단서를 달아도 인간은 본능적으로 이것이 사실임을 안다. 인간은 어디에서나 천사를 가장 기쁨에 찬 존재로 그리지 않는가? 그런데 육신을 가진 천사들이 있다. 우리는 이 천사들을 만나고 지나친다. 그들과 만나는 사람 가운데 흙으로 빚어진 육신 안에서 순결한 천사의 비전을 볼 수 있을 정도로 순수한 이가 얼마나 될까?

보지 못하는 자 더듬어 찾아야 하고,
이삭보다 잎이 먼저 있으니
내면을 보는 시야가 깨끗한 자에게
외적 표상은 사라진다.

그렇다. 기쁨에 찬 사람은 순수하다. 우리는 예수의 말씀에서 슬픔의 표현을 찾으려 하지만 거의 헛되다. '수난의 구세주'는 '기쁨의 구세주' 안에서만 완성된다.

모든 형제의 눈물을 흘리고
온 세상의 비애로 가슴이 찢어졌던
나 부처, 자유가 있기에 웃고 기뻐하네!

죄와 죄의 투쟁 속에는 불안, 고통이 있지만 진리의 완성과 의로움의 길에는 영원한 기쁨이 있다.

길에 들어서라!
그곳에 치유의 샘물이 솟아나니
모든 갈증을 씻어주네! 영원한 꽃이 피어
기쁨으로 온 길에 카펫을 깔아놓았네! 그곳에
가장 빠르고 달콤한 시간들이 가득하네!

고난은 없애야 할 자아의 겨가 남아 있는 동안에만 지속된다. 모든 알곡이 겨에서 분리되면 탈곡기가 작동을 멈춘다. 고난도 영혼에서 마지막 불순물이 떨어져 나가면 작동을 멈추고 더는 필요가 없어진다. 그때 영원한 기쁨이 실현된다.

인류의 모든 성인과 선지자, 구원자는 '복음', 즉 '복된 소식'을 기뻐하며 찬양했다. 인간은 모두 복된 소식이 무엇인지 안다. 임박한 불행을 피하고, 병이 치유되고, 친구가 무사히 돌아오고, 어려움을 극복하고, 사업에서 성공이 보장되는 것이다. 그렇다면 성인에게 '복된 소식'은 무엇인가? 곤경에 처한 자에게 평화가, 고통받는 자에게 치유가, 비탄에 잠긴 자에게 기쁨이, 죄 지은 자에게 승리가, 방랑하는 자에게 고향이, 슬퍼하고 상심한 자에게 기쁨이 있는 것이다. 이 아름다운 실체들은 막연한 미래가 아니라 지금 여기에 존재하며, 우리가 알고 깨닫고 누릴 수 있는 것들이다. 따라서 모두가 이 복된 소식을 받아들여 자아의 속박을 깨고 이기적이지 않은 사랑의 영광스러운 자유로 올라설 것임을 찬양한다.

가장 높은 선을 추구하고 그것을 발견할 때, 그리고 그 선을 실천하고 깨달을 때 가장 깊고 달콤한 기쁨을 맛볼 것이다. 다른 사람을 배려하고 염려하며 그들에게 봉사하면서 자신의 이기적인 욕망을 잊을 때 비로소 인생의 영원한 기쁨을 발견하고 깨닫게 될 것이다.

비이기심의 문 안에 영원한 기쁨의 천국이 있으니 의지가 있는 자 들어올 수 있고, 의심하는 자 와서 볼 수 있다.

이기심은 불행으로, 비이기심은 기쁨으로 이어진다는 사실을 아는 것은 단지 자신만이 아니라, 온 세상을 위한 일이다. 함께 살아가고 만나는 모든 사람이 나의 비이기심으로 더 행복해지고 진실해질 것이기 때문이다. 이것이 자신만을 위한 일이라면 우리의 노력이 얼마나 무가치하겠는가? 모든 인류는 하나이고 한 사람의 기쁨은 모두의 기쁨이다. 이 사실을 안다면 우리는 인생이라는 공동의 길에 가시가 아닌 꽃을 뿌릴 수 있다. 그렇다. 심지어 원수의 길에도 이기심을 버린 사랑의 꽃을 뿌릴 것이다. 그리하여 그들의 발자취가 거룩함의 향기로 공기를 재우고 기쁨의 향기로 세상을 기쁘게 하리라.

침묵

조용하라! 인생의 면류관은 침묵이니.
긴 하루하루에 고요한 시간을 가져라.
우리는 무익하고 어리석은 대화를 하며
너무 많은 시간을 보낸다. 말하는 것을 거의 행하지 않는다.

도움이 될 말을 모으고
표현할 만한 지혜를 배우려거든
수다와 공허한 이야기를 잠시 놔두고
침묵의 황금빛 언어를 공부하라.

—A. L. 새먼Salmon

침묵하라, 내 영혼아.
나를 잃는 열띤 활동을 잠시 쉬어라.
단 한 시간이라도 자신과 혼자 남겨지는 것을 두려워하지 마라.

—어니스트 크로즈비Ernest Crosby

지혜로운 사람의 말에는 큰 힘이 있지만, 그의 침묵에는 훨씬 더 큰 힘이 있다. 위대한 사람의 의도적 침묵은 우리에게 가장 효과적인 가르침을 준다. 고작 한두 명의 제자가 접했을 위대한 사람의 침묵은 오랜 세월 기록되고 보존되는 반면, 단순한 재담가의 현란한 말은 수천 명이 듣고 단숨에 인기를 얻었다 해도 기껏해야 몇 세대만 지나면 잊히고 무시당한다. 빌라도가 "진리란 무엇이냐?"고 물었을 때 예수의 침묵은 인상적이다. 외경심을 일으키는 심오한 지혜의 침묵이다. 이 침묵은 겸손과 책망을 품은 채 "어리석은 자는 천사가 밟기 두려워하는 곳에 발을 디딘다"는 진리를 보여주면서, 판에 박힌 표현이나 신학적 상투어로 사물이 가진 신비의 본질에 대해 말하려 하는 얕음을 끊임없이 꾸짖는다. 따지기 좋아하는 브라만들이 브라마(신)에 대해 실문하자 부처는 침묵을 지킴으로써 그들이 아는 것보다 더 큰 깨달음을 안겨주었다. 침묵으로 어리석은 자들을 만족시키지 못했더라도 지혜로운 자들에게는 심오한 가르침을 주었다.

　　왜 이토록 편협하게 계속해서 신에 대해 이야기하는가? 사람들로 하여금 어느 정도 친절과 선의를 실천함으로써 지혜의 단순한 기초를 알게 하소서. 왜 이렇게 신의 본질에 대해 사변적 논쟁을 벌이는가? 먼저 우리 자신에 대해 어느 정도 이해하게 하소서. 어리석음과 도덕적 미성숙을 보여주는 데 불경함과 억측보다 더 좋은 표시는 없고, 지혜와 도덕적 성숙을 보여주는 데 경외심과 겸손보다 더 좋은 표시는 없다. 노자는 본인의 삶에서 지혜로운 사람은 "말하지 않고 가르친다"는 사실을 몸소 보여주었다. 제자들은 지혜로운 침묵에 수반된 힘에 이끌렸다. 노자는 알려지지 않은 채 침묵 속에 살면서 사람들의 귀를 기쁘게 하려 하지 않았고, 또 가르침을 주려 하지 않았음에도 사람들은 그를 찾아가 지혜를 배웠다.

　　위대한 사람의 침묵은 지혜로운 이들에게 그들이 가야 할 길을 분명한 빛으로 비추는 등불이 된다. 언제 무엇을 말해야 하는지뿐 아니라, 언제 무엇을 침묵해야 하는지도 반드시 배워야 하는 덕과 지혜로 이끌기 때문이다. 혀를 바르게 다스리는 것은 지혜의 시작이고, 마음을 바르게 다스리는 것은 지혜의 완성이다. 사람은 자신의 혀에 재갈을 물림으로써 마음을 완전히 통제하고, 마음을 완전히 통제함으로써 침묵의 주인이 된다.

어리석은 자는 쓸데없는 이야기를 지껄이고 남의 이야기를 하면서 말싸움을 하거나 언쟁을 벌인다. 그는 자신이 마지막 말을 하고 상대를 침묵시켰다는 사실을 자랑스러워한다. 자신의 어리석음을 기뻐할뿐더러, 항상 방어적 태도를 취하고 무익한 활동에 에너지를 낭비한다. 그는 마치 계속해서 황폐한 땅을 파고 거기에 씨를 심는 정원사와 같다.

지혜로운 사람은 쓸데없는 말, 소문, 헛된 논쟁, 자기 방어를 피한다. 그는 패배한 것처럼 보일 때 만족하고, 패배했을 때 기뻐한다. 자신의 또 다른 잘못을 발견하고 고침으로써 더 현명해졌다는 것을 알기 때문이다. 마지막 말을 하려고 애쓰지 않는 자, 복되다!

언어학자들, 경쟁자들과 함께 안갯속에서 땀 흘리던 시절을 되돌아보네
나는 조롱하지도 논쟁하지도 않고 지켜보며 기다리네

도발을 당해도 침묵을 지키는 것은 교양 있고 동정적인 영혼의 표시다. 사려 깊지 못하고 몰인정한 사람은 사소한 도발에도 동요하며, 일신이 조금이라도 침해되면 정신적 균형을 잃는다. 예수의 평정심은 기적이 아니라, 수양의 꽃이자 지혜의 왕관이다. "한 마디도 대답하지 않으셨다"는 예수와 "침묵을 지키셨다"는 부처에 대한 글을 읽으면 우리는 침묵의 거대한 힘과 진정한 위대함이 갖는 조용한 위엄을 엿볼 수 있다.

침묵하는 사람은 힘이 있다. 반면 수다쟁이는 영향력이 없을뿐더러,

영적 에너지도 잃는다. 기술자라면 정확한 곳에 사용하기 전까지 에너지를 반드시 보존하고 저장해야 한다는 사실을 안다. 마찬가지로 현명한 사람은 필요한 일을 달성할 수 있도록 평소 마음의 에너지를 보존하고 숙련된 중지 상태로 붙잡아두면서 유효한 목적에 맞게 언제든 활용할 준비가 된 영적 기술자다.

진정한 힘은 침묵에 있다. "짖는 개는 물지 않는다"라는 말이 있다. 불도그Bulldog의 특징으로 알려져 있으며, 사람들이 무서워하는 완강하고 좀처럼 깨지지 않는 조용함은 한 번 물면 놓지 않는다는 이 개의 특성처럼 목적 효율적이고 집중된 행동에 필연적으로 따라오는 부수적 특성이다. 물론 이는 침묵의 낮은 형태이지만 원칙은 같다. 허풍쟁이는 실패한다. 마음은 주복적에서 벗어나고 에너지는 우월감에 낭비되기 때문이다. 허풍쟁이는 자신의 능력을 일하는 것과 보상받는 것으로 분산한 뒤 보상받고 싶은 욕망을 채우는 데 더 많은 힘을 쏟는다. 그는 마치 군대를 한곳에 집중시키지 않고 분산해놓아 전투에서 패배하는 무능한 장군과 같다. 아니면 엔진의 배기 밸브를 열어두어 증기가 빠져나가게 하는 부주의한 엔지니어와도 같다. 겸손하고 조용하며 진지한 사람은 성공한다. 허영심에서 벗어나 우월감에 에너지를 소모하지 않고 모든 힘을 성공적인 업무 수행에 집중하기 때문이다. 다른 이들이 자신의 능력에 대해 이야기할 때 그는 이미 일을 시작해 그들보다 훨씬 완성에 가까워진 상태다. 분산된 에너지는 보존된 에너지의 영향을 받는다는 사실은 언제 어디서나 적용되는 법칙이다. 조용하고 겸손한 올랜도가 시끄럽고 과시적인 찰스를 당황하게 만들 것이다.

"침묵이 힘이다"라는 말은 보편적으로 적용되는 법칙이다. 성공한 사업가는 절대 자신의 계획, 방법, 일에 대해 말하지 않는다. 만약 그가 성공에 도취되어 이런 것들을 떠벌리기 시작하면 실패하고 말 것이다. 도덕적 영향력이 큰 사람은 자신과 자신의 영적 승리에 대해 결코 말하지 않는다. 말한다면 그 순간 그의 도덕적 힘과 영향력은 사라지고 삼손처럼 힘을 잃을 것이기 때문이다. 세속적이든, 영적이든 성공은 강하고 꾸준하며 조용하고 물러서지 않는 목적을 따르는 종이다. 가장 강력한 붕괴의 힘은 아무런 소리를 내지 않는다. 극복하는 마음은 조용히 작동한다.

강하고 유능하며 자립적인 사람이 되고 싶다면 침묵의 가치와 힘을 배워라. 자신에 대해 말하지 마라. 세상은 본능적으로 헛된 말을 하는 사람이 약하고 비어 있다는 사실을 알기에 그를 스스로의 허영심에 내버려둔다. 무엇을 할 것인지 말하지 말고, 실행한 다음 완성된 일이 스스로 입을 열게 하라. 타인의 일을 비판하고 험담하는 데 힘을 낭비하지 말고 자신의 일을 철저히 잘해내라. 진지함과 온유함을 가지고 한 일은 결과가 최악이더라도 남을 헐뜯는 것보다 훨씬 낫다. 다른 사람의 일을 폄하한다는 것은 그동안 내 일에는 소홀했다는 뜻이다. 상대방이 형편없이 일하고 있다면 내가 더 잘함으로써 그를 돕고 가르쳐라. 타인을 학대하거나 다른 사람이 학대하는 일에 어떤 비중으로도 참여하지 마라. 공격을 받으면 침묵을 지켜라. 이렇게 하면 나 자신을 정복할 수 있고, 말하지 않고도 다른 사람에게 가르침을 줄 수 있다.

다만, 진정한 침묵은 단순히 입을 다물고 있는 것이 아니라, 침묵하는 마음을 갖는 것이다. 입만 다물고 있을 뿐 거칠고 괴로운 마음을 지녔다면 나약함을 고칠 수 없고, 힘의 원천이 될 수도 없다. 침묵에 힘이 있으려면 침묵이 온 마음을 덮고 마음의 모든 방에 스며들어야 한다. 평화의 침묵이어야 하는 것이다. 사람은 오직 스스로를 정복함으로써 이렇게 넓고 깊고 지속적인 침묵에 도달할 수 있다. 격정, 유혹, 슬픔이 마음을 어지럽히는 동안에는 더 거룩하고 심오한 침묵의 심연에 닿지 못한다. 다른 사람의 말과 행동에 괴로워한다는 것은 나 자신이 아직 약하고 통제되지 않으며 정화되지 않았다는 의미다. 그러니 마음을 어지럽히는 허영심과 교만, 이기심을 없애 별것 아닌 악의가 내게 닿지 못하게 하고,

어떤 비난이나 모욕도 나의 고요한 안식을 방해하지 못하게 하라. 집을 튼튼하게 잘 지어놓으면 아무리 거센 폭풍이 휘몰아쳐도 집주인이 집 안 불 옆에 평온하고 행복하게 앉아 있는 것처럼, 어떤 외부의 악도 지혜로 요새를 잘 쌓은 사람을 방해하거나 해칠 수 없다. 그는 자제하고 침묵하며 그 안에서 평화를 유지한다. 자기 자신을 정복한 사람이 이 위대한 침묵에 도달한다.

시기와 비방, 증오와 고통
사람들이 기쁨이라고 잘못 일컫는 불안은
다시는 그를 건드리지도, 괴롭히지도 못하리라.

사람들이 가장 흔히 저지르는 오류 가운데 하나는 소리를 내지 않고서는 아무것도 이룰 수 없다고 생각해 말을 많이 하는 것이다. 분주하고 얄팍한 수다쟁이는 조용히 사고하는 사람, 침묵하며 행동하는 사람을 헛되다고 여긴다. 수다쟁이는 침묵이 '아무것도 하지 않는 것'을 의미하고, 분주하게 서두르고 끊임없이 말하는 것이 '많은 일을 하는 것'이라고 생각한다. 또한 인기와 힘을 혼동한다. 반면, 사고하는 사람, 행동하는 사람이야말로 실제적이고 진정한 일꾼이다. 그가 하는 일은 근본이자 핵심이고 실체다. 자연이 드러나지 않는 불가사의한 연금술을 통해 미완성된 흙과 공기를 부드러운 잎, 화사한 꽃, 맛있는 과일 등 다양한 아름다움으로 조용히 변화시키듯이, 목적을 가진 조용한 일꾼은 방향을 가지고 조용히 나아가는 에너지의 힘과 마법을 통해 인간의 방식과 세상의 모습을 변화시킨다. 그는 계속 변화하는 피상적인 사물의 표면을 만지작거리면서 시간과 힘을 낭비하지 않는다. 생생하고 핵심적인 중심으로 가서 거기에서부터 일한다. 그리고 때가 되면, 아마도 그의 썩기 쉬운 육신이 세상을 떠날 때면 그가 했던 눈에 띄지 않지만 불멸의 노동의 열매가 드러나 세상을 기쁘게 할 것이다. 그러나 수다쟁이의 말은 사라진다. 세상은 소리의 씨를 뿌린 곳에서는 아무런 수확도 거두지 못한다.

정신력을 아낀 사람은 육체적 힘도 아낄 수 있다. 조용하고 침착한 사람은 시끄럽고 서두르는 사람보다 오래 살고 더 건강하다. 정신적으로 조용하고 차분하면 육체와의 조화, 즉 건강에도 도움이 된다. 퀘이커교 창시자인 조지 폭스George Fox를 따르는 사람들은 오늘날 영국 사회에서 가장 건강하게 장수하고 또 성공한 이들로, 속세의 모든 흥분과 불필요한 말을 피해 조용하고 순박하게 목적이 있는 삶을 살아가고 있다. 조용한 그들은 "침묵이 힘이다"라는 원칙에 따라 모든 회의를 진행한다.

침묵은 자기 극복의 결과이기에 강력하고, 사람은 자신을 성공적으로 다스릴수록 더 침묵하게 된다. 자아의 쾌락이 아닌 목적을 위한 삶을 살게 되면 세상의 외적인 불화에서 벗어나 내적인 평화의 음악에 도달할 것이다. 말을 하면 그 말 뒤에는 목적과 힘이 있다. 반면, 침묵을 지키면 말할 때와 같거나 오히려 더 큰 힘이 있다. 그래서 고통과 눈물이 뒤따르는 말을 하지 않고 슬픔과 후회를 낳는 행동을 하지 않는다. 배려로 무르익은 말과 행동만 한다면 양심은 고요하고 모든 날은 복되리라.

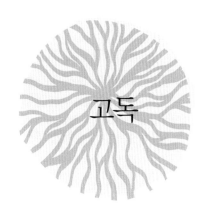

고독

내면의 침묵이 가져오는 답을
왜 무익하게 밖에서 찾는가?
천국을 더 가까이 보기 위해
왜 고통을 무릅쓰고 아득한 산을 오르는가?
숲이 우거진 가장 깊은 골짜기에
은자가 묵상하고 있으니
시야를 가린 채 천국을 꿰뚫으며
한낮에 별을 본다. 그 빛은
다가오는 밤을 영화롭게 하리라.
—휘티어Whittier

열정이 쉬는 고요한 시간
마음에 지혜를 모아라
—워즈워스Wordsworth

인간 마음의 본질은 내면적이고 눈에 보이지 않으며 영적이기에 그 생명력과 힘을 밖이 아닌 안에서 얻는다. 외적인 것들은 마음의 에너지가 소비되는 통로이고, 새로워지기 위해서는 내면의 침묵에 의지해야 한다.

시끄러운 감각의 쾌락 속에 침묵의 시간을 침전시키려 하고 외적인 것들이 충돌하는 데서 살아가는 인간은 고통과 슬픔을 경험한다. 그리고 마침내 견딜 수 없게 되어 내면에 있는 위안자의 발치로, 내면에 존재하는 평화로운 고독의 신전으로 돌아간다.

육체가 공허한 껍질로는 번성할 수 없듯이 정신도 공허한 쾌락으로는 유지될 수 없다. 규칙적으로 먹지 않으면 육체는 활력을 잃고, 배고픔과 갈증으로 고통스러워하며, 먹을거리와 마실 거리를 소리 높여 요구한다. 영혼도 마찬가지다. 고독 속에서 순수하고 거룩한 생각을 통해 영양분을 정기적으로 공급받지 못하면 영혼은 생기와 힘을 잃고 마침내 고통과 완전한 굶주림에 빠져 울부짖는다. 번민에 싸인 영혼이 빛과 위로를 동경하는 것은 허기와 갈증으로 죽어가는 영혼이 소리를 높이고 있다는 의미다. 모든 고통과 슬픔은 영적 굶주림이며, 빛과 위로를 동경하는 것은 먹을거리를 달라는 요구다. 굶주림으로 죽어가면서 간절히 아버지의 집을 향해 가는 탕자와도 같다.

감각적 삶에서는 영혼이 순수함을 찾을 수 없고 도리어 잃어버리기만 한다. 더 낮은 욕망이 항상 더 많은 것을 시끄럽게 요구해 휴식을 취할 여유가 없기 때문이다. 쾌락, 개인적 사교, 시끄러운 활동으로 이루어진 외적 세계는 고독이라는 상쇄 기능이 필요한 마모의 영역이다. 육체가 힘을 회복하려면 휴식이 필요한 것처럼 영혼도 에너지를 재충전하려면 고독이 필요하다. 잠이 육체적 안녕에 반드시 필요한 것이듯, 고독은 인간의 영적 번영에 꼭 필요하다. 고독 속에서 떠오르는 순수한 생각, 다시 말해 정신에서 명상은 육체에서 운동과 같다. 휴식과 수면을 취하지 못하면 육체가 무너지는 것처럼 침묵과 고독의 시간을 갖지 못하면 인간의 영혼도 무너진다.

영적 존재로서 인간은 영속적이지 않은 것들로 이루어진 외부 세계에서 주기적으로 벗어나 영원하고 불멸하는 실재를 향해 내적으로 힘쓰지 않으면 강인함과 강직함, 평화 속에 있을 수 없다. 종교적 교리가 가져다주는 위로는 그것이 강요하는 고독에서 비롯된다. 종교 의식은 응집된 침묵을 가져와 세속의 방해에서 벗어나게 함으로써 신자들이 아직 의식적으로 하는 법을 배우지 못한 행동을 무의식적으로 하도록 돕는다. 즉 그들은 주기적으로 내면의 침묵에 마음을 집중하고 아주 잠깐이지만 높고 거룩한 것을 기도한다. 선택된 고독의 시기에 마음을 통제하고 정화하는 법을 배우지 못했지만 열망이 깨어나 지금까지 가진 것보다 더 높고 고귀한 가치를 찾는 사람은 종교 의식의 도움이 필요하다고 느낀다. 반면, 자신을 극복하고자 스스로를 책임지고 변화시키는 사람, 사신의 낮은 본성과 씨름하기 위해 고독 속으로 물러나는 사람, 거룩한 목표를 향해 전념하는 사람에게는 책이나 성직자, 교회의 도움이 더는 필요하지 않다. 교회는 성자의 기쁨을 위해서가 아니라 죄인을 고양하고자 존재한다.

인간은 고독 속에서 인생의 어려움과 유혹에 맞설 힘, 그것들을 이해하고 정복할 지식과 초월할 지혜를 모은다. 숨겨져 눈에 띄지 않는 토대 덕분에 건물이 보존되고 유지되는 것처럼 인간은 아무도 보지 않는 고독한 사색의 시간 덕분에 힘과 평화 속에서 영속적으로 유지된다.

인간은 오직 고독 속에서만 진정한 모습이 드러나고 자신의 진짜 본성과 힘, 가능성을 이해하게 된다. 세상의 소음과 욕망의 아우성 속에서는 영혼의 목소리가 들리지 않는다. 고독하지 않고서는 영적 성장을 이룰 수 없다.

자신을 면밀히 들여다보려 하지 않고, 지나치게 완전한 자기 계시를 두려워하며, 정신적 비전 앞에 욕망의 망령을 불러오는 홀로 된 고독을 무서워하는 사람들이 있다. 그래서 그들은 쾌락의 소음이 가장 큰 곳, 진리의 꾸짖는 목소리가 들리지 않는 곳으로 간다. 그러나 진리를 사랑하고 지혜를 갈망하며 추구하는 사람은 혼자다. 가장 완전하고 명료한 자기 계시를 얻길 원하는 그는 천박하고 시끄러운 유령을 피해 내면에서 울리는 달콤하고 부드러운 진리의 목소리를 들을 수 있는 곳으로 간다.

많은 사람이 벗과 어울리며 새로운 즐거움을 구하지만 평화를 알지 못하고, 다양한 쾌락의 길에서 행복을 찾지만 안식에 이르지 못하며, 여러 가지 웃음과 열띤 흥분의 길에서 기쁨과 생명을 찾아 헤매지만 통탄의 눈물을 흘리면서 죽음을 피하지 못한다.

이기적인 도락을 찾아 삶의 바다를 표류하는 사람은 수많은 폭풍과 상실을 겪은 후에야 자기 존재의 깊은 침묵 속에 존재하는 피난의 바위로 간다.

외적 활동에 몰두하는 동안 사람은 에너지를 쏟아내고 영적으로 약해진 다. 따라서 도덕적 활력을 유지하려면 고독한 명상을 해야 한다. 이를 소홀히 하는 사람은 삶에 대한 올바른 지식을 얻지 못하고 오히려 잃어버린다. 또한 미덕을 가장해 선택된 자를 속이고 진정 지혜로운 인간을 제외한 모든 이가 굴복해버리는 가장 뿌리 깊고 미묘한 죄를 이해할 수 없어 극복하지 못한다.

진정한 존엄성은 오직 이런 이에게 거하노니
고요한 내면적 사색의 시간에도
마음을 낮춰
여전히 자신을 의심하고 존경할 수 있는 사람

쉼 없는 외적 흥분 속에 있는 사람은 대부분 실망과 슬픔 속에서 살아간 다. 마음의 공허함은 쾌락의 소리가 큰 곳에서 가장 예리하고 깊다. 쾌락에 대한 욕망이 아니더라도 평생을 외적인 일에만 집중하는 사람, 변화하는 유형의 파노라마만 다루는 사람, 영원한 존재의 내적 세계와 고독으로 돌아가지 않는 사람은 지식과 지혜를 얻지 못한 채 공허할 뿐이다. 그는 세상에 도움을 줄 수 없고 세상의 열망을 채울 수도 없다. 자신의 영적 창고가 텅 비어 있어 제공할 음식이 없기 때문이다. 반면, 진리를 찾고자 고독을 구하는 사람, 감각을 억누르고 욕망을 잠재우는 사람은 날마다 지식과 지혜를 얻고 진리의 정신으로 충만해지며 세상에 도움이 될 수 있다. 그의 영적 창고는 가득 차 있고 계속해서 다시 채워지기 때문이다.

내적 실재에 대해 명상하는 동안 사람은 지식과 힘을 얻는다. 그는 마치 꽃처럼 진리라는 보편적 빛을 향해 자신을 열고 생명이 가득한 빛을 받아들인다. 또한 지식의 영원한 원천으로 가서 영감이 가득한 물을 마시며 갈증을 해소한다. 이런 사람은 한 시간만 몰입해서 생각해도 일 년간 책을 통해 얻을 수 있는 양보다 더 많은 본질적 지식을 얻는다. 존재는 무한하고 지식은 끝없으며 그 근원은 다함이 없으니, 존재의 가장 깊은 곳에 갈 수 있는 사람은 결코 마르지 않는 신성한 지혜의 샘물을 마시고 불멸의 음료수를 들이켤 수 있다.

끊임없이 존재의 깊은 실재와 관계를 맺는 행위, 그 영원한 원천에서 계속 생명의 물을 마시는 행위가 지혜를 가져온다. 지혜라는 자원은 근원적·보편적 원천에서 나오기에 무궁무진하다. 같은 이유로 지혜를 가진 사람이 하는 일은 늘 새롭다. 지혜를 가진 사람은 더 많이 내놓을수록 더욱 충만해진다. 일을 완성할 때마다 그의 정신은 확장되어 더 멀리 뻗어나가고 힘이 닿는 범위는 넓어진다. 지혜로운 사람은 영감을 받은 자다. 그는 유한한 것과 무한한 것 사이의 깊은 틈을 메운다. 부수적인 도움은 필요 없으며, 오직 모든 고귀한 업적의 원천인 우주적 샘에서 끌어낼 뿐이다. 지혜로운 사람과 보통 사람의 차이가 바로 이것이다. 지혜로운 사람은 내적 실재 속에 살고, 보통 사람은 외적 상황 속에 산다. 보통 사람은 쾌락을 추구하고, 지혜로운 사람은 지혜를 추구한다. 보통 사람은 책에 의지하고, 지혜로운 사람은 스스로의 존재에 의지한다. 책으로 배우는 것은 그 진정한 구문을 이해하면 좋지만 지혜의 원천은 아니다. 지혜의 원천은 삶 자체에 있으며 노력과 실천, 경험으로 이해할 수 있다. 책은 정보를 제공하지만 알게 할 수 없고, 격려할 수 있지만 성취하게 할 수 없다. 인간은 스스로 노력해서 성취해야 한다. 책에만 전적으로 의존할 뿐 자기 안의 고요한 원천을 찾지 않는 사람은 피상적이고 또 금방 지친다. 그는 매우 영리하겠지만 영감은 얻지 못하며, 가지고 있는 정보의 한계에 금세 도달해 공허하고 지루한 사람이 된다. 그가 하는 일에는 삶의 달콤한 자발성과 계속 새로워지는 영감의 신선함이 부족하다. 이런 사람은 무한한 지식의 공급원에서 단절되어 생명 자체가 아닌, 죽거나 썩어버리는 외양만 다룬다. 정보는 한정되어 있지만 지식은 무한하다.

지혜와 위대함을 가져오는 영감은 고독 속에서 길러지고 진화하며 마침내 완성된다. 고귀한 목적을 가지고 자신의 모든 에너지와 의지를 모아 고독 속에서 그 목적을 품은 채 키우는 사람은 기어코 목적을 달성하고 지혜로운 자가 될 것이다. 세상의 쾌락을 포기한 사람, 인기와 명성을 추구하지 않으면서 인류를 위한 높은 이상을 성취하고자 세상에 알려지지 않아도 일하고 고독 속에서 생각하는 사람은 선지자가 된다. 조용히 자신의 마음을 달래는 사람, 순수하고 아름다우며 선한 것에 마음을 맞추는 사람, 오랜 시간 고독하게 묵상하면서 사물의 영원한 심장에 도달하고자 노력하는 사람은 들리지 않는 존재의 조화를 접하고 마음을 열어 우주의 노래를 받아들임으로써 마침내 가수이자 시인이 된다.

천재성은 아주 순진한 고독의 자녀다. 천진난만하고 주의 깊은 데다 아름답다. 하지만 소음에 빠진 세상에는 이해할 수 없는 신비가 숨겨져 있으며, 이는 견고히 보호된 침묵의 문 너머에서 이따금 엿볼 수 있다.

인간의 자아에
전에 없던 희미한 영광의

존엄한 기대, 상징, 표상이 생겨나네

그 영원한 순환 속에서 삶이 추구하는 것

잔인한 박해자이자 맹목적 편견의 소유자였던 성 바울은 사막에서 홀로 3년을 보낸 후 충실한 사도이자 영감을 받은 선지자가 되었다. 한 나라의 왕자였던 고타마 싯다르타는 6년 동안 숲속에서 자신의 격정과 홀로 싸우고 명상해 인간 본성의 깊은 신비에 대한 깨달음을 얻었고, 이후 고요하고 평온한 지혜의 현현인 부처가 되어 마르지 않는 시원한 물로 목마른 세상을 적셨다. 속세에서 관직에 있던 평범한 시민 노자는 지식을 찾아 고독을 추구하고 지고의 이치인 도를 발견해 세상의 스승이 되었다. 문맹의 목수였던 예수는 산에서 여러 해 동인 홀로 영원한 사랑·지혜와 교감한 끝에 인류의 복된 구세주가 되었다.

이 위대한 영혼들은 신성한 지식의 고지에 다다른 후에도 많은 시간을 홀로 보냈고 고독한 시간을 갖고자 자주 속세를 떠났다. 고독 속에서만 얻을 수 있는 쇄신의 힘을 소홀히 여기면 아무리 위대한 사람일지라도 고매한 도덕적 경지에서 떨어져 나와 영향력을 잃게 된다. 위인은 자신의 생각과 삶을 내면의 창조적 에너지와 의식적으로 조화시킴으로써 힘을 얻었다. 개인의 특성을 넘어 우주적 의지 속에 개인의 하찮은 의지를 가라앉혀 창조적 생각의 대가가 되었다. 그리고 무한한 진화의 완성을 위해 가장 높은 매개자로 섰다.

이는 기적이 아니라 법칙의 문제다. 다만 법칙이 신비로울 뿐이다. 보편적으로 선하고 참된 것을 따르는 한 모든 사람은 창조적인 대가가 된다. 시인, 화가, 성인, 현자는 신의 대변인이다. 메시지의 완성도는 개인이 이기심을 얼마나 버리느냐에 따라 달라진다. 작품과 메시지가 가진 특별함은 자아가 개입하는 것만큼 흐려진다. 이기심을 완전히 버리는 것은 천재성의 극치이며 힘의 정점이다.

이러한 자기희생은 오직 고독 속에서만 완성된다. 세속적 활동에 힘을 소비하는 동안에는 영적인 힘을 모아 집중하는 것이 불가능하다. 영적인 힘을 얻은 후에는 어떤 경우에도, 심지어 적대적인 군중 속에서도 힘의 균형을 유지할 수 있다. 그러한 힘은 수년간 자주 끊임없이 고독 속에 있어야만 얻어진다.

인간의 진정한 안식처는 위대한 침묵 속에 있으며, 이는 사람 안에 있는 모든 참되고 영원한 것의 근원이다. 다만 사람의 본성은 이중적이라서 세속적인 활동을 해야 한다. 고독 속에서만 살아가는 것도, 세속적인 활동만 하는 것도 참된 삶이 아니다. 고독 속에서 일상에 필요한 활동들을 바르게 행할 힘과 지혜를 모으는 것이 참된 삶이다. 하루 일에 지쳐 저녁에 집으로 돌아오면 달콤한 휴식을 취하며 피로를 해소해야 다음 날을 준비할 수 있는 것처럼, 삶에 필요한 노동으로 무너지지 않으려면 세상이라는 소음과 투쟁이 가득한 작업장에서 벗어나 침묵 속의 영원한 집으로 들어가 잠시 쉬어야 한다. 하루 중 일정 시간을 목적이 있는 성스러운 고독 속에서 보내는 사람은 강하고 유능하며 복된 자가 될 수 있다.

고독은 강한 사람, 또는 강해질 준비가 된 사람을 위한 것이다. 사람은 위대해지면 고독해지고, 고독 속에서 찾는 바를 구한다. 바로 거기에 우리가 찾는 모든 지식과 지혜, 진리, 힘에 이르는 길이 있기 때문이다. 그 길은 영원히 열려 있긴 하지만 소리 없는 고독과 개척되지 않은 존재의 침묵 속에만 나 있다.

홀로 서기

혼자만의 시간을 가져라.
스스로에게 경의를 표하고 나의 영혼이 입은 것을 봐라.
—조지 허버트George Herbert

맑은 가슴속에 빛을 간직한 자
가운데에 있어 맑은 날을 즐길 것이네.
—밀턴Milton

  자립은 복된 삶에서 가장 중요하다. 나 자신에게 평화가 없다면 힘이 있어야 한다. 안전을 원한다면 안정성이 있어야 하고, 지속적인 기쁨을 누리고 싶다면 언제든 영원히 빼앗길 수 있는 것에 기대지 않아야 한다.
  사람은 삶을 통제하고 평화를 이끌어낼 수 있는 자기 안의 흔들리지 않는 중심을 찾을 때까지는 진정으로 산다고 할 수 없다. 흔들리는 것을 믿으면 믿는 사람 또한 흔들리고, 밀릴지도 모를 것에 기대면 넘어져 멍들 것이며, 사라지기 쉬운 재산에서 만족을 찾으면 풍요 속에서도 행복을 갈구할 것이다.

누구의 도움도 바라지 않고 호의를 기대하지도 않으며, 아무런 개인적 이익을 갈망하지 않고, 구걸하지도 않고, 불평하거나 간청하거나 후회하지도 않으며, 다만 자기 안의 진리에 기대어 내 마음의 진실성에서 만족과 위안을 얻는 법을 배우게 하소서.

평화를 자기 안에서 찾지 못한다면 어디에서 찾을 수 있겠는가? 혼자 있는 것을 두려워한다면 벗에게서 어떤 충실함을 찾을 수 있겠는가? 혼자 생각하면서 기쁨을 찾지 못한다면 타인과의 교류에서 어떻게 불행을 피할 수 있겠는가? 자기 안에서 설 자리를 찾지 못한 사람은 그 어디에서도 변치 않는 안식의 장소를 찾지 못할 것이다.

세상 사람들은 행복이 타인이나 외부에 있다는 미신에 현혹되어 있다. 그 결과 계속된 실패와 후회, 비탄 속에서 살아간다. 행복을 타인이나 외부에서 찾지 않고 자기 자신이라는 무한한 원천에서 찾는 사람은 모든 상황에서 자기 충족적이고 고요하다. 그리고 결코 불행과 슬픔의 무력한 희생자가 되지 않을 것이다. 다른 이에게 도움을 구하는 사람, 행복을 나의 행동이 아닌 타인의 행동으로 판단하는 사람, 마음의 평화를 위해 타인의 도움에 기대려는 사람에게는 영적 발판이 없다. 그의 마음은 주변에서 계속되는 변화에 이리저리 흔들릴 테고, 불행과 불안이라는 끊임없이 몰아치는 영혼의 파도 속에서 살아갈 것이다. 이런 사람은 영적 불구자로, 아직 정신적 중심을 유지하는 방법을 배우지 못했기에 목발의 도움 없이는 걸어갈 수 없다.

어린아이가 아무런 도움 없이 혼자 여기저기 다니기 위해 걷는 법을 배우듯이, 우리도 혼자 서서 스스로 판단하고 생각하며 행동하면서 마음의 힘으로 자신이 걸어갈 맹세의 길을 선택하는 법을 배워야 한다.

외부에는 변화와 쇠퇴, 불안이 있지만 안에는 확신과 축복이 있다. 영혼은 그 스스로 충분하다. 필요가 있는 곳에 풍족한 공급이 있다. 영원한 거처는 내부에 있으니 그리로 가서 저택을 차지하라. 그곳에서 나는 왕이지만 다른 곳에서는 신하다. 다른 이들은 알아서 자신의 작은 왕국을 관리하게 두고, 당신은 당신만의 왕국을 열심히 다스려라. 그곳에 당신의 완전한 안녕과 온 세상의 안녕이 있다. 당신에게는 양심이 있으니 그것을 따르라. 마음이 있으니 그것을 정화하라. 판단력이 있으니 그것을 사용하고 향상하라. 의지가 있으니 사용하고 강화하라. 지식이 있으니 그것을 키워라. 당신의 영혼 안에 빛이 있으니 그것을 보고 가꾸고 격려하고, 격정의 바람으로부터 보호하며, 더 한결같은 빛으로 타오르게 하라. 속세를 떠나 자신에게로 돌아가라. 사람답게 생각하고, 사람답게 행동하며, 사람답게 살아라. 내 안에서 부자가 되고 내 안에서 완전해져라. 내면의 영원한 중심을 찾고 그것을 따르라. 지구는 태양을 중심으로 궤도를 유지한다. 내 안에 있는 빛의 중심을 따르고, 다른 이들이 마음대로 그것을 어둠으로 여기게 하라. 나 자신에 대한 책임은 내게 있으니 스스로에게 의지하라. 내가 나를 두려워한다면 누가 나를 신뢰하겠는가? 내가 나 자신에게 진실하지 않다면 어디에서 진리의 달콤한 만족을 찾을 수 있겠는가?

위내한 사람은 녹닙석 인간의 단순한 존엄성 속에 홀로 서 있다. 그는 두려움 없이 자신만의 길을 추구하며, 사과하거나 '허락을 구걸하지' 않는다. 그에게 비판과 갈채는 외투에 묻은 먼지와 다를 바 없으며, 그는 이를 자유롭게 털어낸다. 그는 이랬다저랬다 하는 자들의 의견에 휘둘리지 않고 자기 마음의 빛을 따른다. 보통 사람들은 남들의 아첨이나 유행을 따르기 위해 사람다움을 버린다.

영혼도 인간도 신도 아닌, 자기 자신 안에 있는 진리의 빛을 따라 홀로 설 수 있을 때까지 우리는 속박 속에 있으며 자유롭지도, 복되지도 않다. 그러나 교만을 자립으로 착각하지는 마라. 위태위태한 교만의 토대 위에 서려는 것은 이미 무너진 것과 다름없다. 교만한 사람은 누구보다 의존적이다. 그는 타인의 칭찬에 취하고 타인의 비난에 분노한다. 그는 아첨을 건전한 평가로 착각하고 타인의 의견에 쉽게 상처받거나 기뻐한다. 이처럼 교만한 사람의 행복은 전적으로 타인의 손에 달려 있다. 반면 자립적인 사람은 개인적 교만함이 아니라 자기 내면의 영원한 법칙, 원칙, 이상, 실재 위에 서 있다. 그는 스스로 균형을 잡은 채 견고한 발판 위에 서서 내면에서 일렁이는 격정의 파도, 폭풍과도 같은 외부의 의견에 휩쓸리지 않는다. 간혹 균형을 잃으면 언제라도 재빨리 다시 자리를 잡는다. 그의 행복은 전적으로 자기 손에 달려 있다.

균형을 찾아 홀로 서기에 성공한 사람은 살면서 어떤 일을 하든 성공할 것이다. 진정으로 자립적인 사람은 무적이기에 마음먹은 것은 무엇이든 성취할 수 있기 때문이다. 다만, 타인에게 의존하지 않더라도 그들로부터 가르침을 얻는 것은 중요하다. 그러니 계속 지식을 늘리면서 선하고 유용한 것을 받아들일 준비를 늘 해야 한다. 그리고 무한히 겸손하라. 가장 자립적인 사람이 가장 겸손하다. "어떤 귀족이나 왕자의 자존감도 성인의 자존감과 비교할 수 없다. 성인은 왜 자기를 낮추는가? 자기 안에 계신 하나님의 크심에 기대어 충분히 그럴 수 있음을 알기 때문이다." 모든 사람, 특히 진리의 대가들로부터 배우되 궁극적인 길잡이는 자기 자신 안에 있다는 진리를 놓치지 마라. "여기 길이 있다"고 말하는 사람도 있을 것이다. 그러나 그는 당신에게 그 길을 가라고 강요할 수 없고 대신 걸어줄 수도 없다. 당신은 스스로 노력해야 하고 혼자 힘으로 성취해야 하며 누구의 도움도 없이 대가의 진리를 자신의 진리로 만들어야 한다. 자신을 절대적으로 신뢰해야 한다.

내 힘으로 사람이 되고
내 영혼의 힘으로 성장하며
내 삶을 빛으로 사는 것이 신이다.

자기 자신의 주인이 되어 스스로를 다스리며, 아첨하거나 모방하지 말고 우주의 살아 있는 일부분으로서 자신의 일을 하라. 사랑을 주되 받기를 기대하지 말고, 동정하되 동정을 갈망하지 말며, 도움을 주되 도움에 기대지 마라. 다른 이들이 나의 일을 비난할지라도 귀담아 듣지 마라. 나의 일이 참된 것으로 충분하니 그 충분함 속에서 쉬어라. "나의 일이 마음에 들까?"를 묻지 말고 "나의 일이 참된가?"를 물어라. 나의 일이 참되면 다른 이들이 하는 비판이 그 일에 영향을 미치지 못하고, 거짓되면 타인의 비난 때문에 망하는 것보다 그 일이 저절로 망하는 편이 더 빠를 것이다. 진리의 말과 행동은 그 일이 완전히 성취될 때까지 사라지지 않지만, 그릇된 말과 행동은 불필요하기 때문에 남아 있지 않는다. 비판과 원망도 마찬가지다.

노예 같은 의존성에서 벗어나 고립된 사람이 아닌, 공감하는 전체의 일부로서 자립하라. 내 힘으로 획득한 자유에서 오는 기쁨, 현명한 평정심에서 나오는 평화, 타고난 힘에 내재된 축복을 찾아라.

고독하더라도 스스로 완성하는 자
혼자 힘으로 무덤까지 한 길을 개척하며
타인의 생각이나 말에 귀 기울이지 않고
길이 의심스러우면 다만 자신의 영혼에 묻는 자에게 영광이 있기를

단순한 인생의
법칙을 이해하라

주의 깊게 보라

진리의 현현, 그 탄생을

흐름을 따라 그 근원까지 거슬러 올라가면

샘은 우리 안에 있나니

―브라우닝Browning

법칙이라는 보물은 보석보다 귀하고

그 달콤함은 벌집보다 달다네.

그 기쁨은 비교할 수 없네.

―《아시아의 등불The Light of Asia》

　지금까지 이야기한 샛길을 걸으며 그 아름다움을 느끼고 복됨에 취해 인생의 넓은 고속도로를 따라 순례하는 사람은 때가 되면 마지막 짐을 내려놓은 뒤 모든 피로가 사라져 마음 가벼운 자유를 누리고 영원한 평화 속에서 쉬게 될 것이다. 개인적으로 나는 영적 샛길 중 가장 복된 길, 즉 힘과 위안의 가장 풍요로운 원천은 단순한 인생의 법칙을 올바로 이해하는 것이라고 생각한다. 그 길에 이르는 사람은 모든 결핍과 갈망, 모든 의심과 혼란, 모든 슬픔과 불확실성을 뒤로 떠나보낸다. 그는 충만한 만족감, 빛과 지식, 기쁨과 확신 속에서 살아간다. 인생의 완전한 단순함을 이해한 사람, 인생의 법칙을 따르며 이기적인 욕망의 어둡고 복잡한 미로로 탈선하지 않는 사람은 어떤 해악도 영향을 미치지 못하는 곳, 어떤 적도 그를 쓰러뜨릴 수 없는 곳에 서서 더는 의심하고 욕망하거나 슬퍼하지 않는다. 의심은 진실이 시작되는 곳에서 끝나고, 고통스러운 욕망은 기쁨의 충만함이 완전한 곳에서 멈춘다. 무한하고 영원한 선이 실현되면 슬픔을 위한 자리가 어디 있겠는가?

올바르게 살아가는 사람의 삶은 아름다운 단순함으로 간결하다. 갈망과 욕망, 욕구에 묶여 있으면 바르게 사는 것이 아니다. 갈망과 욕망, 욕구에 얽매인 삶은 진실한 삶이 아니며, 이는 깨달음을 얻지 못한 마음에서 비롯된 타는 듯한 열병이나 고통스러운 질병과도 같다. 욕망을 없애는 것이 지혜의 시작이요, 그것을 완전히 다스리는 것이 지혜의 완성이다. 삶은 우주 불멸의 법칙을 따르고 그 법칙에서 분리될 수 없기 때문에 충족되지 않는 필요란 없다. 갈망과 욕망은 필요가 아니라, 다루기 힘든 여분의 욕심이다. 따라서 상실을 가져오고 불행을 초래한다.

탕자는 아버지의 집에 있을 때 필요한 모든 것을 다 가지고 있었을 뿐 아니라, 오히려 모든 것이 남아돌았다. 모든 것을 가지고 있었기에 욕망이 필요하지 않았으나 탕자 마음에 욕망이 생기자 그는 "먼 나라로 떠났고 가난해지기 시작했다". 그러다 최악의 굶주림에 이르러서야 절실한 마음으로 아버지의 집으로 돌아갔다. 이 이야기는 개인과 인류가 어떻게 발전하는지를 상징적으로 보여준다. 인간은 이리저리 얽힌 욕망에 빠져 잇따른 불만과 불평, 욕구, 고통 속에서 살아간다. 유일한 치료법은 아버지의 집으로 돌아가는 것, 즉 실재의 삶, 욕망에서 분리된 존재로 돌아가는 것뿐이다. 하지만 우리는 영적 굶주림의 극한으로 몰리기 전까지 아버지의 집으로 돌아가지 않는다. 욕망을 추구한 결과로 고통과 슬픔을 경험하고 나서야 평화와 풍요의 참된 삶을 돌아본다. 그리고 욕망에 대한 속박, 열병, 굶주림에서 해방된 단순한 존재로서의 풍요로운 삶, 즉 집을 향한 고된 여정을 시작한다.

진리와 실재를 향한 참된 삶을 살고자 하는 소망을 욕망과 혼동해서는 안 된다. 참된 삶에 대한 소망은 염원이다. 욕망은 소유에 대한 갈망이고, 염원은 평화를 향한 마음의 굶주림이다. 물질적인 것에 대한 갈망은 그 자체가 끝없는 결핍 상태로, 우리를 평화에서 점점 더 멀어지게 만들 뿐 아니라 결국 상실을 가져온다. 끝에 닿기 전까지 안식과 만족을 얻는 것은 불가능하다. 물질적인 것에 대한 굶주림은 결코 채울 수 없지만, 평화에 대한 굶주림은 채울 수 있다. 즉 모든 이기적 욕망을 버릴 때 평화를 찾고 완전히 소유할 수 있는 것이다. 그때서야 기쁨이 충만하고 풍요로우며 완전히 복되다.

이처럼 지극히 복된 상태에서는 삶의 완벽한 균형과 단순함을 이해할 수 있고 힘과 유용성도 절정에 다다른다. 그럼 평화에 대한 굶주림조차 멈춘다. 평화가 일반적인 상태가 되고, 우리는 그것을 완전히 소유하게 되며, 그때의 평화는 지속적이고 결코 변하지 않기 때문이다. 욕망에 빠진 사람은 욕망을 이겨내면 무기력해지고 힘을 잃어 활기가 없어질 것이라는 무지한 생각을 한다. 그러나 욕망을 이겨내면 고도로 집중해서 활동할 수 있고, 힘을 온전히 사용할 수 있으며, 쾌락과 소유에 굶주린 이들은 도저히 이해하지 못할 만큼 풍요롭고 찬란하며 복된 삶을 살게 된다. 이런 삶은 오직 다음과 같이 말할 수 있다.

이곳에는 불협화음도 불경스러운 말도 들리지 않는다
가치 없는 것들에 대한 어리석은 소문도 없다

오직 끌과 펜의 노래만 있을 뿐

바삐 움직이는 붓과 무아지경에 빠진 긴장감의 노래

가장 신성한 음악으로 가득 찬 영혼의 노래

이곳에는 한가한 비애도 가없은 슬픔도 없다

남겨진 어떤 날이나 대상에 대해서도

시간은 소중히 여겨지고 그리고 여기에서

자아를 완전히 버리나니

눈물은 무지개가 되고

모든 것이 온당한 땅의 아름다움을 높이리라

이기석인 욕망에서 해방되면 마음이 얽매인 데 없이 인류를 위해 자유롭게 일할 수 있다. 이기적인 욕망에서 해방된 사람은 계속해서 자기 자신을 굶주림 속에 두는 만족감을 쫓지 않기 때문에 자신의 모든 힘을 즉각 사용할 수 있다. 보상을 바라지 않기에 의무를 완수하는 데 모든 에너지를 집중할 수 있으며, 따라서 모든 것을 성취하고 모든 의를 실현할 수 있다.

완전히 깨달은 사람, 완전히 복된 사람은 욕망에 의해 행동하지 않고 지식에 따라 일한다. 욕망에 의해 행동하는 사람을 움직이려면 보상을 약속해줘야 한다. 이런 사람은 장난감을 갖기 위해 행동하는 어린아이와 같다. 반면 깨달음을 얻고 생명과 힘의 충만함 속에서 사는 사람은 필요한 것을 성취하는 일에 언제든지 자신의 에너지를 끌어다 쓸 수 있다. 그는 영적으로 성숙한 사람이다. 그에게 필요한 모든 보상은 끝났다. 그에게 일어나는 일은 모두 선하고, 그는 늘 완전한 만족 속에서 살아간다. 그는 생명에 이르렀으며, 그의 달콤하고 영원하며 다함이 없는 기쁨은 정확하면서도 불변하는 법칙의 단순한 요구를 따르는 데 있다.

다만, 이렇게 최고로 복된 삶은 궁극의 목적이다. 그곳에 닿고자 노력하

축복의 샛길 ·

125

는 순례자, 그곳으로 돌아가려는 탕자는 먼 곳을 여행해야 한다. 그는 동물적 욕망의 나라를 통과해야 하며, 욕망이라는 얽힌 타래에서 벗어나 욕망을 단순화하고 극복해야 한다. 이 과정에서는 자기 안에 꿈틀대는 욕망 외에 다른 적은 없다.

처음에는 욕망에 눈이 멀어 삶의 단순한 구조를 인식하지 못하고 법칙을 찾지 못해 어려워 보이겠지만, 마음이 단순해짐에 따라 삶의 직접적인 법칙들을 영적으로 지각하게 될 것이다. 그리고 이러한 법칙들을 이해하고 따르기 시작하는 때가 되면 길은 평탄하고 쉬워진다. 더는 불확실하거나 어둡지 않고, 모든 것이 지식의 선명한 빛으로 보이게 된다.

이제 수학적으로 엄격하게 작동하는 이 단순한 법칙들을 고찰한다면 참되고 복된 삶을 좀 더 빠르게 찾을 수 있을 것이다.

기본적인 법칙은 결코 사과하지 않는다.

모든 생명은 다양한 모습으로 나타나지만 실은 하나다. 마찬가지로 법칙이라는 것도 다양한 방식으로 적용되고 영향을 미치지만 사실은 모두 하나다. 물질 관련 법칙과 마음 관련 법칙이 따로 있지 않고, 유형의 물질적인 것을 위한 법칙과 무형의 영적인 것을 위한 법칙이 따로 있는 것이 아니다. 모든 곳에 똑같은 법칙이 존재한다. 속세에 대한 논리와 영혼에 대한 논리가 따로 있는 것이 아니라, 둘 모두에 똑같은 논리가 적용된다. 사람들은 세속적으로 정확한 지혜를 가지고 물질적인 사물의 법칙이나 행동 규칙을 충실히 지킨다. 이 법칙이나 규칙을 무시하고 따르지 않는 것은 그들 입장에서 아주 어리석은 짓이다. 세속의 법칙을 어기면 결국 스스로에게 재앙이 되고, 사회와 국가에 혼란을 야기한다는 사실을 알기 때문이다. 그러나 영적인 일에는 똑같은 법칙이 적용되지 않는다고 잘못 가정해서 믿고, 이런 스스로의 무지와 불복종 탓에 고통받는다.

사람이라면 누구나 스스로를 부양하고 생계를 유지하며 "일하지 않는 자 먹지도 말아야 한다"는 것이 세속의 법칙이다. 사람들은 이 말의 정당성과 선함을 인정해 이 법칙에 따라 물질적인 생계유지에 필요한 돈이나 양식을 번다. 그런데 대부분 영적인 일에서는 똑같은 법칙을 부정하고 무시한다. 그들은 스스로 먹을 물질적 양식을 버는 행동은 무조건적으로 옳고, 이 법칙을 어기는 자는 누더기를 입은 채 거리를 떠돌며 가난해야 한다고 생각한다. 반면 영적 양식은 구걸해야 할 것이며, 받을 자격이 없거나 얻으려고 노력하지 않아도 모두가 영적 축복을 받아야 옳다고 생각한다. 그 결과 대다수 사람이 기쁨과 지식, 평화라는 영적 양식을 얻지 못한 채 영적인 궁핍과 곤궁, 고통과 슬픔 속에서 배회하고 있다.

만약 음식, 옷, 가구, 그 밖의 필수품 등 세속적인 물건이 필요하다면 우리는 상점 주인에게 그것을 달라고 구걸하지 않는다. 물건 가격을 물어보고 돈을 지불해 필요한 것을 얻는다. 즉 받은 물건에 상응하는 돈을 줘야 완벽한 정의라고 생각하면서 다른 정의를 바라지 않을 것이다. 영적인 부분에도 이와 같은 공평한 법칙이 적용된다. 기쁨, 확신, 평화 등 영적인 것이 필요하면 그에 상응하는 것을 내줘야만 그것들을 완전히 소유할 수 있다. 대가를 지불해야 한다는 얘기다. 세속적인 물건을 얻는 데 유형의 가치를 지불해야 하듯이, 영적인 것을 얻으려면 무형의 가치를 지불해야만 한다. 영적인 가치를 소유하기 전에 걱정, 정욕, 허영심, 방종을 내줘야 하는 것이다.

돈이 주는 쾌락 때문에 돈에 집착하고 전혀 포기하지 않는 구두쇠는 인생에서 그 어떤 물질적 안락함도 얻을 수 없다. 그는 재산이 많아도 끊임없는 결핍과 불편함 속에서 살아간다. 마찬가지로 분노, 불친절, 육욕, 교만, 허영, 방종이 주는 순간적인 쾌락 때문에 이런 것들에 집착해 자신의 걱정을 포기하지 않는 사람은 영적인 구두쇠다. 그는 어떤 영적 위안도 가질 수 없으며, 꼭 끌어안은 채 포기하지 않는 세속적 쾌락을 아무리 많이 누린다 해도 계속 영적 결핍과 불안에 시달린다.

세속적인 일에 지혜로운 사람은 필요한 물건을 구걸하거나 훔치지 않고 일해서 사들이며, 세상은 그의 올곧음을 칭송한다. 영적인 일에 지혜로운 사람 역시 구걸하거나 훔치지 않고 자신의 내면세계에서 일해 영적 가치를 구매한다. 온 우주가 그의 올곧음을 칭송한다.

세상일의 또 다른 법칙은 어떤 형태로든 다른 이에게 고용된 사람은 스스로 동의한 임금에 만족해야 한다는 것이다. 한 주간 일을 마치고 임금을 받을 때 정당하게 요구할 권리도, 받을 자격도 없으면서 고용주에게 돈을 더 많이 달라고 하는 사람은 돈을 더 받지도 못할뿐더러, 틀림없이 해고되고 말 것이다. 그런데 사람들은 영적인 일에 대해서는 자신이 동의하지 않았고 이를 위해 일하지도 않았으면서 받을 자격도 없는 축복, 즉 영적인 임금을 요구하는 것이 어리석거나 이기적인 일이 아니라고 생각한다. 모든 사람은 우주의 법칙으로부터 스스로 동의한 것, 얻기 위해 노력한 것을 받게 되어 있다. 그 이상도 이하도 아니다. 사람은 우주의 주인인 지고의 법칙과 계속해서 계약을 맺고 있다. 따라서 자신이 제공하는 모든 생각과 행동에 상응하는 보상을 받는다. 행위 형태로 수행한 모든 일에 대해 응당 받아야 할 임금을 받는 것이다. 이것을 알고 깨달은 사람은 항상 만족스럽고 흡족한 마음으로 완전한 평화를 누린다. 무엇을 받든 그것이 사람들이 불행이라고 부르건, 행운이라고 부르건 스스로 벌어들인 것임을 알기 때문이다. 대법칙은 누구에게든 응당 받아야 할 정당한 보상을 속여서 지급하지 않지만, 욕하고 불평하는 사람에게는 "친구여, 너는 하루 한 푼도 나와 합의한 적이 없지 않은가?"라고 말한다.

다시 강조하지만, 세속적인 재화를 벌어 부자가 되고 싶다면 어떤 산업 분야에 투자할 충분한 자본을 모을 때까지 자신의 금융 자원을 절약하고 잘 관리해야 한다. 그런 다음 가지고 있는 자본을 너무 꽉 움켜쥐거나 부주의하게 흘려보내지 않고 분별력 있게 투자하면 된다. 그럼 세속적 지혜와 세속적 부를 모두 늘릴 수 있다. 게으르고 낭비벽이 있는 사람은 부자가 될 수 없다. 낭비가 심하고 방종하기 때문이다. 마찬가지로 영적 부자가 되고 싶은 사람은 자신의 정신적 자원을 절약하고 잘 관리해야 한다. 혀와 충동에 재갈을 물리고 쓸데없는 소문이나 허망한 논쟁, 지나친 분노에 에너지를 낭비하지 말아야 한다. 그런 다음 자신의 영적 자본인 지혜를 조금씩 모아 그것을 타인의 이익을 위해 세상에 내보내야 한다. 지혜를 쓰면 쓸수록 그는 더욱 부자가 되고, 천국의 지혜와 천국의 부를 모두 얻게 될 것이다. 영적으로 헤픈 사람은 맹목적인 충동과 욕망을 따르고, 마음을 통제하거나 다스리지 못한다. 그는 결코 신성한 가치를 축적한 부자가 될 수 없다.

산 정상에 도달하려면 산비탈을 올라가야 한다는 것이 물리석 법칙이다. 산을 오르는 사람은 길을 찾아서 조심히 따라가야 하며, 그 과정에 수반된 수고로움과 어려움, 등반의 힘겨움 때문에 포기하고 돌아서서는 안 된다. 중간에 돌아서버리면 목표를 달성할 수 없다. 이 법칙은 영적 영역에도 마찬가지로 적용된다. 도덕적 경지나 지적 경지에 도달하려는 사람은 자신의 노력으로 그곳에 올라야 한다. 경지에 이르는 길을 찾아서 포기하거나 돌아서는 일 없이 모든 어려움을 극복하고, 시련과 유혹과 번민을 견디며 부지런히 그 길을 따라가야 한다. 그럼 마침내 도덕적 완성이라는 영예로운 정상에 서게 될 것이다. 격정, 유혹, 슬픔의 세계는 발아래 놓이고, 머리 위로는 무한한 존엄의 천국이 광활하면서도 고요하게 펼쳐질 것이다.

먼 도시를 비롯해 어디든 목적지에 닿으려는 사람은 반드시 그곳으로 여행을 떠나야 한다. 눈 깜짝할 사이에 도착할 수 있는 법칙은 없다. 여행자는 필요한 노력을 기울여야만 그곳에 도달할 수 있다. 걸어간다면 매우 힘들겠지만 돈은 한 푼도 들지 않을 테고, 자동차나 기차를 타고 간다면 사실상 품은 덜 들겠지만 일해서 번 돈을 대가로 지불해야 한다. 어떤 곳에 도달하려면 수고를 들여야 하며 이것은 피할 수 없는 법칙이다.

영적으로도 마찬가지다. 순결, 동정, 지혜, 평화 같은 영적인 목적지에 도달하려는 사람은 그곳으로 여행을 떠나야 하며, 그곳에 도달하고자 노력해야 한다. 아름다운 영적 도시로 순간 이동을 할 수 있는 법칙은 없다. 그는 목적지까지 똑바로 이어지는 길을 찾아서 필요한 노력을 기울여야 하고, 그러면 마침내 여정의 끝에 도착할 수 있다.

지금까지 살펴본 법칙들은 완전한 인간성, 영적으로 성숙된 삶과 복됨을 이루기 전 이해하고 적용하며 따라야 하는 여러 법칙 또는 하나의 대법칙 중 일부에 불과하다. 영적 영역, 즉 인간 존재의 보이지 않는 내면세계에서 다르게 작용하는 세속적·물리적 법칙은 없다. 물리적 사물이 영적 실재의 그림자이자 표상인 것처럼, 세속적 지혜는 신성한 지혜가 반사된 이미지다. 그 분명함과 정확성 때문에 세속적 영역에서 사람들이 의심 없이 암묵적으로 따르고 순종하는 인생의 모든 단순한 작동 법칙은 영적 영역에서도 마찬가지로 정확하게 작용한다. 이 사실을 이해하고 세속적 영역에서와 마찬가지로 영적 영역에서도 이러한 법칙에 암묵적으로 순종할 때 정확한 지식이라는 단단한 토대에 다다를 수 있고, 슬픔이 끝나 더는 의심하지 않게 될 것이다.

삶은 단순하고 타협하지 않는 정의다. 불굴의 단순한 논리로 작용한다. 법칙의 지배는 영원하며 법칙의 핵심은 사랑이다. 편애와 변덕은 법칙과 사랑의 반대에 있다. 우주는 편애하지 않고 지극히 공평해 모든 사람에게 정당한 보상을 돌려준다. 모든 것이 법칙을 따르기에 선하며, 모든 것이 법칙을 따르기에 사람은 인생의 올바른 길을 찾을 수 있다. 그리고 올바른 길을 찾으면 기뻐하며 반길 수 있다. 예수 아버지는 만물의 법칙으로 현현하는 무한한 선이다. "선한 사람에게는 살아서나 죽어서나 악한 일이 일어날 수 없다." 예수는 자신의 운명 속에서 선함을 인지하고 모든 박해자를 책임에서 해방시켰다. 그리고 예수는 "아무도 내게서 목숨을 빼앗지 못하니 나 스스로 목숨을 버리노라"고 말했다. 스스로 자신의 종말을 가져온 것이다.

　삶을 단순화하고 마음을 정화해 아름다운 존재의 단순함을 이해하게 된 사람은 만물에 작용하는 일정불변한 법칙을 인식하고 자신의 모든 생각과 행위가 세상과 스스로에게 영향을 미친다는 사실을 깨닫는다. 정신적 원인에 따른 행위의 결과를 안다. 그리하여 시작할 때 복되고, 과정 중에 복되며, 완성되었을 때 복된 생각과 행위만 떠올리면서 행한다. 무지한 상태에서 행한 모든 행위에 대해서는 법칙에 따른 결과를 겸허히 받아들이며, 불평하거나 두려워하거나 의심하지 않고 다만 순종함으로써 선한 법칙에 대한 지식으로 완전히 복되다.

　인생이라는 천은
　나만의 색깔로 짜는 것
　운명의 들판에서는
　뿌린 대로 거둔다네.

　뿌린 대로 거두고
　한 만큼 가져간다면
　고통의 법칙은 사랑뿐이고
　상처는 치유만 있을 뿐이네.

행복한 결말

그것이 의로 나아가는 법칙

결국 아무도 외면하거나 단념할 수 없는 것

그 핵심은 사랑이고

그 끝은 평화와 달콤한 종말이네. 복종하라.

—《아시아의 등불》

그러므로 네 일 끝날 때

그릇된 것은 옳음 안에서 사라지고

평일의 모든 휴식은

빛의 긴 휴식과 한데 섞일 것이니!

—휘티어Whittier

인생에는 고귀하고 순수하며 아름다운 것이 많아서 그만큼 결말이 행복
한 경우도 많다. 세상에는 죄, 무지, 눈물, 고통, 슬픔도 꽤 있지만 순수함
과 지식, 웃음, 치유, 기쁨도 가득하다. 모든 순수한 생각과 비이기적인 행

동은 복된 결과를 가져오며, 그 결과는 완성된 행복이다.

즐거운 가정을 일구는 것이 행복한 결말이다. 성공한 삶이 행복한 결말이다. 맡은 일을 충실히 잘해내는 것이 행복한 결말이며, 좋은 친구들에게 둘러싸여 있는 것이 행복한 결말이다. 다툼과 원한이 사라지고 나쁜 말을 고백한 뒤 용서받아 친구가 친구로 회복되는 것, 이 모든 것이 행복한 결말이다. 오랫동안 지루하게 찾아 헤매던 것을 찾는 것, 슬픔에서 기쁨으로 회복되는 것, 밝은 햇살 속에서 죄의 고통스러운 악몽으로부터 깨어나는 것, 수없이 헤맨 끝에 인생에서 천국의 길을 발견하는 것, 이것들이 참으로 복된 완성이다.

이 책에서 가리킨 축복의 샛길을 찾아 발견하고 거기로 들어가는 사람은 구하지 않고도 이런 결말을 맞이할 것이다. 그의 삶 전체가 행복한 셜말로 가득 찰 것이기 때문이다. 의義를 실천하기 시작해 지속하는 사람은 복된 결과를 욕망하고 찾을 필요가 없다. 복된 결과는 이미 가까이에 있으며 당연한 결과로 따라오게 되어 있다. 이는 필연적인 것, 인생의 실재다.

물질세계에만 속하는 행복한 결말이 있다. 이런 것은 덧없이 사라진다. 영적 세계에 속하는 행복한 결말은 영원하며 사라지지 않는다. 사교, 쾌락, 물질적 안락함은 달콤하지만 이내 변하고 사라진다. 순결, 지혜, 진리에 대한 지식은 그것들보다 더 달콤하며 결코 변하거나 사라지지 않는다. 세속적인 재산은 세상 어디를 가든 가지고 갈 수 있지만 곧 헤어져야 할 때가 온다. 세속적 재산에 의지해 모든 행복을 거기에서만 얻는다면 영적 결말은 큰 공허와 결핍일 것이다. 반면 영적 재산을 가진 사람은 결코 행복의 원천을 빼앗기지 않는다. 그는 행복의 원천에서 멀어질 필요가 없으며, 온 우주 어디든 영적 재산을 가지고 다닐 수 있다. 그의 영적 결말은 충만한 기쁨일 것이다.

자신에 대해 생각하지 않는 삶을 살아가는 사람은 영원한 행복 속에 있다. 그는 지금 이 생에서 이미 천국, 열반, 낙원, 새 예루살렘, 제우스의 올림포스, 신들의 발할라(북유럽 신화에서 오딘을 위해 싸우다가 살해된 전사들이 머무는 궁전. 지붕이 방패로 덮여 있는 아름다운 궁전으로 묘사되어 있다—편집자 주)에 자리하고 있다. 그는 인생의 최종적인 하나 됨을 안다. 덧없고 변화무쌍한 이름들이 다만 미약한 말뿐이라는 위대한 사실을 이미 알고 있다. 그는 신의 가슴에서 쉰다.

정욕과 미움, 어두운 욕망으로부터 마음을 해방시킨 사람이 얻는 안식과 깊은 행복은 달콤하다. 괴로움이나 이기심의 그림자가 드리워 있지 않고 세상을 무한한 동정과 사랑으로 바라보는 사람은 마음 깊이 축복을 숨 쉴 수 있다.

예외나 구별 없이 모든 살아 있는 것에 평화를 주나니, 그런 사람은 결코 빼앗길 수 없는 행복한 결말에 도달한다. 이것이 바로 안정된 삶이고 충만한 평화이며 완전한 축복의 완성이기 때문이다.

12

행복과 성공을 위한 주춧돌

올바른 원칙이나 원인을 따르면 잘못된 결과가 일어나지 않는다. 건전한 체계를 추구한다면
조악한 실이 우리 인생의 그물 속으로 들어올 수 없고, 썩은 벽돌이
우리 인격의 건물에 들어가 건물을 불안정하게 만들 수도 없다.

우리가 진실한 행동을 한다면 좋은 결과 외에 무엇이 나올 수 있겠는가?

선에 대한 보상은 더 많은 선

덕에 대한 보상은 더 많은 덕

사용에 대한 왕관은 더 많은 능력

선과 덕, 우리가 가진 모든 힘을 현명하게 사용하는 것이 곧 행복이니

다른 형태의 행복은 덧없네

그러나 이 행복은 영원하며 사라지지 않으리

서문

집을 지을 때 보통 어떻게 시작하는가? 먼저 건물 설계도를 확보한 다음 설계도에 따라 모든 세부 사항을 꼼꼼히 따져가면서 기초부터 시작한다. 정확한 계획에 따른 시작을 소홀히 하면 노동력을 낭비할 뿐 아니라, 집이 완공된다 해도 불안정하고 쓸모없는 건물이 될 가능성이 크다. 똑같은 법칙이 모든 중요한 일에 적용된다. 올바른 시작이자 첫 번째 핵심은 지을 것에 대한 정신적 계획을 명확히 세우는 일이다.

자연은 대충하는 일이나 엉성함이 없고, 혼란을 소멸시킨다. 아니, 혼란은 오히려 그 자체로 소멸된다. 질서, 명확성, 목적은 영원히 승리하기 때문에 일할 때 이 정확한 요소들을 무시하는 사람은 실재성과 완전성, 행복, 성공을 잃고 만다.

—제임스 앨런

올바른 원칙

　　　　　무엇이 먼저 오고 무엇을 먼저 해야 하는지 알아야 한다. 중간이나 마지막부터 시작하면 일이 엉망이 된다. 결승선 테이프를 끊는 데서 시작한 선수는 상을 받지 못한다. 그는 출발 신호원을 마주 보고 출발선에 발끝을 대는 것부터 시작해야 한다. 이기기 위해서는 좋은 출발이 중요하다. 학생이라면 대수와 문학부터 배우지 않고 숫자 세기와 ABC부터 배운다. 인생도 마찬가지다. 밑바닥에서 시작한 사업가가 더 오래 지속되는 성공을 거둔다. 영적 지식과 지혜의 최고 경지에 도달한 종교인은 인내심을 가지고 겸손한 일에 몸을 굽혀 봉사한 사람이며, 인류의 공통된 경험을 경멸하거나 그것으로부터 배워야 할 가르침을 간과하지 않은 사람이다.

　건전한 삶, 즉 진정으로 행복하고 성공한 삶에서 가장 먼저 필요한 것은 올바른 원칙이다. 올바른 원칙이 없다면 잘못된 관행을 따르게 될 테고, 결국 실패해 불행한 삶을 살아갈 것이다. 이 세상의 경제·과학과 관련된 온갖 다양한 계산은 모두 숫자 열 개에서 나왔고, 생각과 천재성을 영속시키는 수십만 권의 책은 모두 알파벳 스물여섯 글자로부터 만들어졌다. 아무리 위대한 천문학자라도 열 개의 단순한 숫자를 무시할 수 없으며, 가장 심오한 천재라도 단순한 스물여섯 글자를 버릴 수 없다. 만물의 기본은 몇 가지가 안 되고 또 단순하다. 하지만 그 기본이 없으면 지식도, 성취도 없다. 인생이나 참된 삶의 기본 원리 역시 몇 가지가 안 되고 단순하다. 이 기본 원리를 철저히 배우고 삶의 모든 세부 사항에 적용하는 방법을 연구한다면 혼란을 피하고 질서 정연하게 불굴의 인격을 쌓으면서 영속적인 성공을 위한 참다운 토대를 확보할 수 있다. 인간 행동의 복잡한 미로 속에서 이 기본 원칙들의 무수한 영향을 이해하는 것이 삶의 주인이 되는 길이다.

인생에서 첫 번째 원칙은 '행동의 원칙'이다. 이름을 붙이기는 참 쉽다. 많은 이가 행동의 원칙을 입에 올리지만, 이것을 타협을 인정하지 않는 고정된 원천이라고 배운 사람은 거의 없다. 이 짧은 글에서는 행동의 원칙 중 다섯 가지만 다루고자 한다. 이 다섯 가지 원칙은 단순한 삶의 근본 원칙 중 일부이지만 일상생활에 가장 가까운 것들이다. 직공, 사업가, 가장, 시민 등에게 삶의 모든 지점에서 영향을 미치기 때문이다. 다섯 가지 원칙 중 혹독한 대가를 치르지 않고서는 뺄 수 있는 것이 하나도 없다. 이를 완벽하게 실천하는 사람은 인생의 여러 문제와 실패를 뛰어넘어 영원한 성공의 땅으로 조화롭게 흘러가는 생각의 샘으로 들어갈 것이다.

행동의 원칙 중 첫 번째는 의무다. 진부한 단어 같지만, 이 말에는 끈기 있게 실천해 구하는 사람을 위한 진귀한 보석이 들어 있다. 의무의 원칙은 자기 일에는 꼼꼼히 매달리는 반면, 타인의 일에는 엄격하게 불간섭하는 것이다. 타인에게 일하는 방법을 무료로 계속 가르쳐주는 사람은 자기 일을 가장 서투르게 처리하는 자다.

또한 의무는 당면한 문제에 완전한 주의를 기울여 해야 할 일에 지적으로 집중하는 것을 의미하는 말로 철저함, 정확성, 효율성이 뜻하는 모든 것을 포함한다. 의무의 세부 내용은 사람마다 다르며, 개개인은 이웃의 의무보다 나의 의무를 더 잘 알아야 한다. 그리고 나의 의무에 대해서는 이웃보다 나 자신이 더 잘 알고 있어야 한다. 일의 세부 내용은 달라도 원칙은 늘 똑같다. 누가 의무의 요구를 완전히 이해했는가?

두 번째 원칙은 정직이다. 정직은 타인을 속이지 않는 것, 타인에게 부당한 값을 요구하지 않는 것을 의미한다. 또한 말, 표정, 몸짓 등으로 사기 치지 않고 거짓말하지 않으며 기만하지 않는 것이다. 정직은 의미하는 바를 말하고 말하는 바를 의미하는 솔직함을 포함하며, 굽신대는 수단과 반짝거리는 칭찬을 경멸한다. 따라서 정직은 좋은 평판을 쌓고, 좋은 평판은 안정된 사업을 구축하며, 이는 곧 당연한 성공을 수반한다. 누가 정직의 고지에 올랐는가?

세 번째 원칙은 절약이다. 재정적 자원을 절약하는 것은 참된 경제성의 너 넓은 방으로 향하는 현관일 뿐이다. 여기에는 육체적 활력과 정신적 자원을 절약하는 것도 포함된다. 절약은 기력을 약화하는 방종과 관능적인 습관을 피해 에너지를 보존할 것을 요구한다. 그리고 이를 실천하는 사람에게 힘과 인내력, 경계심, 성취 능력을 제공한다. 절약을 잘 익힌 사람에게는 큰 힘이 부여된다. 누가 절약의 강한 힘을 실현했는가?

네 번째 원칙인 관대함은 절약에 따라오는 것으로, 절약과 반대되는 개념이 아니다. 절약하는 사람만이 관대할 수 있다. 돈이든, 활력이든, 정신적 에너지든 낭비벽이 있는 사람은 자신의 가련한 쾌락에 너무 많은 자원을 낭비하다 보니 다른 이들에게 베풀 것이 남아 있지 않다. 돈을 주는 것은 관대함의 가장 작은 부분이다. 생각, 행동, 동정을 나눌 수도 있고 선의를 베풀 수도 있으며 비방하거나 반대하는 상대에게 마음을 열 수도 있다. 따라서 관대함은 고귀하고 광범위한 영향력을 낳는다. 사랑하는 친구와 든든한 동지를 갖게 해주는 관대함은 외로움과 절망의 적이다. 누가 관대함의 폭을 가늠했는가?

자기통제는 다섯 가지 원칙 중 마지막이지만 가장 중요한 원칙이다. 자기통제를 소홀히 하면 엄청난 고통과 무수한 실패, 수만의 재정적·육체적·정신적 파탄의 원인이 된다. 누군가 나에게 사소한 일로 고객에게 화를 내는 사업가를 보여준다면 나는 그런 마음가짐으로는 실패할 수밖에 없는 사람을 보여주겠다. 모든 사람이 초기 단계의 자기통제라도 실천한다면 소모적이고 파괴적인 분노의 불길을 알 수 없을 것이다. 자기통제 원칙에 담긴 인내심, 순결함, 온유함, 친절함, 확고함의 가르침은 배우는 데 시간이 걸리겠지만, 그것을 진정으로 배워야만 한 사람의 인격과 성공이 확실해지고 또 보장된다. 자기통제를 완벽하게 실천한 사람은 어디에 있는가? 어디에 있든 그가 진정한 주인이다.

다섯 가지 원칙은 다섯 가지 실천이자 다섯 가지 성취의 길이며, 다섯 가지 지식의 원천이다. "연습이 완벽을 만든다"라는 오래된 말은 훌륭한 규칙이다. 이들 원칙에 내재된 지혜를 자신의 것으로 만들고자 하는 사람은 이를 단순히 입에만 담아서는 안 되며, 마음속에 그것을 앉혀야 한다. 원칙을 알고 원칙만이 가져다줄 수 있는 성취를 얻으려면 원칙을 실천하고 행동으로 베풀어야 한다.

건전한 체계

앞서 언급한 다섯 가지 원칙을 진정으로 이해하고 실천할 때 건전한 체계가 나온다. 올바른 원칙은 조화로운 행동으로 나타나며, 인생에서 체계는 우주에서 법칙과도 같다. 우주의 모든 곳에는 여러 부분의 조화로운 조정이 있고, 이러한 균형 및 조화가 혼돈과 구별되는 우주를 드러낸다. 따라서 참된 삶과 거짓된 삶, 목적적이고 감명을 주는 삶과 목적 없이 나약한 삶의 차이는 곧 체계의 차이다. 거짓된 삶은 생각, 열정, 행동이 통일성 없이 뒤범벅되어 있는 반면, 참된 삶은 모든 부분이 질서 정연하게 조정되어 있다. 이는 모아놓은 잡동사니와 부드럽게 작동하는 효율적인 기계의 차이와도 같다. 완벽하게 작동하는 기계는 유용할 뿐 아니라 감탄을 자아내는 매력적인 물건이지만, 부품이 모두 고장 나서 고칠 수 없는 기계는 그 유용성과 매력을 잃고 고철더미로 버려진다. 마찬가지로 모든 부분이 완벽하게 조정되어 효율성의 정점에 도달한 삶은 건강하면서 훌륭하고 아름답다. 반면 혼란스럽고 일관성이 없으며 조화롭지 않은 삶은 에너지를 낭비하는 안타까운 모습을 보여준다.

인생을 진정으로 살아가려면 인생의 모든 세부 사항에 체계를 적용하고 정리해야 한다. 우리가 그 일부분인 경이로운 우주의 모든 세부 사항에 법칙을 적용해 정리하는 것처럼 말이다. 지혜로운 사람과 어리석은 사람의 뚜렷한 차이점 중 하나가 전자는 아주 작은 것에도 세심한 주의를 기울이는 반면, 후자는 그것을 경시하거나 아예 무시한다는 것이다. 지혜는 사물을 올바른 관계로 유지하면서 가장 큰 것부터 가장 작은 것까지 적절한 장소와 시간에 두고 유지하는 데 있다. 질서를 어기면 혼란과 부조화가 일어난다. 불행은 부조화의 다른 이름일 뿐이다.

훌륭한 사업가는 조직 체계가 성공을 이루는 주요 부분이고, 무질서는 실패를 의미한다는 사실을 알고 있다. 지혜로운 사람은 절제되고 질서 정연한 생활이 행복을 이루는 주요 부분이며, 방만은 불행을 의미한다는 사실을 알고 있다. 경솔하게 생각하고 성급하게 행동하며 방만하게 사는 사람 말고 누가 바보인가? 신중하게 생각하고 침착하게 행동하며 일관성 있게 사는 사람 말고 누가 현명한 자인가?

참된 체계는 삶의 물질적인 부분들과 외적인 관계들을 질서 있게 정렬하는 것으로 끝나지 않는다. 이는 시작에 불과하다. 참된 체계는 이후 마음의 조정에 들어간다. 격정을 절제하고, 말할 때 단어를 선별하며, 생각을 논리적으로 정리하고, 올바른 행동을 선택하는 것이다.

건전한 체계를 실천해 성공적이고 달콤한 삶을 살아가려면 먼저 일상의 사소한 것들을 등한시하지 말고 계속 주의를 기울여야 한다. 이때 기상 시간이 중요한데 특히 규칙적으로 지키는 것이 필요하며, 휴식을 취하기 위해 잠자리에 드는 시간과 수면 시간도 중요하다. 식사를 규칙적으로 하느냐 불규칙하게 하느냐, 조심스럽게 먹느냐 부주의하게 먹느냐의 차이가 곧 소화가 잘되느냐 안 되느냐, 기분 상태가 불편하냐 편안하냐의 차이가 된다. 이렇게 일련의 좋은 결과 또는 나쁜 결과가 뒤따르는 만큼 식사 시간과 방식에 집착하는 것은 생리적 · 심리적으로 중요한 문제다. 일과 놀이의 적절한 시간 분배, 이 둘을 혼동하지 않는 것, 일의 모든 세부 사항을 질서 있게 맞추는 것, 혼자 있는 시간을 갖는 것, 조용한 생각과 유효한 행동을 하는 것, 먹는 것, 절제하는 것 등은 모두 최소한의 마찰로 '매일의 생활'을 해나가야 하는 사람, 삶에서 유용성과 영향력, 기쁨을 최대한 얻어야 하는 사람의 삶에서 타당한 자리를 차지해야 한다.

그러나 이 모든 것은 삶과 존재 전체를 아우르는 포괄적 방법의 시작에 불과하다. 순조로운 질서와 논리적 일관성이 말과 행동, 생각과 욕망으로까지 확장되면 어리석음에서 지혜가 나오고 나약함에서 숭고한 힘이 나온다. 모든 부분이 아름답게 조화를 이루도록 마음을 다스리면 가장 높은 지혜와 효율, 행복에 도달한다.

이것이 끝이다. 끝에 도달하려는 사람은 출발선에서 시작해야 한다. 완전한 성취를 향해 한 걸음씩 나아가면서 삶의 가장 작은 부분들을 체계화하고, 논리적이며 매끄럽게 만들어야 한다. 그럼 각 단계에서 고유한 힘과 기쁨을 얻게 될 것이다.

요컨대 체계는 힘과 효율을 동반하는 부드러움을 만들어낸다. 그리고 절제는 마음에 적용되는 체계로, 힘과 행복을 동반하는 평온함을 만들어낸다. 한마디로 체계는 규칙에 따라 일하는 것이고, 절제는 규칙에 따라 사는 것이다. 다만 일하는 것과 사는 것은 별개가 아니라 인격과 삶에서 두 가지 서로 다른 측면일 뿐이다.

그러니 일은 질서 있게 하고, 말은 정확하게 하며, 생각은 논리적으로 하라. 이런 태도와 무질서함, 부정확함, 혼란 사이의 차이는 성공과 실패, 음악과 불협화음, 행복과 불행 사이의 차이를 부른다.

일하고 행동하고 생각하는 건전한 체계를 인생에 도입하는 것은 한마디로 온전한 건강, 건전한 성공, 아름다운 마음의 평화를 위한 가장 확실하고 안전한 토대다. 불건전한 체계로 토대를 쌓으면 성공하는 것처럼 보일 때조차 두려움과 불안함이 생겨난다. 그리고 실패하는 때가 오면 참으로 비통해진다.

진실한 행동

올바른 원칙과 체계를 따르면 진실한 행동이 나온다. 참된 원칙을 파악하고 건전한 체계에 따라 일하고자 노력하는 사람은 곧 다음과 같은 사실을 알게 된다. 행동의 세부 사항을 무시할 수 없으며, 세부 사항은 그 본질에 따라 기본으로 변별적이고 독창적이라서 심오한 의미와 포괄적인 중요성을 지니고 있다는 사실이다. 지나가는 행동의 본질과 힘에 대한 인식, 지식은 더해진 비전과 새로운 계시로서 사람 내면에서 서서히 움터 자란다. 이러한 통찰을 얻은 사람은 더 빨리 발전하고, 그의 삶의 행로는 더욱 확실해지며, 일상은 고요하고 평화로워진다. 또한 그는 모든 일에서 자신의 주변을 둘러싼 외부 힘에 영향을 받지 않고 흐트러지지 않은 채 진실되고 똑바른 길을 갈 것이다. 주변 사람들의 번영과 행복에 무관심한 것이 아니다. 그것은 완전히 별개의 일이다. 다만 그는 주변 사람들의 의견, 무지, 통제되지 않은 격정에 무관심할 뿐이다. 진실한 행동이란 타인에게 올바르게 행동하는 것을 의미한다. 올바르게 행동하는 이는 진리에 따른 행동이 주변 사람들의 행복을 위한 것임을 알고 있으며, 가까운 지인이 다르게 행동하라고 충고하거나 간청하는 경우가 생기더라도 올바르게 행동한다.

　거짓된 행동을 피하고 참된 행동을 하기 위해 진실한 행동과 거짓된 행동을 구별하려는 사람이라면 누구나 쉽게 해낼 수 있다. 물질세계에서는 사물을 형태, 색깔, 크기 등으로 구별해 필요한 것을 선택하고 쓸모없는 것은 버린다. 마찬가지로 영적 세계에서도 행동의 본질, 목적, 효과를 통해 좋은 행동과 나쁜 행동을 구별할 수 있고, 좋은 행동은 선택해서 적용하고 나쁜 행동은 무시하는 것이 가능하다.

　학교에서 어린이가 잘못된 행동을 반복적으로 지적받으며 올바른 행동을 배우는 것처럼, 모든 형태의 발전에서 나쁜 행동을 피하는 것은 항상 좋은 행동을 받아들이고 이해하는 것에 앞선다. 무엇이 잘못인지, 잘못을 어떻게 피해야 하는지 모른다면 무슨 수로 무엇이 옳고 그것을 어떻게 실천해야 하는지 알겠는가? 나쁜 행동이나 진실하지 않은 행동은 다른 사람들의 행복을 무시한 채 오직 자신만의 행복만을 고려하는 데서 나오며, 법칙에 어긋나는 욕망과 마음의 격동에서 비롯된다. 이런 행동은 달갑지 않은 문제를 피하려고 은폐를 요구하기도 한다. 반면, 선하거나 진실한 행동은 타인에 대한 배려에서 나오고, 도덕적 원칙에 입각한 차분한 이성과 조화로운 사고에서 비롯된다. 따라서 행동이 만천하에 드러났을 때 행위자에게 부끄러운 결과를 가져오지 않는다.

　옳은 일을 하는 사람은 아무리 사소해 보일지라도 옳은 행동의 본질상 다른 이들에게 짜증, 고통, 괴로움을 가져다주는 개인적 쾌락과 만족을 위한 행위를 피하려 든다. 그는 이런 행위들을 하지 않는 데서부터 시작한다. 이기적이고 진실하지 않은 행동을 버림으로써 이타적이고 진실한 행동에 대해 알게 되는 것이다. 즉 그는 분노와 시기, 원한에 사로잡힌 말이나 행동을 하지 않는 법을 배우고, 마음을 다스리는 법을 연구하며, 행동하기 전에 먼저 마음을 평온하게 회복한다. 무엇보다도 그는 치명적인 독을 마시지 않으려 하듯이 개인적인 이익이나 혜택을 얻기 위한 속임수, 기만, 표리부동한 언행을 하지 않으려 한다. 그리고 조만간 폭로되어 수치심을 가져다 주는 행위를 피할 것이다. 만약 감춰야 할 행동을 해야 하거나, 증인 조사를 받을 때 타당하고 솔직하게 변호하지 못할 일을 해야 한다면 그것이 잘못된 행동이며, 더는 고민할 필요도 없이 버려야 한다는 사실을 알 것이다.

정직하고 진정성 있는 행동의 원칙을 실천하는 사람은 타인의 기만적 행동에 연루될 일을 피할 수 있는 올바른 행동의 사려 깊은 길로 인도된다. 서류에 서명하거나 구두 계약이나 서면 계약을 체결하기 전, 또는 타인의 요청에 따라 어떤 식으로든 타인과 관계를 맺기 전, 특히 그들이 낯선 자들이라면 먼저 그 일이나 사업의 본질을 알아볼 테고, 본질을 알고 나서는 정확히 무엇을 해야 하는지 인식하고 자기 행동의 의미를 충분히 깨달을 것이다. 옳은 일을 하는 사람에게 경솔함은 죄다. 선한 의도로 한 수천 가지 행동이 재앙 같은 결과를 초래하는 이유는 그것이 경솔한 행동이기 때문이다. "지옥으로 가는 길은 선한 의도로 포장되어 있다"는 말이 있다. 진실한 행동을 하는 사람은 무엇보다 사려 깊다. "그러므로 너희는 뱀같이 지혜롭고 비둘기같이 무해하라."

행위 영역에서 경솔함이라는 용어가 아우르는 범위는 광범위하다. 사려가 깊어질 때만 행동의 본질을 이해하고, 이에 따라 언제나 옳은 일을 하는 힘을 얻을 수 있다. 사려 깊은 사람이 어리석게 행동하는 것은 불가능하다. 사려 깊음은 지혜를 포함한다.

어떤 행동이 선한 충동이나 의도에 의해 촉발되는 것만으로는 충분하지 않다. 그 행동이 진실한 행동이 되려면 사려 깊은 고려에서 비롯되어야 한다. 영원한 내면의 행복을 얻고 타인에게 선한 힘이 되고자 하는 사람은 오직 진실한 행동에만 관심을 가져야 한다. "나는 선한 의도로 그랬다"는 말은 타인의 잘못된 행동에 경솔하게 참여한 사람의 형편없는 변명일 뿐이다. 쓰라린 경험은 앞으로 더 사려 깊게 행동하라는 가르침을 준다.

진실한 행동은 진실한 마음에서만 나온다. 따라서 거짓과 참을 구별하고 선택하는 법을 배우는 동시에 자신의 마음을 바로잡아 조화롭고 적절하게, 더 효율적이고 강하게 만들어야 한다. 삶의 모든 부분에서 옳은 것을 분명히 구별하는 '내면의 눈'과 그것을 행할 수 있는 믿음, 지식을 얻는다면 실패의 바람이나 박해의 폭풍이 결코 무너뜨리지 못하는 반석 위에 인격과 삶의 집을 짓고 있는 자신을 깨닫게 될 것이다.

진실한 말

진리는 실천을 통해서만 알 수 있다. 진리에 대한 깨달음은 진정성 없이는 불가능하며, 진실한 말은 모든 진정성의 시작이다. 타고난 아름다움과 본래의 단순함 속에 있는 진리는 진실하지 않은 것을 모두 버려 행하지 않고, 진실한 것은 모두 받아들여 행하는 것이다. 따라서 진실한 말은 진리의 삶에서 기본적인 시작이다. 거짓말과 모든 형태의 기만, 비방, 악한 말을 완전히 버려야만 마음이 조금이라도 영적 깨달음을 얻을 수 있다. 거짓말쟁이와 비방하는 사람은 어둠 속에서 길을 잃는다. 그들은 어둠이 너무 깊어서 선과 악을 구분하지 못하기 때문에 거짓말과 악한 말이 필요하고 선하다고, 그래서 자신과 다른 사람들이 보호받는다고 스스로를 설득한다.

'더 높은 것'을 배우고자 하는 사람은 스스로를 돌아보고 자기기만을 경계해야 한다. 만약 타인에게 악한 감정과 속임수를 담은 부정직한 말이나 시기와 악의에 찬 말을 한다면 그는 아직 더 높은 것에 대한 배움을 시작하지 않은 것이다. 형이상학, 기적, 심령 현상, 점성술을 공부할 수도 있고, 보이지 않는 존재와 교감하는 법, 잠자는 동안 영혼이 여행을 하는 법, 신기한 현상을 일으키는 법을 공부할 수도 있다. 단순히 책만 보고 이론적으로 영성을 공부하는 것도 가능하다. 하지만 속이는 말을 하고 다른 이들을 험담한다면 더 높은 삶은 그에게 나타나지 않는다. 강직, 정직, 순수, 순결, 친절, 온화, 충실, 겸손, 인내, 동정, 연민, 자기희생, 기쁨, 선의, 사랑이 더 높은 것들이다. 이것들을 연구하고 인지해 자신의 것으로 만들고자 하는 사람은 직접 실천해야만 한다. 이것 말고 다른 방법은 없다.

거짓말과 악한 말은 영적 무지의 가장 낮은 형태에 속하며, 이를 행하는 동안에는 영적 깨달음 같은 것은 있을 수 없다. 이기심과 증오가 거짓말과 악한 말의 근원이기 때문이다.

비방은 거짓말과 비슷하지만 훨씬 교묘하다. 즉 비방은 종종 분노와 관련되고 더 성공적으로 진실의 겉모습을 하고 있어 고의적으로 거짓말을 하지 않는 많은 사람을 덫에 걸리게 한다. 비방에는 비방을 반복하는 것과 비방을 듣고 그에 따라 행동하는 것, 두 가지 측면이 있다. 듣는 상대가 없으면 비방하는 사람은 무력하다. 악한 말이 번성하려면 먼저 악한 말을 받아들일 수 있는 귀가 필요하다. 따라서 비방하는 자의 말을 듣고 그 말을 믿어 인격과 평판이 훼손된 상대에 대해 나쁜 생각을 갖게 된 사람은 악담을 만들어내거나 반복한 자와 같은 입장이다. 악한 말을 하는 사람은 적극적인 비방자이고, 악한 말을 듣는 사람은 소극적인 비방자다. 이 둘은 악을 전파하는 협력자들이다.

비방은 어둡고 치명적이며 흔한 악덕이다. 악의적인 소문은 무지에서 시작되고 어둠 속에서 눈먼 길을 따라간다. 비방은 일반적으로 오해에서 비롯된다. 부당한 대우를 받았다고 느낀 사람이 분노와 원한에 가득 차서 격렬한 말로 친구나 다른 이들에게 속마음을 털어놓는다. 이때 그는 상처받은 마음에 자신이 모욕당했다고 생각되는 행동의 심각성을 과장한다. 그의 말을 들은 상대는 그를 동정한다. 화난 사람의 극단적 말 외에는 다른 증거가 없는 상황에서 그 일과 관련된 다른 쪽 이야기는 듣지 않은 상대는 그 이야기의 주된 인물에 대해 냉정한 태도를 갖게 되고 다른 이들에게 자신이 들은 말을 전달한다. 이런 전달은 항상 다소 부정확하기 때문에 사실과 다른 왜곡된 이야기가 입에서 입으로 옮겨진다.

　비방은 너무 흔한 악덕이라서 고통과 상처를 줄 수 있다. 악의적인 소문은 고의적으로 악한 행동을 하지는 않지만, 쉽게 빠져드는 악의 본질에 대해 잘 모르는 많은 사람이 지금까지 자신이 훌륭하다고 여겼던 상대에 대해 쉽게 부정적인 생각을 가지도록 영향을 미치기 때문에 치명적일 수 있다. 다만, 악의적인 소문은 진실을 사랑하는 마음에서 비롯되는 진실한 말의 미덕을 완전히 습득하지 못한 사람들 사이에서만 효력을 발휘한다. 타인에 대한 악의적인 소문을 전달하거나 믿는 사람은 자신에 대한 악의적인 소문을 들으면 마음이 분노로 타오르고 잠을 이루지 못하며 마음의 평화가 깨진다. 그는 모든 고통의 원인이 자신에 대해 말한 사람과 그가 전한 말에 있다고 생각할 뿐, 고통의 뿌리와 원인이 타인에 대한 악의적인 소문을 믿으려 하는 자기 자신의 마음에 있다는 진리를 알지 못한다. 덕이 있는 사람, 즉 진실한 말을 하고 마음에 악한 말을 받아들이지 않는 사람은 자신에 관한 어떤 악의적인 소문에도 상처 입거나 동요하지 않는다. 비록 얼마 동안은 악한 말의 영향을 쉽게 받는 주변 사람들의 마음 때문에 평판이 더럽혀질지라도 그의 고결함은 손상되지 않고 그의 인격은 더럽혀지지 않는다. 그는 자기 자신의 악행 외에 타인의 악행으로는 더럽혀지지 않기 때문이다. 따라서 덕이 있는 사람은 모든 와전된 말과 오해, 모욕에도 괴로워하지 않으며 복수심에도 불타지 않는다. 잠도 잘 자고 마음은 평화롭다.

　진실한 말은 순수하고 지혜로우며 질서 잡힌 삶의 시작이다. 순결한 삶을 살아가고 싶다면, 그리고 세상의 악과 고통을 줄이고 싶다면 생각과 말에서 거짓과 비방을 버리고 그것을 조금도 허용하지 마라. 반쪽짜리 진실만큼 치명적인 거짓말과 비방도 없기 때문이다. 악의적인 소문을 들었다고 그 일에 가담하지도 마라. 또한 악한 말을 하는 사람이 고통과 불안으로 스스로를 옥죄고 있음을 알고 그를 동정하라. 거짓말쟁이는 진리의 축복을 알 수 없고 비방하는 사람은 평화의 왕국에 들어갈 수 없다.

사람의 영적 상태는 그가 입에 올리는 말로 드러난다. 또한 기독교 세계의 신성한 스승이 "네 말로 무죄가 되기도 하고 네 말로 유죄가 되기도 하리라"고 선언했듯이 사람은 자신이 내뱉은 말로 오류 없는 최후의 심판을 받는다.

공평한 마음

공평한 마음을 갖는다는 것은 평화로운 마음을 갖는다는 의미다. 어떤 일로 마음이 동요되고 균형을 잃은 사람은 평화에 도달했다고 말할 수 없기 때문이다.

지혜로운 사람은 공평하다. 그는 모든 것을 편견 없이 평온한 마음으로 대한다. 그는 격정을 버렸기에 무엇을 열렬히 지지하지 않는다. 항상 자기 자신은 물론, 세상과도 평화롭게 지내며 누구의 편을 들거나 자신을 변호하지 않고 모든 사람을 동정한다.

열렬한 지지자는 자기 의견과 자기편이 옳고 그것과 반대되는 것은 모두 틀렸다고 확신하기 때문에 다른 의견과 다른 편에 어떤 좋은 점이 있을 것이라고는 생각하지 못한다. 그는 계속된 공격과 방어의 열기 속에서 살아가기에 공평한 마음에 담긴 조용한 평화를 알 수 없다.

공평한 마음을 가진 사람은 마음속에 있는 격정과 편견의 작은 기미까지 확인한 뒤 이를 극복하고자 스스로를 경계하며, 그럼으로써 타인에 대한 동정심을 키우고 타인의 입장과 마음 상태를 이해하게 된다. 그리고 타인을 이해함으로써 그들을 비난하고 반대하는 것이 어리석은 일이라는 사실을 깨닫는다. 이제 그의 마음속에는 한계가 없는 신성한 자비가 자라나며, 그것은 살아 있고 노력하고 고통받는 모든 것에게로 확장된다.

격정과 편견의 지배에 놓이면 영적으로 눈이 먼다. 자기편에서는 선한 것만 보고 다른 편에서는 악한 것만 본다고 믿기 때문에 자기편은 물론이고, 그 무엇도 있는 그대로 바라볼 수가 없다. 또한 스스로를 이해하지 못하기 때문에 다른 사람의 마음도 이해하지 못하고 그들을 비난하는 것이 옳다고 생각한다. 따라서 그의 마음속에는 자신과 의견이 일치하지 않고 자신을 비난하는 이들에 대한 어두운 증오가 자란다. 결국 그는 다른 이들과 떨어져 자신이 만든 좁은 고문실에 스스로를 가두게 된다.

공평한 마음을 가진 사람의 날들은 달콤하고 평화로울 뿐 아니라, 선한 열매를 맺고 다양한 축복이 풍성하다. 그는 지혜의 인도를 받아 증오와 슬픔, 고통으로 이어지는 길을 피하고 사랑과 평화, 축복으로 이어지는 길을 간다. 살면서 일어나는 일들 때문에 괴로워하지 않으며, 인류는 슬픈 일로 여기지만 자연의 평범한 과정에서 모든 사람에게 반드시 닥치게 되는 일들 때문에 슬퍼하지도 않는다. 그는 성공에 우쭐대지 않고 실패에 좌절하지도 않는다. 인생의 사건들이 조화롭게 일어난다는 사실을 아는 그는 이기적인 소망이나 헛된 후회, 허망한 기대와 어린아이 같은 실망을 가질 필요가 없음을 깨닫는다.

그렇다면 이렇게 공평한 마음, 복된 마음과 삶은 어떻게 얻을 수 있는가? 오직 자기 자신을 극복함으로써, 마음을 정화함으로써 얻을 수 있다. 마음을 정화하면 편견 없이 이해하게 되고, 편견 없이 이해하면 공평한 마음을 갖게 되며, 공평한 마음은 평화로 이어지기 때문이다. 불순한 사람은 격정의 파도에 힘없이 휩쓸리지만 순수한 사람은 안식의 항구로 스스로를 인도한다. 어리석은 사람은 "내 의견이 있습니다"라고 말하지만 현명한 사람은 자기 일을 한다.

좋은 결과

인생에서 발생하는 일의 상당 부분은 내가 직접 선택하지 않아도, 나의 의지나 인격과는 아무런 상관없이 우연히 일어난다고 여겨진다. 원인 없이 발생한 것처럼 말이다. 따라서 "운이 좋은 사람이다", "운이 나쁜 사람이다"라는 말은 이득을 얻으려 한 적도 없고 원인을 제공하지도 않았는데 그 사람에게 어떤 일이 생겼다는 의미를 담고 있다. 하지만 삶에 대해 깊이 생각하고 더 명확한 통찰력을 갖게 되면 원인 없이 일어나는 일은 없고, 원인과 결과는 항상 완벽한 조정 및 조화를 이루면서 연결되어 있다는 사실을 알게 된다. 우리에게 직접적으로 영향을 미치는 모든 일은 우리 자신의 의지, 성격과 직접 관련되어 있으며, 실로 우리 의식 속에 자리 잡고 있는 원인에 당연히 부합하는 결과라는 뜻이다. 인생에서 일어나는 비자발적인 일들은 결국 나 자신의 생각과 행동의 결과다. 물론 겉으로는 그것이 분명하지 않다. 하지만 물리적인 우주에서조차 어떤 근본 법칙이 이렇게나 분명하겠는가? 만약 물질 원자들 사이의 관계를 설명하는 원리를 발견하는 데 사고, 조사, 실험이 필요하다면, 정신 상태들 사이의 관계를 설명하는 작용 기전을 인식하고 이해하는 데도 그것들이 필수적이다. 그러한 기전과 법칙은 진실한 행동을 실천해 이해하는 마음을 갖게 된 사람, 올바른 행동을 행하는 사람은 알 수 있다.

우리는 뿌린 대로 거둔다. 우리에게 일어나는 일들은 우리가 선택하지 않았어도 우리가 초래한 것이다. 술주정뱅이는 진전섬망이나 광기를 선택하지 않았다 해도 자신의 행위로써 이를 초래했다. 이 경우에는 법칙이 모든 사람에게 명백하게 보이지만, 명백하게 보이지 않는 경우에도 법칙은 사실이다. 모든 고통의 뿌리 깊은 원인과 모든 기쁨의 샘은 우리 내면에 있다. 따라서 생각의 내면세계를 바꾸면 사건의 다른 세계가 슬픔을 가져다주지 않을 것이다. 마음이 순수한 사람에게는 모든 일이 순수할 뿐 아니라, 모든 것이 행복하고 진정한 질서 속에 있게 된다.

해방은 자기 자신 안에서 찾아야 한다
사람은 스스로 자기 감옥을 만드나니
각자가 가장 높은 사람과 같은 지배력을 가지네
아니, 위와 아래, 주위의 힘이 함께 있네
모든 육체, 모든 생명에게 그렇듯
행위가 기쁨이나 슬픔을 만든다네

인생은 생각에서 비롯된 원인에 따라 좋기도 하고 나쁘기도 하며, 속박되기도 하고 자유롭기도 하다. 생각에서 모든 행위가 나오고, 그런 행위에서 공평한 결과가 나오기 때문이다. 도둑처럼 좋은 결과를 폭력으로 붙들어 잡은 채 그것을 자기 것이라고 주장하며 누릴 수는 없지만, 내면의 원인을 움직여 좋은 결과를 야기할 수는 있다.

사람은 돈을 벌기 위해 노력하고 행복을 동경하며 기꺼이 지혜를 갖고 싶어 하지만 좀처럼 이런 것들을 얻지 못하고, 이런 축복이 저절로 온 것처럼 보이는 다른 이들만 바라본다. 이는 그 스스로가 자신의 소망과 노력을 성취하지 못하게 막는 원인을 만들었기 때문이다.

각각의 삶은 원인과 결과, 노력(또는 노력 부족)과 성과로 완벽하게 짜인 그물망이며, 좋은 결과는 좋은 노력을 기울이고 좋은 원인을 일으켜야만 달성할 수 있다. 올바른 원칙에 기초한 체계에 따라 진실한 행동을 하는 사람은 좋은 결과를 얻으려고 노력하거나 애쓸 필요가 없다. 좋은 결과는 삶을 바르게 다스린 결과로서 거기에 있을 것이다. 그는 자신이 한 행동의 열매를 거두고, 기쁨과 평화를 수확할 수 있다.

도덕적 영역에서도 씨를 뿌리고 수확하는 것이 단순한 진리이지만 사람들은 이것을 이해하고 받아들이는 데 더디다. 어떤 현명한 사람은 "어둠의 자녀는 그들 시대에 빛의 자녀보다 똑똑하다"고 말했다. 어느 누가 물질세계에서 자신이 심고 가꾸지 않은 곳에서 거두어 먹기를 기대하겠는가? 누가 독초를 심은 밭에서 밀을 거두기를 기대하겠으며, 밀을 거두지 못했다고 울면서 불평하겠는가? 그러나 이것이 바로 마음과 행동의 영적 영역에서 사람들이 하는 일이다. 사람들은 악을 행하고 그것으로부터 선을 얻기를 기대하며, 쓰디쓴 수확이 완전히 무르익으면 절망에 빠진 채로 자기 운명의 무자비함과 불공평함에 탄식하면서 그 원인을 타인의 악행으로 돌린다. 그리고 그 원인이 자신의 생각과 행동에 숨겨져 있을 가능성을 인정조차 하지 않는다. 지혜롭고 행복한 존재가 되기 위해 올바른 삶의 근본 원리를 찾는 빛의 자녀들은 마치 정원사가 씨를 뿌리고 수확하는 법칙에 순종하는 것처럼, 생각과 말과 행동의 인과법칙을 절대적·순종적으로 따르도록 스스로 훈련해야 한다. 정원사는 법칙에 의문을 제기하지 않으며 그것을 인정하고 그것에 순종한다. 정원사가 정원에서 본능적으로 실천하는 지혜를 마음의 정원에서 실천할 때, 즉 행동의 씨를 심는 법칙을 완전히 이해해서 더는 의심하거나 의문을 제기하지 않을 때 우리에게 행복과 안녕의 수확을 가져올 행동의 씨앗을 뿌릴 수 있다. 물질의 아이들이 물질의 법칙에 순종하는 것처럼, 영혼의 아이들도 영혼의 법칙에 순종하게 하라. 물질의 법칙과 영혼의 법칙은 하나다. 둘은 반대 방향에서 나타나는 한 법칙의 두 가지 측면일 뿐이다.

올바른 원칙이나 원인을 따르면 잘못된 결과가 일어나지 않는다. 건전한 체계를 추구한다면 조악한 실이 우리 인생의 그물 속으로 들어올 수 없고, 썩은 벽돌이 우리 인격의 건물에 들어가 건물을 불안정하게 만들 수도 없다. 우리가 진실한 행동을 한다면 좋은 결과 외에 무엇이 나올 수 있겠는가? 좋은 원인이 나쁜 결과를 낳을 수 있다고 말하는 것은 옥수수를 심은 데서 쐐기풀을 거둘 수 있다고 말하는 것과 다름없다.

지금까지 설명한 도덕적 원칙에 따라 자신의 삶을 다스리는 사람은 통찰력을 가진 평형 상태에 도달해 영원한 행복과 기쁨을 얻을 수 있다. 그는 모든 노력을 계절에 맞게 심을 것이고, 그가 가진 삶의 모든 문제는 선할 것이다. 백만장자가 되려는 욕망이 없어 백만장자가 되지는 않겠지만 평화의 선물을 얻을 테고, 진정한 성공이 당당한 주인이 될 그를 기다리고 있을 것이다.

13

인생의 어려움을 밝히는 빛

영혼에 짙은 구름이 내려앉았다면 어둠을 자신의 것으로 받아들이고 용감하게 통과해
저 너머에 있는 맑게 갠 빛으로 나아가라. 나에게 속한 것이 아니고
나의 영원한 선을 위한 것이 아니라면 그 무엇도 나를 압도할 수 없음을 명심하라.

진리인 나는 네 구원자이니 내게로 오라

네 죄와 고통과 거친 불안을 내려놓아라

내가 네 영혼의 폭풍우 치는 바다를 잔잔하게 만들고

평화의 유약을 가슴에 부어주겠노라

친구도 없고 외로운 이여, 보라, 내가 너와 함께 머무르리라

패배하고 버려진 채 홀로 남아

네게는 어떤 피난처가 있는가? 어디로 날아갈 수 있는가?

내 변함없는 가슴 위에 네 짐을 놓아라

나는 네 확실한 피난처이니

모든 것이 지나가도 오직 나는 머무르노라

크게 버림받았던 나는 버림받은 자의 친구이니

사람들의 멸시를 받은 나는

약하고 무력하고 멸시받는 자를 지키노라

아픈 마음과 슬피 우는 눈을 기쁘게 하노라

내 안에서 안식하라, 나는 네 슬픔의 끝이니라

연인, 친구, 재물, 쾌락, 명성

이것들은 없어지고 변하고 부패하리니

나는 너를 비난하지도 외면하지도 않으리

나의 고요한 가슴에 네 죄와 부끄러움을 숨기리

서문

어두운 방에 들어가면 자신의 움직임을 확신할 수 없고 주변 사물도 보이지 않는다. 사물 위치를 제대로 파악하지 못하는 데다, 물건에 부딪혀 다치기도 쉽다. 그러나 빛을 비추면 모든 혼란이 바로 사라진다. 모든 물체가 보이고 다칠 위험이 없다.

대다수 사람에게 인생은 이렇게 어두운 방과 같다. 보이지 않아 대처할 준비가 되지 않은 원리들에 부딪혀 종종 실망, 불안, 슬픔, 고통 등 상처를 받는다. 그러나 지혜의 빛이 어두운 이해를 비추면 혼란은 사라지고 어려움은 해소되며 모든 것이 제 위치에서 올바른 크기로 보인다. 그리하여 사람은 지혜로운 이해의 또렷한 빛 속에서 눈을 뜨고, 다치지 않고서도 걸을 수 있다.

—제임스 앨런

영국 일프렉콤 브린골루에서

완전한 평화로
이끄는 빛

이 책은 멋지고 강하며 평온한 인생을 목표로 하는 사람에게 영적 부활과 영감의 원천이 되고, 강하면서도 친절한 동반자가 되겠다는 의도로 저술되었다. 또한 독자들이 각자 되고 싶은 이상적인 인물로 스스로를 변화시키고 현재의 삶을 대다수 사람이 내세에서나 희망하는 복된 삶으로 만들 수 있도록 도와줄 것이다.

인생은 나 자신의 생각과 행동으로 만들어진다. 행복한지 불행한지, 강한지 약한지, 죄가 많은지 성스러운지, 어리석은지 지혜로운지는 나의 마음가짐과 마음 상태가 결정한다. 만약 누군가 불행하다면 그런 마음 상태는 그 자신에게 속한 것이고, 자기 안에서 비롯된 것이다. 이런 상태는 어떤 외부 사건에 대한 반응이지만 원인은 외부가 아닌, 내면에 있다. 즉 누군가가 의지가 약하다면 자신이 선택했고 여전히 선택 중인 사고 과정과 행동 과정에 의해 스스로 그 상태에 이르렀으며 거기에 머무르고 있기 때문이다. 누군가에게 죄가 있다면 그것은 그가 죄가 되는 행동을 저질렀고 계속 저지르기 때문이다. 누군가가 어리석다면 그것은 그 자신이 어리석은 짓을 하고 있기 때문이다.

생각과 행동을 떠나서는 인격도, 영혼도, 삶도 없다. 생각과 행동이 곧 그 사람이다. 생각과 행동이 바뀌면 사람도 바뀐다. 사람에게는 의지가 있으며 자신의 성격을 변화시킬 수 있다. 목수가 나무토막을 아름다운 가구로 바꾸듯이, 부정하고 죄에 묶인 사람도 지혜롭고 진리를 사랑하는 존재로 스스로를 바꿀 수 있다.

모든 사람은 자신이 하는 생각과 행동, 마음 상태, 인생에 책임이 있다. 어떤 힘, 사건, 상황도 인간을 억지로 악하고 불행하게 만들 수 없다. 나를 움직이는 사람은 나 자신뿐이다. 인간은 자신의 의지에 따라 생각하고 행동한다. 아무리 현명하고 위대한 존재라도 인간을 선하고 행복하게 만들 수 없다. 심지어 신이라도 말이다. 인간은 스스로 선해지기를 선택해야 하며, 거기에서 행복을 찾아야 한다.

사람은 누구나 원하고 의지하면 선과 참을 발견해 그 행복과 평화를 누릴 수 있기에 진리의 법정에는 영원한 기쁨이 있고, 완전한 자들 사이에는 거룩한 기쁨이 있다.

천국의 문은 영원히 열려 있다. 자기 자신의 의지나 힘 외에는 어떤 것도 그곳에 들어가는 나를 막지 못한다. 그러나 지옥의 유혹에 매혹되어 지옥을 선택하고 죄와 슬픔을 받아들이는 자는 결코 천국의 문에 들어갈 수 없다.

죄를 짓고 고통받는 삶은 실로 거의 모든 사람이 빠져 있는 아주 흔한 모습이다. 그러나 이것보다 크고 높고 고귀하며 신성한 삶이 있다. 죄에 맞서 승리하고 악을 정복하는 삶, 지혜롭고 행복하고 친절하고 고요하며 덕이 높고 평화로운 삶이 그것이다. 우리는 지금 당장이라도 이런 삶을 찾아서 살 수 있다. 이런 삶을 사는 사람은 변화 속에서도 흔들리지 않고 불안한 가운데서도 평온하며 갈등에 둘러싸여 있어도 평화롭다. 죽음에 직면해서도 침착하고 박해를 받아도 괴로움을 모르며 마음은 연민과 기쁨으로 가득 차 있다. 이렇게 지극히 아름다운 삶에는 악이 없고, 죄와 슬픔도 끝나며, 아픈 마음과 슬피 우는 눈도 더는 존재하지 않는다.

승리하는 삶은 낮은 상태에 만족하는 사람을 위한 것이 아니다. 승리하는 삶은 그것을 갈망하고 기꺼이 성취하려는 사람을 위한 것이다. 구두쇠가 금을 갈망하듯이, 의를 갈망하는 사람을 위한 것이다. 승리하는 삶은 늘 가까이에 있으며, 모든 사람에게 주어진다. 그것을 받아들이고 포용하는 사람은 복되다. 그들은 진리의 세계로 들어가 완전한 평화를 찾을 것이다.

사실과 가설을
비추는 빛

　　　　　생각의 자유와 표현의 자유가 많으면 논쟁과
혼란도 많다. 그러나 영원한 일관성과 조화로 우리를 끌어당기고, 보이지
않는 단순함과 진리로 강렬히 호소하는 인생의 단순한 사실은 논쟁과
혼란에서 나타난다.

　우리는 자유와 정신적 갈등의 시대에 살고 있다. 종교적 종파가 이렇게
많았던 적은 일찍이 없었다. 철학, 신비주의 이외에 다양한 학파가 넘쳐나
고, 각 학파는 우주에 대한 자신들의 설명이 영원하며 지배적이기를 열망
한다. 세상은 정신적 흥분 상태에 놓여 있다. 모순은 혼란의 수준에 이르렀
고, 그 결과 열렬히 진리를 찾는 사람은 여러 상반된 체계 속에서 단단한
피난의 반석을 찾을 수 없게 되었다. 따라서 그는 자기 자신에게 의존할 수
밖에 없다. 자신과 영원히 함께하고 실로 그 자신이자 삶인 스스로의 존재,
이 부정할 수 없는 사실에 의존해야 한다.

　논쟁은 사실이 아닌 가설을 중심으로 이루어진다. 사실은 고정적이고
최종적이지만 가설은 가변적이고 소멸한다. 현 발달 단계에서 인간은
사실의 아름다운 단순함이나 사실에 내재된 만족의 힘을 알아차리지

못한다. 진리의 본질적 사랑스러움을 인식하지 못하고 거기에 자꾸 무언가를 더한다. 그렇기에 사실이라고 확인되면 거의 항상 "그 사실을 어떻게 설명할 수 있는가?"라는 질문이 제기되고 이에 대한 가설이 나온다. 그리고 모순된 가정들 속에서 사실이 완전히 잊힐 때까지 그 뒤에 다른 가설, 또 다른 가설이 계속 이어진다. 이렇게 종파는 물론, 논란의 여지가 있는 학파가 생겨난다.

한 가지 사실에 대한 명확한 인식은 다른 사실에 대한 인식으로 이어지지만, 가설은 사실을 설명하는 것처럼 보여도 실제로는 사실을 은폐한다. 우리는 멋진 가설이라는 번지르르하고 매력적인 장난감을 가지고 놀면서 진실의 당당한 광채를 깨닫지 못한다. 진실은 의견이 아니며 어떤 의견도 진실을 확대하거나 꾸밀 수 없다. 사실과 가설은 영원히 분리되어 있다. 아무리 영리하고 지적인 속임수라도 사실을 바꾸거나 사물의 본질에 영향을 미칠 수 없다. 선택된 사람들조차 즐겁게 만들고 속일 수는 있지만 말이다. 이런 이유로 진정한 스승은 가설이라는 구불구불한 길을 버리고 삶의 단순한 사실만을 다룬다. 그는 이미 가설의 미로에서 길을 잃은 채 어쩔 줄 몰라 하는 세상에 또 다른 가설을 추가해 혼란을 가중하거나 장황한 말싸움을 격화하는 대신, 사람들의 주의를 사실에 고정시킨다.

인생의 사실은 언제나 우리 앞에 있다. 그리고 이 사실은 이기심과 이기심이 만들어내는 기만적 망상을 버리기만 하면 알 수 있고 이해할 수 있다. 사람은 지혜를 찾기 위해 자신의 존재를 넘어설 필요가 없다. 존재라는 사실은 아주 아름답고 큰 지식의 신전을 세울 수 있는 충분한 근거를 제공하며, 이 신전은 세워진 즉시 해방과 영광을 가져온다.

존재, 그리고 그가 하는 생각이 곧 그 사람이다. 우리는 인간의 존재 및 생각이라는 두 가지 사실에 대한 인식과 깨달음만으로도 결국 최고 지혜와 완전성에 도달하는 광대한 지식의 길로 나아갈 수 있다. 인간이 지혜로워지지 못하는 한 가지 이유는 자기 자신, 즉 자신의 마음에서 분리된 영혼에 대해 끝없이 추측하느라 자신의 실제 본성과 존재를 보지 못하기 때문이다. 분리된 영혼에 대한 추측은 사람의 눈을 가린다. 그 결과 자기 자신을 보지 못하고, 자신의 정신 상태를 알지 못하며, 의식적인 삶을 사는 데 없어서는 안 될 생각의 본질을 깨닫지 못한다.

사람의 삶과 생각은 실재한다. 실재하는 것을 탐구하는 데 전념하는 것이 지혜로 가는 길이다. 마음과 생각으로부터 분리되어 그 위, 그 너머에 있다고 여겨지는 사람은 사변적이고 실재적이지 않다. 그리고 실재하지 않는 대상을 연구하는 데 몰두하는 것은 어리석음으로 가는 길이다.

사람은 마음과 분리될 수 없고, 삶은 생각과 분리될 수 없다. 마음과 생각과 삶은 빛, 광채, 색깔처럼 분리할 수 없다. 또한 빛, 광채, 색깔을 설명하는 데 다른 것이 더 필요하지 않듯이 이들을 설명하는 데도 다른 요소는 더 필요하지 않다. 사실은 그 자체로 충분하며 거기에 사실에 관한 모든 지식의 기초가 담겨 있다.

마음을 가진 존재로서 인간은 변화할 수 있다. 인간은 '만들어진' 대상, 최종적으로 완성된 존재가 아니며 내면에 발전할 수 있는 능력을 가지고 있다. 우리는 진화의 보편적 법칙에 따라 현재의 자신이 되었고, 앞으로 될 자신이 되어가고 있다. 머릿속으로 하는 모든 생각이 인간의 존재를 바꾼다. 모든 경험이 인격에 영향을 미치고, 기울이는 모든 노력이 정신을 변화시킨다. 바로 여기에 타락의 비밀이 있다. 그리고 생각을 바르게 하는 과정에서 변화의 법칙을 활용하기만 한다면 바로 거기에 힘과 구원의 비밀이 있다.

산다는 것은 생각하고 행동하는 것이며, 생각하고 행동한다는 것은 변화하는 것이다. 생각의 본질에 무지할 때는 좋은 쪽으로도 나쁜 쪽으로도 계속 변화하지만, 생각의 본질을 알면 변화의 과정을 오직 좋은 쪽으로만 지적으로 가속화하고 이끌 수 있다.

한 사람이 하는 생각의 총합이 바로 그 자신이다. 즉 한 사람과 그 자신이

하는 생각은 아주 작은 편차도 없이 동일하다. 생각의 덧셈과 뺄셈에 따라 결과는 변하지만 그 수학적 법칙은 불변한다.

사람은 마음이고, 마음은 생각으로 이루어지며, 생각은 변화할 수 있다고 본다면 의도적으로 생각을 바꾸는 것은 사람을 바꾸는 일이다.

모든 종교는 인간을 더 순수하고 높은 길로 인도하겠다는 목적을 가지고 사람의 마음과 생각에 작용한다. 불완전하든 완전하든 이 길에 다다르는 것을 '구원'이라고 부른다. 즉 생각과 마음 상태를 다르게 바꿈으로써 어떤 한 종류의 생각, 마음 상태에서 해방되는 것이다. 오늘날 종교를 전파하는 사람들은 그것을 잘 알지 못하는데, 이는 사실과 그들의 의식 사이를 가설이라는 장막이 가리고 있기 때문이다. 사람들은 이 사실을 인지하지 못한 채 구원에 다다르려고 한다. 여러 종교의 위대한 창시자는 그들의 계율이 분명히 보여주듯이, 생각과 마음을 달리함으로써 해방될 수 있다는 사실을 토대로 가르침을 남겼다. 인류의 스승들이 그렇게 강조하고 끊임없이 반복해서 언급한 가장 핵심, 즉 마음을 정화하고 바르게 생각하며 선한 행위를 하라는 것이 더 높고 고매한 사고방식에 대한 요구가 아니면 무엇이겠는가? 이들의 가르침은 더 큰 힘, 큰 선, 큰 행복의 영역으로 자신을 고양할 수 있는 생각을 하라며 개인의 노력을 촉구한다.

염원, 명상, 헌신은 더 높은 사고방식, 더 넓은 평화 상태, 더 광활한 지식 영역에 도달하고자 모든 시대의 사람이 사용하는 주요한 수단이다. "사람은 마음속에서 생각하는 대로 이루어지기" 때문이다. 내면에서 새로운 생각의 습관을 만들고 새로운 생각을 하는 사람이 되며 그렇게 새로운 사람이 됨으로써 우리는 자기 자신으로부터, 자신의 어리석음과 고통으로부터 구원받는다.

누군가 지극한 노력을 기울여 단순히 모방하는 것이 아니라 돌연 자기 안에 내재된 힘을 깨달아 예수처럼 생각하는 데 성공한다면 그는 예수와 같은 존재가 될 것이다. 불교 경전에 한 남자의 이야기가 나온다. 그는 신앙심이 깊은 사람이 아니었고 지혜가 뛰어난 사람도 아니었다. 하루는 그가 부처에게 어떻게 하면 가장 높은 지혜와 깨달음을 얻을 수 있는지 물었다. 그러자 부처는 "모든 욕망을 끊음으로써 얻을 수 있다"고 대답했다. 경전에는 그 남자가 모든 개인적 욕망을 내려놓고 즉시 가장 높은 지혜와 깨달음을 얻었다고 적혀 있다. 부처는 이렇게 말했다. "지혜로운 사람이 스스로에게 바라는 유일한 기적은 죄인이 성자로 변하는 것이다." 에머슨도 생각의 변화가 가져오는 변화의 힘에 대해 다음과 같이 말했다.

"작아지는 것만큼이나 위대해지기도 쉽다."

이는 자주 인용되는 훌륭한 말이지만 잘 이해되지 않는 다음의 문장과 아주 비슷하다.

"그러므로 하늘에 계신 너희 아버지께서 온전하심과 같이 너희도 온전하라."

결국 위대한 사람과 하찮은 사람의 근본적 차이는 무엇인가? 바로 생각과 정신적 태도다. 사실, 지식도 있지만 지식은 생각과 분리될 수 없다. 나쁜 생각을 좋은 생각으로 바꾸는 모든 행동은 지식의 중요한 발전으로 가는 변화의 힘이다. 야만인과 다를 바 없는 가장 낮은 유형부터 가장 높은 인간 유형에 이르기까지 삶의 전 범위에서 생각은 성격, 상태, 지식을 결정한다.

대중은 지배적인 생각의 맹목적 충동이 이끄는 진화의 길을 따라 천천히 움직인다. 여기에서 지배적인 생각을 활성화하고 야기하는 것은 외부 요소다. 그러나 진정한 사상가, 현자는 자신이 선택한 길을 따라 지적으로 빠르게 움직인다. 영적 본성을 깨닫지 못한 대중은 생각의 노예이지만 현자는 생각의 주인이다. 대중은 맹목적으로 따르는 반면, 현자는 똑똑하게 선택한다. 또한 대중은 당장의 쾌락과 행복을 생각하면서 순간의 충동을 따르지만, 현자는 영구히 옳은 것에 기반을 두고 충동을 명령하며 억제한다. 맹목적 충동에 순종하는 사람은 의righteousness의 법칙을 위반하는 반면, 충동을 이기는 사람은 의의 법칙에 순종한다. 현자는 삶의 사실을 직시한다. 또한 생각의 본질을 알고 있으며 자기 존재의 법칙을 이해하고 이에 순종한다.

그러나 슬픔에 빠진 맹목적 충동의 희생자도 원하기만 한다면 정신의 눈을 떠 사물의 참 본질을 볼 수 있다. 지적이고 찬란하며 평온한 현자와 혼란스럽고 우울하며 불안하고 어리석은 사람은 본질적으로는 하나로, 오직 생각의 성질이 둘을 다르게 나눌 뿐이다. 어리석은 사람이 어리석은 생각을 외면하고 현명한 생각을 선택해 받아들일 때 그는 현자가 된다.

소크라테스는 미덕과 지식이 본질적으로 하나임을 알았다. 모든 현자도 마찬가지다. 배움은 지혜를 촉진하고 지혜와 동반할 수는 있지만 지혜로 이어지지는 않는다. 오직 현명한 생각을 선택하고 현명한 행동을 하는 것만이 우리를 지혜로 이끈다. 우리는 학교에서 지식을 배우지만 인생이라는 학교에서는 어리석을 수 있다. 가르침을 기억하는 것보다 순수하고 고귀한 생각을 확립하는 것이 평화를 가져다주는 참된 지식의 계시로 우리를 이끈다.

어리석음과 지혜, 무지와 깨달음은 단순한 생각의 결과가 아니라 생각 그 자체다. 원인과 결과, 또는 노력과 결과가 모두 생각에 담겨 있다.

우리의 모든 것은 우리가 생각한 것의 결과다
그것은 우리의 생각에 기반을 두고 우리의 생각으로 이루어진다

인간은 영혼을 소유하는 존재가 아니다. 인간 자체가 영혼이다. 인간은 생각하는 사람이자 실천하는 사람이고, 행동하는 사람이자 아는 사람이다. 여러 측면으로 이루어진 정신이 그 사람 자신이다. 생각의 영역이 영적 본성을 완성한다. 욕망하고 슬퍼하고 즐기고 고통받고 사랑하고 미워하는

감정이 바로 자기 자신이다. 마음은 형이상학적이고 초인적인 영혼의 도구가 아니다. 마음은 영혼이고 존재이며 인간이다.

인간은 자기 자신을 찾을 수 있을뿐더러, 있는 그대로의 자신을 볼 수 있다. 스스로 만든 기만적 가설의 세계를 버리고 현실을 직시할 준비가 되었을 때 우리는 있는 그대로의 자기 자신을 알게 될 것이다. 또한 되고 싶은 자신의 모습을 그리면서 내면에 새로운 사상가, 새로운 인간을 창조해낼 수도 있다. 매 순간이 선택의 시간이고 매 시간이 운명이기 때문이다.

인간 삶의 원인과
결과의 법을 비추는 빛

    사람들은 얼마나 자주 '법'이라는 말을 무정함, 잔인함과 연관시키는가! 그들은 법을 완고하게 폭정을 구현하는 수단이라고만 본다. 이렇게 보는 이유 중 하나는 원칙을 사람과 별개라고 인식하지 못하는 무능력 때문이고, 다른 하나는 법이 하는 일이 오로지 처벌이라고 생각하기 때문이다. 이런 식으로 보면 '법'이라는 용어는 죄인을 잡아서 저항할 수 없는 형벌로 억압하는 것이 일인, 뭔가 명확하지 않은 성격으로 모호하게 다가온다.

    사실 법은 처벌도 하지만 그 주된 의무는 보호다. 사람이 만든 법조차도 인간의 비열한 격정으로부터 스스로를 보호하고자 고안되었다. 우리나라의 법도 생명과 재산을 보호하기 위해 제정되었으며 위반했을 때만 처벌 요인으로 작동한다. 법을 어기는 범법자들은 법을 잔인하다고 생각하면서 의심할 여지없이 두려움의 대상으로 여기겠지만, 법을 지키는 사람들은 그것을 영원한 보호자이자 친구로 여기며 전혀 두려워하지 않는다.

    따라서 우주의 버팀목이며 완전한 질서의 심장이고 생명인 신성한 법은 보호하고 유지하는 일을 하면서 평화로운 축복을 내릴 때만큼이나 형벌을 내릴 때도 보호 역할을 한다. 참으로 신성한 법은 한순간도 멈추지 않는 영원한 보호를 제공하며, 알고서든 모르고서든 신성한 법을 위반하는 것들을 고통을 통해 무로 만듦으로써 모든 존재를 보호한다.

법은 편파적일 수 없다. 법은 변하지 않는 행동 방식으로 그것에 불복종하면 다치고 복종하면 행복해진다. 항의도, 애원도 이를 바꿀 수 없다. 만약 바꿀 수 있거나 무효로 할 수 있다면 우주는 무너지고 혼돈이 만연할 것이기 때문이다.

옳은 일을 해 축복을 누리는 것만큼 그릇된 일을 해 벌을 받는 것은 은혜로운 일이다. 우리가 무지와 죄의 결과를 피할 수 있다면 안전함은 모두 사라지고 피난처는 존재하지 않게 된다. 그럼 지혜와 선의 결과도 똑같이 의심받게 될 것이다. 그러한 체계는 변덕스럽고 잔인한 반면, 법은 정의롭고 친절한 질서다.

실로 최고법은 영원히 은혜로운 원칙으로, 작동에 결함이 없고 무한히 적용할 수 있다. 최고법은 곧 영원한 사랑이다.

영원히 충만하고
영원히 자유롭게 흐르는
영원한 사랑

기독교에서는 이렇게 노래하지만, 불교의 계율과 시에서는 '무한한 자비 Boundless'라고 표현한다. 우리를 벌하는 법이 우리를 보호하는 법이다. 인간이 무지해 스스로를 파괴하려 할 때 최고법은 그의 영원한 팔을 둘러 때로는 비록 고통스러워도 사랑으로 우리를 보호한다. 우리가 겪는 모든 고통은 우리로 하여금 신성한 지혜에 대한 지식에 더 가까이 다가갈 수 있게 한다. 우리가 누리는 모든 축복은 위대한 법의 완전성은 물론, 인간이 신성한 지식의 유산에 도달했을 때 만끽할 행복의 충만함에 대해 말해준다. 우리는 배움으로써 발전하고, 어느 정도까지는 고통받음으로써 배운다. 사랑으로 마음이 원숙해지면 사랑의 법이 놀라운 은혜로 인식된다. 지혜를 얻으면 평화가 보장된다.

우리는 숭고하고 완전한 만물의 법칙은 바꿀 수 없지만, 그 완전성을 점점 더 많이 이해하고 그 원대함을 내 것으로 만들고자 자신을 변화시키는 것은 가능하다. 완전한 것을 불완전한 것으로 끌어내리려는 행위는 어리석음의 극치이지만, 불완전한 것을 완전한 것으로 끌어올리려는 노력은 지혜의 극치다.

우주의 선지자들은 만물의 체계에 대해 슬퍼하지 않는다. 그들은 우주를 완전한 전체로 보지, 부분들이 불완전하게 뒤섞여 있는 것으로 보지 않기 때문이다. 위대한 스승은 영원한 기쁨과 천국의 평화를 지닌 이들이다.

부정한 욕망에 눈먼 포로는 이렇게 외칠지도 모른다.

아! 사랑이여, 그대와 내가 사랑과 공모해
만물의 불완전한 체계를 온전히 이해할 수 있다면
그것을 산산조각 낸 다음
마음의 욕망에 더 가깝게 고쳐 만들 텐데

이는 쾌락에 빠진 방탕자의 소망이자, 법칙에 어긋나는 쾌락을 어느 정도 즐기되 고통스러운 결과는 아무것도 거두지 않으려는 바람이다. 이들은 우주를 '만물의 불완전한 체계'로 여긴다. 그렇기에 우주가 자신의 의지와 욕망에 굴복하기를 바라고, 법이 아닌 무법을 원한다. 반면 현명한 사람은 자신의 의지를 굽혀 신성한 질서에 욕망을 복종시키고, 우주를 무한한 부분들로 이루어진 눈부신 완전체로 본다.

부처는 항상 우주의 도덕법을 선법이라고 강조했다. 우주의 도덕법을 선이 아닌 다른 것으로 생각한다면 이를 제대로 이해할 수 없다. 그 안에는 단 한 톨의 악도 없고 친절의 요소도 없기 때문이다. 우주의 도덕법은 약한 자를 짓밟고 무지한 자를 파괴하는 무자비한 괴물이 아니라, 약한 자는 위해로부터 보호하고 강한 자는 자신의 힘을 지나치게 파괴적으로 사용하지 않도록 지키는, 한마디로 위로하는 사랑이자 생각하는 동정심이다. 그것은 모든 악을 파괴하고 모든 선을 보호한다. 가장 작은 묘목도 보살핌으로 감싸안고 가장 거대한 잘못도 한숨으로 파괴한다. 이를 인식하는 것이 복된 비전이고, 이를 아는 것이 복된 행복이며, 이를 인식하고 아는 사람은 평화롭다. 그들은 영원히 기쁘다.

　　이것이 바로 의를 움직이는 법이니
　　누구도 결국 벗어나지 못하고 머무를 수도 없구나
　　그것의 심장은 사랑이고 그것의 끝은
　　평화와 달콤한 완성이니 순종하라

정신적·물질적 가치를
비추는 빛

"모든 것에는 대가가 따른다"라는 말은 예부터 전해오는 자명한 이치다. 이 말은 경제 측면에서는 누구나 알고 있지만, 정신적 측면에서 아는 사람은 거의 없다. 사업은 공평한 가치를 상호 교환하는 것이다. 고객은 돈을 주고 물건을 받고, 상인은 물건을 주고 돈을 받는다. 이런 방식은 보편적이며 모두가 공정하다고 여긴다. 영적 측면에서는 이것과 방식은 같지만 대가 형태가 다르다. 즉 경제 측면에서는 물질이 대가로 주어지는 데 반해, 영적 측면에서는 영과 관련된 것이 대가로 주어진다. 이 두 가지 형태의 대가는 뒤바뀔 수 없다.

물질적인 것과 영적인 것은 서로 반대되는 성질을 지녔으며 영원히 분리되어 있다. 상점에 1파운드를 가지고 가 1파운드 상당의 음식이나 옷, 책을 달라고 하면 그 돈의 가치만큼 물건을 받게 된다. 그러나 진리의 스승에게 1파운드를 가지고 가 그 돈만큼의 종교, 의, 지혜를 달라고 하면 스승은 그런 것들은 돈으로 살 수 없으며 그것들이 가진 영적 본질 때문에 상업적 거래 대상이 되지 않는다고 말할 것이다. 다만, 현명한 스승이라면 이러한 영적 필수품은 반드시 사야 하는 것이라고도 덧붙일 수도 있다. 이런 영적 필수품은 돈으로는 살 수 없지만 얻으려면 마땅한 대가를 치러야 하며 무엇인가를 내주어야만 한다. 돈을 지불하는 대신 자기 자신, 즉 이기심을 내주어야 하는 것이다. 이기심을 버리면 완전히 공평하고 무조건적으로 종교, 의, 지혜를 대가로 받을 수 있다. 썩어서 버리는 음식과 옷도 지불한 돈만큼 확실히 받을 수 있는데, 불멸하는 영적 양식과 보호는 이기심을 지불할 경우 얼마나 더 확실히 받을 수 있겠는가? 작은 것에서 작동하는 법이 큰 것에서는 작동하지 않겠는가? 사람은 법을 지키지 않을 수 있으나 법은 오류가 없다.

사람은 돈을 사랑하겠지만 삶의 물질적 안락함을 얻으려면 먼저 돈을 포기해야 한다. 마찬가지로 이기적인 만족도 소중히 여기겠지만 종교의 영적 위안을 받으려면 그것을 먼저 포기해야 한다.

상인은 상품을 팔고 돈을 받으면 그 돈을 보관하지 않고 다른 상품과 교환하는 데 사용한다. 상업의 첫 번째 기능은 사람들로 하여금 돈을 쌓아두게 하는 것이 아니라, 상품의 교환을 촉진하는 것이다. 구두쇠는 실패자 중에서도 가장 최악의 실패자다. 그는 돈이라는 형식을 숭배하고 그 안에 담긴 정신, 즉 상호 교환의 정신을 무시하기 때문에 백만장자가 된다 해도 궁핍과 추위로 죽음을 맞이할 것이다.

돈은 목적이 아니라 수단이며, 돈을 교환하는 것은 상품을 공정하게 주고받는다는 표시다. 따라서 구체적인 내용에서 무수히 많이 세분화되어 있는 상거래를 하나의 기본 원리로 환원할 수 있다. 바로 삶의 물질적 필요를 상호 교환하는 것이다.

이제 이 원리에 따라 영적 측면에서 그 작용을 살펴보자. 영적인 사람이 친절, 동정심, 사랑 등 영적인 것을 주고 그 대가로 행복을 받으면 그는 행복을 쌓아두거나 꼭 끌어안고 있지 않고 다른 이들에게 행복을 주면서 다시 영적인 것을 받는다. 종교의 첫 번째 기능은 개인적 쾌락을 쌓아두게 하는 것이 아니라 영적 축복을 실제로 교환하게 하는 것이다.

자신의 행복을 가장 우선시하는 이기적인 사람은 영적인 구두쇠다. 그는 자신의 쾌락을 위해 행복을 모으고 그것에 둘러싸여 있지만 영적 빈곤에 시달려 마음이 죽는다. 행복이라는 형식을 숭배하고 그 속에 담긴 비이기적인 교환의 정신을 무시하기 때문이다. 이기심의 목적은 개인적 쾌락, 즉 행복을 얻는 것이고 종교의 목적은 덕을 전파하는 것이다. 따라서 무수히 많은 교의를 가진 종교도 하나의 기본 원리로 정리할 수 있다. 바로 영적 축복의 상호 교환이다.

그렇다면 영적 축복이란 무엇인가? 그것은 친절, 형제애, 선의, 동정, 용서, 인내, 신의, 평화, 끝없는 사랑, 무한한 연민이다. 이것들은 굶주린 인간 영혼을 위한 필수품으로, 얻는 것은 가능하지만 반드시 그 대가를 치러야 한다. 우리는 불친절, 무자비함, 악의, 무정함, 성급함, 조급함, 의심, 분쟁, 증오, 잔인함 등이 주는 개인적 만족감이나 행복과 함께 그것들을 내놓아야 한다. 이처럼 그 자체로 죽은 영적 동전들을 내놓으면 즉시 그것에 상응하는 교환 수단이자 공정한 거래의 표시인 살아 있고 불멸하는 축복을 받게 될 것이다.

결론적으로 누군가 상인에게 돈을 주고 그 대가로 물건을 받았다면 그는 그 돈을 다시 돌려받으려 하지 않는다. 기꺼이 돈과 이별하고 교환에 만족한다. 마찬가지로 의를 얻고자 불의를 내려놓은 사람도 자신의 이기적인 쾌락을 되찾고 싶어 하지 않는다. 그는 그것들을 영원히 포기함으로써 만족을 얻고 평화로워진다.

물질적인 것이든, 비물질적인 것이든 선물을 주는 사람은 받는 상대가 그 가치에 상당하는 돈을 돌려주기를 바라지 않는다. 선물은 상업적 거래가 아닌 영적 행위이기 때문이다. 물질적인 선물은 영적 축복과 그것에 수반되는 행복, 즉 선물을 주는 행복과 선물을 받는 행복을 교환하는 것이다.

"참새 두 마리는 1파딩(4분의 1페니—옮긴이 주)이 아닌가?" 우주의 모든 것, 모든 사물과 생각은 가치가 있다. 물질적인 것에는 물질적 가치가 있고 영적인 것에는 영적 가치가 있다. 이 두 가지 가치를 혼동하는 것은 현명하지 않다. 영적 축복을 돈으로 사려 하거나 물질적 사치를 미덕으로 구매하려 하는 것은 이기심과 어리석음의 길이다. 교환과 종교를 혼동해 교환의 종교를 만드는 셈이다. 동정심, 친절, 사랑은 사고팔 수 없으며 오직 주고받을 수 있을 뿐이다. 선물은 대가를 받는 순간 더는 선물이 아니다.

모든 것은 가치가 있어서 대가를 바라지 않고 준다면 더 큰 가치가 모여 돌아온다. 이기심이라는 작은 행복을 포기하는 사람은 비이기심이라는 더 큰 행복을 얻는다. 우주는 공정하고 정의는 무척이나 완벽해서 일단 이것을 깨달은 사람은 더는 의심하거나 두려워하지 않는다. 오직 경탄하고 기뻐할 뿐이다.

균형 감각을
비추는 빛

　　　　　　　　악몽 속에서 일어나는 일들은 서로 아무런 관련이 없으며 모든 것이 우연적이다. 악몽 속에는 전체적인 혼란과 불행만 있을 뿐이다. 현자들은 자기 본위의 삶을 악몽에 비유해왔다. 이기적인 삶, 즉 균형 감각을 잃어 사물을 자신의 이기적 목표에 영향을 미치는 것으로만 보고 열띤 흥분과 저항할 수 없는 괴로움, 재앙으로 가득 차 있는 삶은 악몽이라는 괴로운 잠에 빠진 상태와 매우 유사하다.

　악몽 속에서는 통제 의지와 지각 능력이 잠든 상태이고, 이기적인 삶에서는 더 나은 본성과 영적 지각력이 깊은 잠에 잠겨 있다.

　수양이 부족한 마음은 균형 감각이 부족하다. 자연물 사이의 올바른 관계를 보지 못하고 주변을 둘러싼 아름다움과 조화에 눈뜬장님이 된다.

　균형 감각이 사물을 있는 그대로 보는 능력이 아니라면 대체 무엇이겠는가? 균형 감각은 수양이 필요한 능력이다. 균형 감각을 길러 자연물에 적용하려면 지성을 온전히 이용해야 하는데, 그 과정에서 도덕적 본성도 다듬어진다. 이런 균형 감각은 자연물뿐 아니라 영적인 것에도 필요하다. 다만 영적 영역에서는 더 많이 부족하고 더 많이 필요하다. 영적 영역에서 사물을 있는 그대로 본다는 것은 슬퍼할 이유나 애통할 근거가 없음을 알게 된다는 의미다.

이 모든 슬픔과 불안, 두려움과 괴로움은 어디에서 나온 것일까? 사물이 사람이 원하는 대로 되지 않기 때문이 아니겠는가? 다양한 욕망에 휩싸여 사물을 자신의 관점과 올바른 균형감으로 보지 못하기 때문이 아니겠는가?

슬픔에 압도되면 오직 자신의 상실감만 보인다. 그런데 이 상실감이 너무 가까이에 있다 보니 삶의 전체 시야가 가려진다. 상실감 자체는 별것 아닐 수 있지만 고통받는 사람에게는 인생의 주변 대상에 비해 지나치게 크게 다가오기도 한다.

서른 살을 넘긴 사람이라면 대부분 지금 제대로 보면 아주 작은 일로 여겨지는 사건 때문에 불안에 휩싸이고 슬픔에 압도당해 심지어 절망 직전까지 갔던 지난 시절을 떠올릴 수 있을 것이다. 자살하려던 사람이 오늘만 참고 기다린다면 10년 후에는 상대적으로 그렇게 작은 문제 때문에 어리석게 행동할 뻔한 자신에게 놀랄 수도 있다.

마음이 격정에 사로잡히거나 슬픔에 마비되면 판단력을 상실해 비교 검토하고 숙고하지 못한다. 어지럽혀진 대상의 상대적 가치와 크기를 인식하지 못한다. 몸은 잠에서 깨어 행동하지만 정신은 아직 자신의 능력을 속박하는 악몽 속에서 헤맨다.

심한 편견에 물든 사람은 자기편의 견해는 모두 옳고 선하다 보고, 반대편은 모두 나쁘고 잘못됐다고 볼 정도로 균형 감각이 결여되어 있다. 그의 이성은 편견에 매어 있기에 그가 문제를 해결하려고 어떤 이성을 이용한다 해도 그것은 편견에 협력할 뿐, 양측 사이에 존재하는 올바른 관계를 찾는 일에 쓰이지 않는다. 그는 자기편은 모두 옳고, 똑같이 똑똑한 다른 편은 모두 틀렸다고 확신하기 때문에 편견 없이 공정해질 수가 없다. 그가 정의라고 이해하는 유일한 부분은 자신이 원하는 바를 얻거나 자기편이 지배력을 갖는 것이다.

물질적 측면에서 균형 감각이 혐오의 정신을 종식하는 것처럼, 영적 측면에서도 균형 감각은 다툼의 정신을 종식한다. 진정한 예술가는 그 어디에서도 추함을 보지 않고 오직 아름다움만 본다. 다른 사람들에게는 혐오스러운 대상도 그에게는 자연에서 제자리를 채우고 있는 것으로 보이고, 그의 그림에서는 아름다운 사물로 나타난다. 진정한 선지자는 어디에서도 악을 보지 않고 보편적 선을 본다. 다른 사람들은 불쾌하게 여기는 대상도 그에게는 진화의 계획에서 제자리에 있는 것처럼 보이며, 마음속에 숙고의 대상으로 공평하게 자리하고 있다.

인간은 이런 균형 감각이 부족해 사물들을 올바른 관계로 보지 못하고, 이 때문에 걱정하고 슬퍼하며 다툰다. 인간이 동요하는 대상은 사물 자체가 아니라 사물에 대한 자신의 의견, 스스로 만든 그림자, 이기적 악몽의 비현실적인 창조물이다.

윤리적 균형 감각을 기르고 발전시키면 심한 편견을 가졌던 사람이 온화한 평화의 중재인으로 바뀌고, 이기적인 세력 간 다툼에서 지금까지 맹목적 도구로 활약했던 사람이 선지자의 침착하고 탐색하는 눈을 갖게 된다.

영적인 균형 감각은 정신을 온전하게 하고, 마음을 평온하게 만들며, 공평함과 공정함을 가져다주고, 흠잡을 데 없는 조화의 우주를 드러낸다.

원칙 준수를
비추는 빛

진리를 찾은 사람은 자신이 신봉하는 신성한 원칙으로부터 결코 멀어지지 않는다. 질병, 가난, 고통, 친구, 지위 등을 상실할 상황에 놓이거나 심지어 당장 죽음의 위협에 직면하더라도 자신이 영원한 진리로 알고 있는 원칙을 버리지 않는다. 그에게는 세상 모든 악을 합친 것보다 더 쓰라리고 두려우며 피해야 할 것이 하나 있다. 바로 원칙을 버리는 일이다. 신성한 원리가 개인적인 건강과 풍요, 안락을 주지 않는다고 해서 시련의 순간에 겁쟁이로 변해 양심을 버리고, 격정과 욕망, 두려움의 무리에 합류해 신성한 원리인 영원한 그리스도에게 등을 돌린 채 비난하며 십자가에 못 박는 것은 진리를 찾은 사람에게는 악 중 악이요, 죄 중 죄다.

우리는 질병과 죽음을 피할 수 없다. 오랫동안 피한다고 해도 질병과 죽음은 결국 우리를 덮칠 것이다. 그러나 우리는 잘못된 행동을 하지 않을 수 있고 두려워하지 않을 수 있으며 비겁한 사람이 되지 않을 수 있다. 의도적으로 잘못을 피하고 두려움을 버리면 삶에 악이 덮쳐 와도 우리를 정복하지 못한다. 우리가 그것을 지배할 것이기 때문이다. 한 계절만 피하고 마는 것이 아니라 그것들을 그들 땅에서 정복하게 될 것이다.

잘못된 행동이 타인을 보호하기 위한 것일 때는 그런 행동을 해도 괜찮다고 가르치는 사람들이 있다. 예를 들어 그 목적이 타인의 행복을 지키는 것이라면 거짓말을 해도 괜찮다고, 즉 가혹한 시험에 들면 진실함의 원칙을 버려도 된다고 가르치는 것이다. 그러나 위대한 스승들은 이런 가르침을 이야기한 적이 없다. 그들보다 덜 위대하지만 여전히 고결한 사람, 이를테면 예언자, 성인, 순교자도 그런 말을 하지 않았다. 신성한 빛이 비추는 사람들은 어떤 상황도 잘못된 행동을 옳은 것으로 만들 수 없고 거짓말에는 아무런 구원이나 보호의 힘도 없음을 잘 알기 때문이다. 나쁜 행동은 고통보다 더 큰 악이며, 거짓말은 죽음보다 더 치명적이고 파괴적이다. 예수는 잘못된 행동으로 스승의 생명을 보호하려 한 베드로를 꾸짖었다. 마음이 곧은 사람은 다른 이들의 도덕성을 희생시켜 생명을 얻는 일이 가능해 보일지라도 이를 받아들이지 않을 것이다.

우리는 죄와 비겁함, 거짓말은 두려워하되 고통과 죽음은 두려워하지 않았던 굳건한 사람들, 극한의 시련 속에서도 단호하고 침착하게 원칙을 지켰던 순교자들을 존경하고 경외한다. 순교자들은 적이 조롱과 야유를 퍼붓고 사랑하는 사람이 눈물과 고통을 호소해도 주춤하거나 물러서지 않았다. 온 세상의 선과 구원이 그 시련의 순간 자신의 굳건함에 달려 있음을 알았기 때문이다. 이에 그들은 모든 인류를 위한 미덕의 기념비, 구원의 중심, 정신을 고양하는 힘으로 시대를 초월해 서 있다. 그러나 자신을 구하기 위해 또는 개인적으로 사랑하는 두세 사람을 위해 거짓말을 함으로써 원칙을 버린다면 그 순간 힘이 사라져버리고 더는 아무런 인정도 받지 못한다. 설령 인정을 받는다고 해도 거짓말 때문에 사랑받지 못할 수 있다. 또한 시험에 들 때마다 실패한 자로 여겨질 뿐 아니라, 모든 시대 모든 사람이 가장 높은 덕의 모범으로서 그를 받아들이지 않을 것이다.

모든 사람이 극단적 상황에서는 진리가 아닌 것도 괜찮다고 믿었다면 이 세상에 순교자와 성인은 존재하지 않았을 테고, 인류의 도덕심은 약화되었을 수 있으며, 세상은 영원히 깊어지는 어둠 속에서 계속 더듬으며 살 수밖에 없었을 것이다.

타인을 위한 행동은 비록 잘못된 것이라도 옳다고 여기는 태도는 죄와 거짓이 불행, 고통, 죽음보다 하위의 악이라는 암묵적 가정을 바탕으로 한다. 그러나 도덕적 통찰력을 가진 사람은 죄와 거짓이 더 큰 악이라는 사실을 알고 있기에 자신이나 타인의 생명이 위태로워 보일지라도 결코 그런 행동을 저지르지 않는다.

평안이 꽃피는 시기나 번영이 충만한 시기에는 자신이 원칙을 굳건하게 고수하고 있다고 확신하기 쉽다. 그러나 고통이 덮치고 불행의 어둠이 내려 상황이 자신을 옭아매고 압박하기 시작하면 시험에 들 시기가 온다. 이때가 되면 자신이 자아에 집착하는지, 아니면 진리를 고수하는지 밝혀질 것이다.

원칙은 도움이 필요한 순간에 우리를 구원하는 요소다. 시련의 시기에 원칙을 버린다면 어떻게 자아라는 덫과 고통에서 구원받을 수 있겠는가?

당장의 절박한 고통을 피할 수 있겠다는 생각으로 양심에 어긋나는 행동을 한다면 고통과 악이 증가할 수밖에 없다. 선한 사람은 죄를 저지르느니 고통을 견딘다.

우리의 행복이 경각에 달린 것처럼 보일 때 우리를 보호하는 불변의 원칙을 버리는 일은 지혜롭지도 않고 안전하지도 않다. 기쁨을 위해 참된 것을 버리면 기쁨과 참된 것을 모두 잃게 된다. 그러나 참된 것을 위해 기쁨을 버리면 진리의 평화가 슬픔을 달래준다. 더 낮을 것을 위해 더 높은 것을 내주는 사람에게는 공허와 번뇌가 덮칠 수 있다. 영원한 것을 버린다면 어디에 피난의 반석이 있겠는가? 반면 더 높은 것을 위해 낮은 것을 포기하는 사람은 더 높은 것의 힘과 만족이 남아 충만한 기쁨이 덮치고, 진실 속에서 인생의 악과 슬픔으로부터 몸을 피할 피난의 반석을 발견할 것이다.

　삶의 모든 변화 속에서 영원한 원칙을 찾는 것, 그리고 찾은 그 원칙을 어떤 상황에서도 고수하는 것, 이것만이 참된 행복이자 구원이고 영원한 평화다.

자기희생을
비추는 빛

자기희생은 위대한 영적 스승들의 가르침에서 기본적인 원칙 중 하나로 자아, 즉 이기심을 버려 진리가 행동의 근원이 되는 것을 말한다. 하지만 자아는 버려야 할 실체가 아니라 바꿔야 할 마음 상태다. 자아를 포기하는 것은 지적 존재를 소멸하는 것이 아니라, 어둡고 이기적인 모든 욕망을 소멸하는 것이다. 소멸할 것들과 무상한 쾌락에 맹목적으로 매달리는 자아는 미덕과 의를 지적으로 실천하는 마음 상태와는 구별된다. 즉 자아는 마음의 정욕과 탐욕, 욕망이며, 영원한 평온은 물론 끝없는 평화와 더불어 진리를 알기 전 반드시 포기해야 하는 것이다.

사물을 포기하는 것은 아무 소용이 없다. 버려야 할 것은 사물에 대한 갈망이다. 재산, 지위, 친구, 가족, 명예, 집, 아내, 자녀, 심지어 생명까지 희생하더라도 자아를 버리지 않으면 그 무엇도 소용없다. 부처는 세상과 세상이 소중히 여기는 모든 것을 버렸지만 6년 동안 방황하고 찾아 헤매면서 고통받았고, 마음의 욕망을 버린 후에야 깨달음을 얻고 평화에 이르렀다.

오직 방종의 대상만 포기하는 사람에게는 평화가 오지 않고 고통만 뒤따른다. 방종은 물론, 어떤 대상에 대한 욕망도 버려야만 하며, 그래야 마음

이생의 어려움을 밝히는 빛 ·

에 평화가 들어온다.

마음속에 자아의 흔적이 조금이라도 남아 있는 한 희생은 고통스럽다. 마음속에 자신이 희생한 무가치한 대상이나 기쁨에 대한 숨은 욕망이 남아 있다면 격렬한 고통과 치열한 유혹이 찾아올 것이다. 반면 무가치한 대상이나 기쁨에 대한 욕망이 마음에서 영원히 사라지고 완전하면서도 완벽한 희생이 이루어진다면 특정 대상이나 기쁨에 대해 더는 고통과 유혹을 느끼지 않게 된다. 즉 자아를 온전히 희생할 때에야 고통 측면에서의 희생이 끝나고 완전한 지식과 완전한 평화에 다다른다.

증오가 곧 자아이고, 탐욕이 자아이며, 시기와 질투가 자아다. 악의가 자아이고 교만함과 거만함이 자아다. 허영과 자랑, 폭식과 육욕, 거짓말과 기만, 분노와 복수, 이웃을 향한 비방이 모두 자아다. 자기희생은 이 모든 어두운 마음과 정신 상태를 버리는 것이다. 이 과정은 초기 단계에는 고통스럽지만 이내 신성한 평화가 때때로 순례자에게 내려온다. 나중에는 이 평화가 좀 더 오래 머무르고 마침내 마음에 진리의 빛이 비추기 시작하면 순례자와 계속 함께한다.

이러한 희생은 평화로 이어진다. 진리의 완전한 삶에는 더 이상의 희생도 고통도 슬픔도 없기 때문이다. 자아가 없는 곳에는 포기할 것이 없고, 사라질 것에 대한 집착이 없는 곳에는 버려야 할 것이 없으며, 모든 것을 진리의 제단에 바친 곳에서는 이기적인 사랑이 신성한 사랑에 삼켜진다. 신성한 사랑에는 자아에 대한 생각이 없다. 완전한 통찰력과 깨달음, 불멸성이 있어 온전한 평화가 자리하기 때문이다.

마음의 관리를
비추는 빛

마음을 관리하는 법에 대한 몇 가지 힌트는 분명 시의적절할 것이다. 우리는 철저하고 완전한 자제력의 필요성을 알기 전에 먼저 많은 사람이 빠져 있는 커다란 망상, 즉 내 잘못의 원인이 전적으로 나 자신에게 있지 않고 주변의 외부 요소에 있다고 믿는 망상을 떨쳐 버려야 한다. "다른 사람이 방해하지만 않았어도 훨씬 더 큰 발전을 이룰 수 있었을 텐데" 또는 "이렇게 짜증나는 사람들과 함께 사니까 발전이 불가능하다"는 말은 자신의 어리석음에 대한 책임이 타인에게 있다는 잘못된 생각에서 비롯된 흔한 불평이다.

폭력적이거나 화를 잘 내는 사람은 분노의 원인을 늘 타인에게 돌린다. 또한 계속 망상 속에 살아감으로써 자신의 성급함과 불안을 점점 더 굳힌다. 나의 약점이 전적으로 타인의 행동 때문에 생겨난 것이라고 확신한다면 어떻게 그 약점을 극복, 아니 극복하려고 노력할 수 있겠는가? 더욱이 이렇게 굳게 믿는 사람은 상황을 개선하려고 다른 이들에게 점점 더 화를 많이 내고, 그 결과 불행한 상태의 진짜 원인에 대한 모든 지식을 완전히 잃게 된다.

인간은 스스로 한 좋지 않은 행동에 대한 비난을

자신의 결심을 부추긴 사람들에게 돌린다

나약하고 죄를 저지른 자기 자신만 제외하고 그 누구에게든 돌린다

인간의 모든 결점, 죄, 타락은 자신의 마음에서 일어나며, 그것에 대한 책임은 오로지 자신에게 있다. 주변에 유혹하고 도발하는 이들이 있는 것은 사실이지만 유혹과 도발은 응하지 않는 사람에게는 무력하다. 유혹하고 도발하는 자는 어리석을 뿐이며, 그들에게 굴복하는 사람은 어리석음에 기꺼이 협력하는 셈이다. 그런 사람은 지혜롭지 못하고 나약하다. 그리고 문제의 근원은 그 자신에게 있다. 순수한 사람은 유혹에 넘어가지 않고, 지혜로운 사람은 도발에 흔들리지 않는다.

모든 행동에 대한 절대적 책임이 자신에게 있음을 완전히 깨닫는다면 지혜와 평화로 이어지는 길을 따라 이미 상당한 거리를 나아간 것이다. 이런 사람은 유혹을 성장 수단으로 이용하기 시작하고 타인의 잘못된 행동을 자신의 힘을 확인할 수 있는 시험으로 여길 것이기 때문이다.

소크라테스는 인내의 미덕을 기를 수 있게 해주었다는 점에서 바가지 긁는 아내를 선물로 주신 것에 대해 신에게 감사했다. 인내심이 없는 사람과 함께 살아감으로써 인내심을 키울 수 있고, 이기적인 사람과 함께 살아감으로써 이기적이지 않은 마음을 키울 수 있다는 사실은 간단하면서도 쉽게 이해할 만한 진리다. 인내심 없는 자에게 인내심을 보이지 못한다면 그 자신도 인내심이 없는 사람이다. 이기적인 자에게 덩달아 이기심을 보인다면 그 자신도 이기적인 사람이다. 미덕을 확인하는 시험과 기준은 시련이며, 더 많은 시험에 들수록 금과 보석처럼 밝게 빛난다. 미덕을 갖추고 있다고 생각하면서도 그 반대의 악덕을 마주했을 때 굴복해버린다면 자기 자신을 속이지 마라. 아직 그 미덕을 소유하지 못한 것이다.

일어나 실로 사람이 되려 한다면 "다른 이들이 나를 방해한다"는 나약하

고 어리석은 생각은 그만두고 나를 방해하는 것은 오직 나 자신뿐이라는 사실을 알아라. 타인에게 굴복하는 것은 오직 자기 자신의 불완전함을 드러내는 일임을 깨달아라. 그리고 보라! 당신에게 지혜의 빛이 내려오고 평화의 문이 열려 당신은 곧 자아의 정복자가 될 것이다.

다른 이들과 가깝게 접촉할수록 계속 괴롭고 동요하게 된다면 자기 자신에 대해 분명히 이해하면서 더 높고 굳은 마음 상태로 나아가기 위해 그런 접촉이 필요하다는 의미다. 극복할 수 없는 방해물과 같았던 것들은 도덕적 책임과 옳은 행동을 하는 타고난 힘을 완전히 깨닫는 데 소중한 도움이 된다. 이러한 사람은 더는 자신의 나약한 행동을 타인의 탓으로 돌리지 않고 어떤 상황에서도 흔들림 없이 살아가기 시작한다. 그리고 자기기만의 비늘이 금세 눈에서 떨어져나가 종종 타인이 도발했다고 생각했던 상황이 실제로는 스스로가 도발한 일임을 알게 된다. 자기 자신의 정신적 방해를 극복하면 타인에게서 똑같은 상태를 접할 필요가 없어지며, 자연스러운 과정으로 선하고 순수한 자들의 동반자가 된다. 그러면 그는 자신이 도달한 고결함을 다른 이들도 깨우칠 수 있도록 도울 것이다.

고결해져라! 다른 사람들 속에 잠들어 있지만
결코 죽지 않은 고결함이
네 고결함을 만나기 위해 위엄 있게 일어나리라.

자기통제를 비추는 빛: 천국의 문

　　세상이 지혜로 가는 길에 배워야 할 가장 우선적인 가르침은 바로 자기통제다. 우리가 경험이라는 학교에서 겪는 모든 괴로운 형벌은 이 가르침을 배우지 못했기 때문에 부과된 것이다. 자기통제와 분리된 구원은 아무런 의미가 없으며, 평화는 불가능하다. 계속해서 죄에 굴복하는 사람이 어떻게 죄로부터 구원받을 수 있겠는가? 마음의 문제와 동요를 정복하고 억누르기 전에 어떻게 영원한 평화를 실현할 수 있겠는가?

　　자기통제는 천국으로 가는 문으로, 우리를 빛과 평화로 이끈다. 자기통제력이 없는 사람은 이미 지옥에 서 있고, 어둠과 불안 속에서 길을 잃는다. 자기통제력이 부족한 사람은 스스로에게 광범위한 고통을 가하기에 육체와 영혼 모두 형언할 수 없는 고통을 겪는다. 고통과 괴로움은 자기통제를 실천해야만 비로소 사라진다. 자기통제는 대체재가 없으며 그 어떤 것도 그것을 대신할 수 없다. 우주에 있는 어떤 힘도 언젠가 자기통제를 실천해 스스로 해야 할 일을 결코 대신해주지 못한다.

　　사람은 자기통제력을 발휘함으로써 자신의 신성한 힘을 드러낼 뿐 아니라, 신성한 지혜와 완전성을 향해 올라간다. 자기통제는 누구나, 가장 약한 사람조차 지금 당장 실천할 수 있다. 이를 실천하기 전까지는 자신의 약점이 계속 남아 있거나 심화된다. 자기 자신을 다스리고 마음을 정화하지 않는 사람에게는 하나님이나 예수, 브라마나 부처, 성령이나 스승을 부르는 것, 또는 부르지 않는 것이 아무런 도움이 되지 않는다. 예수가 신이라고, 부처가 전지전능하다고, 성령이나 스승이 인간사를 인도한다고 믿거나 믿지 않는 것은 내면에 존재하는 다툼과 무지, 타락의 요소에 계속 집착하는 인간에게 도움이 될 수 없다.

남을 비방하고 독설을 퍼붓는 혀를 버리지 않는 사람, 포악한 성질을 버리지 않는 사람, 불순한 상상을 떨쳐버리지 않으려는 사람을 어떤 신학적 확언이나 부정이 정당화할 수 있고, 어떤 외부 힘이 바로잡을 수 있겠는가? 꽃은 먼저 땅속의 어둠과 싸워야 위쪽에 있는 빛에 도달하고, 인간은 내면의 어둠과 싸워야 진리의 빛에 도달한다.

인간은 자기통제의 엄청난 중요성을 깨닫지 못하고, 그 절대적인 필요성을 이해하지 못하며, 자기통제가 이끄는 영적 자유와 영광을 보지 못한다. 이런 이유로 인간은 노예 상태가 되어 계속 불행과 고통을 경험한다. 세상에 만연한 폭력, 불결함, 질병, 고통을 주의 깊게 들여다보고 그중 얼마나 많은 것이 자기통제력이 결여된 데서 비롯되었는지 생각해보면 점차 자기통제의 큰 필요성을 깨닫게 될 것이다.

다시 한 번 말하지만 자기통제는 천국으로 가는 문이다. 자기통제 없이는 행복도, 사랑도, 평화도 실현되거나 유지될 수 없다. 자기통제력이 부족한 것만큼 인간의 마음과 삶은 혼란에 빠진다. 질서를 유지하고 파괴적인 혼란을 막기 위해 국가법이라는 강제적인 제재가 필요한 이유도 아직 많은 사람이 자기통제를 실천하는 법을 배우지 못했기 때문이다. 자기통제는 미덕의 시작으로서 모든 고결한 특성을 습득하는 단계로 이어진다. 자기통제는 질서 정연하고 진짜 종교적인 삶의 첫 번째 필수 자질로서 평온과 행복,

평화를 가져온다. 자기통제가 없다면 신학적 믿음이나 고백이 있을지라도 참된 종교라 할 수 없다. 깨달음을 얻은 행위가 아니면 종교가 무엇이란 말인가? 마음의 무질서한 성향을 이겨낸 것이 아니면 영성이 무엇이란 말인가?

자기통제를 실천하다가 그만두었거나 실천하기를 거부하는 사람은 종교와 행동이 분리된다는 크고 어두운 착각에 빠져 있다. 그들은 종교가 자아를 극복하고 죄 없이 사는 데 있는 것이 아니라, 경전에 대한 특정 믿음을 가지고 특정 구세주를 특정 방법으로 숭배하는 데 있다고 확신한다. 따라서 경전을 숭배하는 일은 셀 수 없이 많은 문제와 혼란으로 이어지고, 사람들은 자신의 공식화된 종교를 옹호하고자 격렬한 다툼과 폭력에 뛰어든다. 그러나 참된 종교는 공식화할 수 없다. 참된 종교는 순수한 마음이자 사랑하는 마음이고, 세상과 더불어 화목하는 영혼이다. 참된 종교는 존재하고 행동하며 살아가는 것이기에 옹호할 필요가 없다. 인간은 자신을 통제하기 시작할 때 곧 종교를 실천하는 것이다.

행동과 그 결과를 비추는 빛

　　　　잘못된 행동을 변명하는 가장 흔한 말 중 하나
는 옳은 일을 하면 재앙이 뒤따른다는 것이다. 어리석은 사람은 결과를 예
견할 수 있다고 생각하면서 행동 자체가 아닌 행동의 결과에 관심을 가진
다. 기분 좋은 결과를 얻고 불쾌한 결과를 피하려는 욕망은 선과 악을 구별
하지 못하게 만들 뿐 아니라, 악을 버리지 못하고 선을 실천하지 못하게 막
아 마음이 혼란해지는 근원이 된다. 나 자신을 위해서가 아니라 타인의 행
복을 위해 잘못된 일을 한다고 주장할 때조차도 다만 더 교묘하고 위험할
뿐, 이런 망상은 마찬가지다.

　현명한 사람은 행동의 결과가 아니라 행동 자체에 관심을 갖는다. 그들
은 무엇이 기분 좋고 불쾌한지보다 무엇이 옳은지를 생각한다. 옳은 일만
행하면서 결과를 얻으려 애쓰지 않기 때문에 의심, 욕망, 두려움의 짐에서
해방된다. 이렇게 행동하는 사람은 헤어 나올 수 없는 어려움에 빠지거나
괴로운 문제에 봉착하지 않는다. 그의 행동은 아주 단순하고 곧고 명료해
서 결코 의심과 불확실성으로 혼란을 겪지 않는다. 크리슈나Kṛṣṇa(힌두교에
서 최고신이자 비슈누 신의 여덟 번째 화신—편집자 주)는 이런 사람들을 가리켜

"행동의 결실과 관계없이" 행동한다고 말하면서, 이처럼 결과를 신경 쓰지 않는 사람은 지극히 선하고 현명하다고 단언한다.

오직 기분 좋은 결과만을 위해 행동하고 자기 자신이나 타인의 행복이 위태로워 보일 때는 올바른 길에서 벗어나는 사람은 의심, 어려움, 불안, 고통으로부터 도망칠 수 없다. 이런 사람은 있음직한 결과를 예상하면서 오늘은 이렇게 행동했다가 내일은 저렇게 행동한다. 상황 변화에 휩쓸려 안정성이 흔들리는 사람은 점점 더 길을 잃게 되고, 그들이 걱정하는 결과는 발생하지 않는다.

그러나 오직 의를 위해 행동하는 사람, 모든 이기적인 이유와 결과에 대한 생각을 버리고 올바르게 행동하기 위해 주의를 기울이는 사람은 변화 속에서도 굳건하고 변하지 않으며 흐트러짐 없이 평화롭다. 그들이 하는 행동의 결실은 늘 달콤하고 복되다.

오직 의로운 사람만이 알고 있는 지식, 즉 잘못된 행동은 결코 좋은 결과를 맺지 못하고 옳은 행동은 결코 나쁜 결과를 가져올 수 없다는 깨달음은 그 자체로 달콤한 확신과 평화를 가득 담고 있다. 행동에 대한 결실은 그것을 추구하든, 추구하지 않든 피할 수 없기 때문이다.

진리의 법칙을 모른 채 자아의 씨앗을 심으면서 스스로 결과를 만들 수 있다고 생각하는 사람은 자아의 쓴 열매를 거둔다.

자신은 결과를 만드는 사람이 아니라 수확하는 자임을 알고 의의 씨앗을 심는 사람은 의라는 달콤한 열매를 거둔다.

옳음은 지극히 단순하고 복잡함이 없다. 반면 죄는 끝없이 복잡하며 마음을 혼란에 빠뜨린다.

자아와 격정을 버리고 옳은 행동으로 자신을 세우는 것, 이것이 가장 높은 지혜다.

지혜의 길을
비추는 빛

지혜의 길은 모든 의심과 불확실성을 쫓아버리고 지식과 확실성을 실현하는 가장 높은 길이다.

세상의 흥분과 쾌락, 끓어오르는 인간 격정의 소용돌이 속에서 잔잔하고 고요하며 아름다운 지혜를 찾기란 참으로 힘들다. 지혜가 이해할 수 없을 만큼 어려워서가 아니라, 그것이 야단스럽지 않고 단순하기 때문이다. 또한 자아는 너무 맹목적이고 무분별해서 자신의 권리와 쾌락을 지키려고 몹시 경계하기 때문이기도 하다.

지혜는 "사람들에게 거부당한다". 지혜는 늘 자아에 상처를 주는 꾸지람 형태로 접근하는데, 인간의 낮은 본성은 꾸짖음을 견디지 못하기 때문이다. 지혜를 얻으려면 자아가 먼저 상처를 입고 죽어야 한다. 하지만 지혜가 자아의 적이라는 이유로 자아는 반란을 일으키는 것은 물론, 지배당하거나 거부되지 않으려 한다.

어리석은 사람은 격정과 개인적인 갈망의 지배를 받는다. 그는 어떤 일을 하려 할 때 "이것이 옳은가?"라고 묻지 않고, 그 일을 함으로써 얼마나 많은 쾌락이나 개인적 이익을 얻을지만 고려한다. 그는 자신의 격정을 다스리고 정해진 원칙에 따라 행동하는 것이 아니라, 성향의 노예가 되어 그것이 이끄는 대로 따라간다.

지혜로운 사람은 격정을 다스리면서 모든 개인적 욕망을 없앤다. 결코 충동과 격정에서 비롯된 행동을 하지 않고, 무엇이 옳은 일인지 냉정하게 고민한 뒤 실천한다. 또한 언제나 사려 깊고 냉정하며 고상한 도덕적 원칙에 따라 행동한다. 그는 쾌락과 고통에 굴하지 않는다.

지혜는 책이나 여행, 학문이나 철학에서는 찾을 수 없다. 오직 실천에 의해서만 얻을 수 있다. 끊임없이 위대한 현자의 계율을 읽는다 해도 자기 자신을 정화하고 다스리지 않으면 계속 어리석은 채로 남아 있을 것이다. 위대한 철학자들이 쓴 글에 아무리 정통하다고 해도 격정에 계속 굴복하는 한 지혜에 이르지 못할 것이다.

지혜는 올바른 행동이고, 어리석음은 잘못된 행동이다. 자신의 죄를 깨닫고 그만두지 않는다면 아무리 많이 읽고 공부해도 모두 헛되다. 지혜는 허영심이 있는 사람에게는 "자기 자신을 칭찬하지 마라"고, 교만한 사람에게는 "겸손하라"고, 남을 험담하는 사람에게는 "세 치 혀를 다스리라"고, 화가 많은 사람에게는 "화를 억누르라"고, 분개한 사람에게는 "원수를 용서하라"고, 방종한 사람에게는 "절제하라"고, 불순한 사람에게는 "정욕으로 더럽혀진 마음을 깨끗이 하라"고 말한다. 그리고 모든 이에게 "작은 잘못을 조심하고 맡은 의무에 충실하며 타인의 의무에 참견하지 마라"고 조언한다.

지혜의 가르침은 매우 간단하며 실천 또한 단순하다. 그러나 이것이 자아 소멸로 이어진다면 인간의 이기적 성향은 여기에 반기를 들어 반란을 일으키고, 격렬한 흥분과 열띤 쾌락의 삶을 사랑하며, 고요하고 아름다운 지혜의 침묵을 미워한다. 그 결과 인간은 계속 어리석은 상태로 있게 된다.

그럼에도 지혜로 향하는 길은 언제나 열려 있어 어리석음의 복잡한 가시밭길에 지친 순례자의 발걸음을 받아들일 준비가 되어 있다. 지혜로운 사람이 되는 길을 막는 유일한 방해꾼은 오직 나 자신뿐이다. 스스로 노력하지 않고 지혜를 얻을 수 있는 사람은 없다. 스스로에게 솔직하고, 자신의 무지가 얼마나 깊은지 알며, 자신의 죄를 직시해 잘못을 인지하고 인정하고 즉시 갱생할 준비가 된 사람, 그런 사람은 지혜로 가는 길을 찾을 것이다. 겸손하고 순종하는 발걸음으로 걷는 사람은 때가 되면 달콤한 구원의 도시에 도착하리라.

기질을 비추는 빛

"어쩔 수 없다. 이게 내 타고난 기질이다." 이렇게 말하면서 잘못을 변명하는 사람이 얼마나 많은가? 이 말이 뜻하는 바는 무엇일까? 이런 말을 자주 하는 사람은 타고난 성격은 바꾸지 못하는 것이라서 어쩔 수 없다고 생각한다. 그는 '그렇게 태어났기 때문에', 아니면 아버지나 할아버지가 그랬기 때문에, 아버지나 할아버지가 아니라면 100년 또는 200~300년 전 집안의 누군가가 그랬을 것이라서 자신도 죽을 때까지 잘못된 행동을 할 수밖에 없다고 믿는다. 이런 믿음은 뿌리째 뽑아 던져 없애버려야 한다. 이런 생각은 근거가 없을뿐더러 모든 진보와 선의 성장, 인격의 발달, 고귀한 삶의 확장에 완전한 장애물이 되기 때문이다.

성격은 영원하지 않으며 실로 자연에서 가장 변화하기 쉬운 것 중 하나다. 의지를 가지고 의식적으로 바꾸지 않는다 해도 성격은 상황의 압력에 의해 끊임없이 수정되고 변형된다. 똑같은 일을 계속하면서 '어쩔 수 없다'는 완고한 믿음을 고집스럽게 유지하며 못 박아놓지 않는 한 기질은 고정되어 있는 것이 아니다. '어쩔 수 없다'는 믿음을 없애는 즉시 바꿀 수 있다는 사실을 알게 될 것이다. 또한 지성과 의지로도 기질을 어느 정도 만들 수 있으며, 열심히 노력하면 상당히 빠른 속도로 바꿀 수 있다.

기질이 같은 일을 계속 반복해서 형성된 습관이 아니면 무엇이란 말인가? 습관을 반복하지 않는다면 기질은 반드시 바뀌고 성격도 바뀐다. 물론 처음에는 오래된 생각이나 행동의 습관을 버리기가 어려울 수 있다. 하지만 매번 노력이 더해질 때마다 그 어려움은 줄어들고 마침내 사라진다. 새롭고 좋은 습관이 형성되고 나빴던 기질이 좋아진다. 또한 성격이 고상해지고 마음이 고통에서 해방되어 기쁨으로 고양된다.

어느 누구도 자기 자신을 불행하게 만들고 스스로도 바람직하지 않다고 여기는 기질의 노예로 남아 있을 필요가 없다. 우리는 타고난 기질을 버리는 것이 기능하다. 노에 같은 상태에서 벗어나 스스로를 해방시키고 자유로워질 수 있다.

개인의 자유를
비추는 빛

인간은 자기 마음의 영역에서는 마음대로 할
수 있지만, 타인의 마음과 외부 사물의 영역에서는 그 힘이 제한된다. 내
마음은 다스릴 수 있어도 타인의 마음은 다스릴 수 없다. 또 내 생각은 선
택할 수 있어도 타인의 생각은 선택할 수 없다. 날씨는 내 마음대로 통제하
는 것이 불가능하지만 내 마음은 통제할 수 있으며, 날씨에 대한 마음가짐
도 결정할 수 있다.

자기 마음의 영역을 바꿀 수 있는 인간이라 해도 외부 세계를 바꾸는 것
은 불가능하다. 외부 세계는 나와 똑같이 선택의 자유를 가진 다른 마음들
로 이루어져 있기 때문이다. 순수한 존재가 덜 순수한 존재의 마음을 정화
할 수는 없다. 하지만 순결한 사람은 자신의 순결한 삶을 보여주고 순결함
에 이른 경험을 알려줌으로써 스승이 되어 다른 이들을 안내할 수 있으며,
그들이 더 쉽고 빠르게 스스로를 정화하도록 도울 수 있다. 다만 이 경우에
도 순결한 사람의 안내를 받아들일지, 거부할지를 결정할 권한은 자기 자
신에게 있다. 전적으로 선택의 문제인 것이다.

이는 인간이 타인의 마음 영역에서는 아무런 힘도 낼 수 없지만 자기 마

음에 대해서는 전권을 가지며, 자신이 한 생각과 행동의 결과는 피할 수 없다는 두 가지 사실에서 비롯된다. 인간은 결과를 바꾸거나 피할 수 있는 힘이 전혀 없다. 하지만 원인이 되는 생각을 선택하는 데는 완전한 힘이 있다. 생각을 선택했으면 그 결과를 온전히 받아들여야 하고, 행동을 했으면 그 행동의 결과를 피할 수 없는 것이다.

법칙은 예외 없이 적용되며 여기에 완벽한 개인의 자유가 있다. 인간은 원하는 대로 행동할 수 있지만 다른 사람들도 똑같이 본인이 원하는 대로 할 수 있다. 나에게 도둑질할 권한이 있다면 다른 사람들에게는 도둑으로부터 자신을 보호할 권한이 있다. 그리고 일단 내 생각을 표현하고 목적을 행동으로 옮긴 후에는 그 생각과 목적에 대한 나의 권한은 끝났다. 결과는 확실하고 피할 수 없으며, 그것을 만들어낸 생각과 행동의 성질을 반영해 고통스럽거나 복될 것이다.

우리는 자신이 선택한 대로 생각하고 행동할 수 있으며, 다른 사람들 역시 똑같은 자유를 가진다. 따라서 우리는 다른 사람의 마음을 고려하는 법을 배워야 한다. 이 방법을 배우기 전까지는 끊임없는 고통에 휘말릴 것이다, 타인을 고려하지 않는 생각과 행동은 자유를 남용하고 침해하는 것이나 마찬가지이기 때문이다. 결국 이러한 생각과 행동은 조화를 유지하는 자유의 원리 그 자체에 의해 소멸되고 무효화되며, 개인은 그러한 소멸과 무효화를 고통으로 느낀다. 무지를 극복한 마음이 자신의 영역에서 가지는 힘의 크기를 인식하고 다른 마음에 대해 적대하기를 멈출 때 그 마음은 다른 마음들과 조화를 이룬다. 선택의 자유를 인정한 후 영적 충만함과 고통의 중단을 깨닫게 되는 것이다.

이기심, 자기중심주의, 전제주의는 영적 관점에서 볼 때 호환이 가능한 말들이다. 이 말들은 모두 똑같은 의미를 지닌다. 이기적인 생각이나 행동은 자기중심주의의 표현이자 전제주의의 결과로, 결국 고통과 패배에 직면한다. 이는 결국 없어지고 마는데, 자유의 법칙은 아주 작은 것이라도 소멸

될 수 없기 때문이다.

이기심이 승리할 수 있다면 자유는 존재하지 않겠지만, 이기심은 고통을 제외하고는 아무런 성과도 얻지 못한다. 이는 자유가 최고 법칙이기 때문이다. 이기심에서 비롯된 행동은 '타인의 자유를 부정한다', '정당한 영역을 넘어서 자신의 자유를 주장한다'는 자기중심주의의 두 가지 요소를 포함하고 이로써 스스로를 파괴한다. 전제주의는 곧 죽음이다.

인간은 이기심의 피조물이 아니라 이기심의 창조자다. 이는 자신의 힘, 즉 자기 존재의 법칙조차 따르지 않을 수 있는 힘을 나타낸다. 이기심은 지혜가 없는 힘이며 방향이 잘못된 에너지다. 사람은 정신적 존재로서 자신의 본성과 힘에 대해 무지하기 때문에 이기적이다. 이러한 무지와 이기심은 고통을 수반하며, 인간은 반복된 고통과 오랜 경험을 통해 마침내 지식에 도달하고 정당한 힘을 행사할 수 있게 된다. 진정으로 깨달은 사람은 이기적일 수 없다. 다른 이들을 이기적이라고 비난하지 못할뿐더러, 그들에게 이기적이지 않은 사람이 되라고 강요하지도 못한다.

이기적인 사람은 상대를 자신의 방식과 뜻대로 바꾸려 하고, 그것이 모두를 위해 유일하게 올바른 길이라고 믿는다. 그래서 이기적인 사람은 본인은 자유롭게 행사하는 힘, 즉 자신만의 방식을 선택하고 의지를 표현할 수 있는 힘을 다른 이들은 행사하지 못하도록 통제하려고 스스로를 무지한 상태로 낭비한다. 그럼으로써 다른 마음들이 똑같이 갖고 있는 성향, 자유와 적대적 관계가 되어 자신만의 고통의 도구를 작동시킨다. 그 결과 상충하는 힘이 끊임없이 상호작용하면서 끝나지 않는 격정의 불길이 타오르고 혼란, 다툼, 고뇌가 발생한다. 이기심은 오용된 힘이다.

이타적인 사람은 모든 개인적인 간섭을 멈추고 판단 기준으로서 '나'를 버린 자다. 그는 생각에서조차 자기중심주의를 버림으로써 자신의 무한한 자유를 인정하고, 타인의 무한한 자유를 침해하지 않는다. 또한 본인의 힘을 자유롭게 사용할 수 있는 타인의 선택과 권리가 적법하다는 점을 분명히 이해한다. 다른 사람들이 그를 상대로 어떤 행동을 하기로 선택하든 그에게는 아무런 문제가 되지 않으며, 그는 어떤 고통도 받지 않는다. 왜냐하면 그는 상대방이 전적으로 본인의 행동을 선택해야 한다고 생각하고 다른 방식으로 행동하기를 바라지 않기 때문이다. 이타적인 사람은 자신의 모든 권한과 유일한 의무는 타인에게 올바르게 행동하는 데 있으며, 자신에 대한 타인의 행동은 그들의 선택이자 일이지 결코 자신이 상관할 바가 아니라는 사실을 알고 있다. 그렇기에 이타적인 사람에게서는 악의, 시기, 험담, 질투, 비난, 정죄, 박해가 사라진다. 이런 악한 감정들을 행하지 않기 때문에 그것들이 자신에게 던져져도 동요하지 않는다. 죄로부터 해방은 고통으로부터 해방이다. 이타적인 사람은 자유롭고 죄에 예속되지 않으며 모든 속박을 끊는다.

노동의 축복과
품위를 비추는 빛

     "노동은 삶이다"라는 원칙은 충만한 진리를 담고 있어 아무리 자주 반복하고 면밀히 연구해 실천해도 지나치지 않다. 노동은 그 자체로 행복하고 고귀한 실체이지만, 때때로 안정과 쾌락을 얻기 위한 지긋지긋하고 품위를 떨어뜨리는 수단으로 여겨지곤 한다. 따라서 우리는 격언에 담긴 가르침을 마음에 새기고 점점 더 철저히 배울 필요가 있다.

    정신적·육체적 활동은 삶의 정수다. 삶의 완전한 중단은 죽음이며, 죽음 뒤에는 곧바로 부패가 뒤따른다. 안정과 죽음은 밀접한 관련이 있다. 한 사회에서 가장 장수하는 사람은 정신노동자나 창의적인 사상가처럼 끊임없이 정신 활동을 하는 이들이다. 농부, 정원사처럼 꾸준히 신체 활동을 하는 사람이 그다음으로 오래 산다. 즉 활동이 많을수록 오래 사는 것이다.

    마음이 순수하고 건강한 사람은 일을 사랑하고, 일하면서 행복을 느낀다. 그들은 결코 '과도한 노동'을 불평하지 않는다. 건강하고 순수한 삶을 사는 사람이 과도한 노동을 하기는 매우 어렵고 거의 불가능하기 때문이다. 걱정, 나쁜 습관, 불만, 게으름이 사람을 죽인다. 특히 게으름이 치명적인데, 노동이 생명이라면 게으름은 죽음이다. 과도한 노동에 대해 이야기하기 전 먼저 죄부터 없애자.

노동을 적으로 여겨 무서워하고, 과로하면 쇠약해질까 봐 두려워하는 사람들이 있다. 그들은 일이 건강을 지켜주는 친구임을 알아야 한다. 한편 노동을 부끄럽게 여기는 사람도 있다. 이들은 노동이 품위를 떨어뜨리기 때문에 피해야 한다고 생각한다. '마음이 순수하고 머리가 건전한' 사람은 일을 두려워하거나 부끄러워하지 않으며, 어떤 일이든 위엄 있게 처리한다. 일은 결코 품위를 떨어뜨리지 않지만, 누군가 자기 일을 그렇게 여긴다면 자신이 하는 일 때문이 아니라, 그의 노예 같은 허영심으로 이미 품위가 떨어져 있기 때문일 것이다.

인간에게는 매일 해야 하는 정해진 육체적·정신적 일이 있다
이것이 그의 품위를 언명한다

일을 두려워하는 게으른 사람과 일을 부끄러워하는 허영심에 찬 사람은 둘 다 가난으로 가는 길 위에 서 있다. 아직 가난에 이르지 않았다면 말이다. 일을 사랑하는 근면한 사람과 일을 명예롭게 여기는 진정한 품위를 지닌 사람은 아직은 부자가 되지 못했더라도 둘 다 풍요로 가는 길 위에 서 있다. 게으른 사람은 가난과 범죄의 씨앗을 뿌리고, 허영심 많은 사람은 굴욕과 수치의 씨앗을 뿌린다. 근면한 사람은 풍요와 미덕의 씨앗을 뿌리며, 품위 있는 노동자는 승리와 명예의 씨앗을 뿌린다. 행위는 곧 씨앗이고, 그 열매는 때가 되면 열릴 것이다.

가능한 한 적은 노력으로 부유해지고자 하는 욕망은 흔하다. 이것은 일종의 도둑질이다. 노동하지 않고 노동의 결실을 얻으려는 것은 타인이 행한 노동의 결실을 취하는 행위이고, 상응하는 대가를 내주지 않고 돈을 얻으려는 것은 내 것이 아닌 타인의 것을 취하는 행위다. 도둑질이 이러한 사

고방식을 논리적 극단으로 가져간 것이 아니면 무엇이겠는가?

우리의 일을 기뻐하자. 우리에게 일할 힘과 능력이 있음을 기뻐하고, 끈기 있게 일해서 그 힘과 능력을 키우자.

어떤 일을 하든 고귀한 정신을 가지고 수행한다면 그 일은 고귀해지고, 세상도 그 일을 고귀하다고 인식할 것이다. 덕이 있는 사람은 자기 몫으로 떨어진 어떤 노동도 경멸하지 않는다. 일하면서 지치지 않고 가난한 시기에도 신의를 가지고 인내하며 타협하지 않는 사람은 반드시 노동의 달콤한 열매를 먹을 것이다. 힘겹게 나아가며 실패하는 것처럼 보일 때조차 행복은 그의 변치 않는 동반자가 된다. "자기 일을 찾은 사람은 복이 있나니 다른 복을 구하지 말라"는 말도 있지 않은가?

예의와 세련된
태도를 비추는 빛

더 위로 올라가 짐승을 몰아내고
원숭이와 호랑이를 죽여라

모든 문화는 인간 본성이 가진 짐승과도 같은 측면에서 멀어지는 것이다. 진화는 정제 과정이며, 사회 관습법은 진화의 법칙에 내재되어 있다.

교육은 지적인 문화다. 학자는 지성을 다듬고 완성하는 일을 하고, 영적 신봉자는 마음을 다듬고 완성하는 일을 한다.

사람은 고귀한 성취를 열망하고 이상을 실현하려 할 때 자신의 본성을 다듬기 시작한다. 내면을 순수하게 만들수록 겉으로 드러나는 그 사람의 태도는 더 세련되고 정중하며 예의 바르다.

예의는 윤리의 뿌리를 갖고 있으며 종교와 분리될 수 없다. 예의가 없다는 것은 불완전하다는 뜻이다. 예의 없는 태도가 내면의 결함을 겉으로 표현한 것이 아니면 대체 무엇이란 말인가? 행동은 곧 그 사람이다. 무례하게 행동하면 무례한 사람이고, 어리석게 행동하면 어리석은 사람이며, 점잖게 행동하면 점잖은 사람이다. 겉모습은 내면의 표현인 만큼, 거칠고 상스러운 겉모습 뒤에 온화하고 세련된 마음을 가질 수 있다고 생각한다면 이는 오산이다. 물론 거친 겉모습 뒤에 동물적 미덕은 가졌을 수 있지만 말이다.

바른 행동 또는 선한 태도는 부처가 설명한 팔정도the noble Eightfold Path(깨달음과 열반으로 이끄는 정견正見, 정사유正思惟, 정어正語, 정업正業, 정명正命, 정정진正精進, 정념正念, 정정正定 등 올바른 여덟 가지 길—편집자 주) 중 한 단계다. 누구에게나 분명한 사실은 타인에게 친절하고 은혜로우며 이타적인 영혼을 가지고 행동하는 법을 아직 배우지 못한 사람은 거룩한 삶의 길에 들어서지 못했다는 것이다.

사람이 마음을 다듬으면 행동을 다듬게 되고 행동을 다듬으면 마음을 다듬는 데 도움이 된다.

짐승은 거칠고 잔인하고 퉁명스럽게 행동하는 태도가 자연스럽겠지만, 더 높은 단계의 인간이 되는 것은 말할 것도 없고 사회 구성원으로서도 인정받길 열망하는 사람은 자신에게 있는 그런 야만적인 특성을 지체 없이 제거할 것이다.

음악, 그림, 시, 예절 등 인간의 정제를 돕는 모든 것은 진보의 하인이자 전달자다. 짐승을 따라 할 때 인간은 스스로의 품위를 떨어뜨린다. 야만성을 단순함으로, 무례함을 솔직함으로 착각하지 마라.

이타심, 친절함, 배려심은 항상 온화함, 예의바름, 세련된 태도로 드러난다. 예의 있는 척하는 태도는 성공한 듯이 보일 수도 있지만 사실은 그렇지 않다. 가장과 위선은 곧 밝혀진다. 조만간 모두가 그 어설픔을 꿰뚫어보고, 결국 행위자 외에는 어느 누구도 속지 않는다. 에머슨은 이렇게 말했다.

결과를 위해 하는 일은 결과를 위해 하는 것으로 보이고,
사랑을 위해 하는 일은 사랑을 위해 하는 것으로 느껴진다.

가정교육을 잘 받은 아이는 항상 자신의 행복보다 다른 사람의 행복을

먼저 생각하라고 배운다. 다른 사람에게 가장 편안한 자리, 가장 좋은 과일, 가장 맛있는 음식을 주고 아무리 사소한 행동이라도 올바르게 하라고 교육받는다. 그리고 이 두 가지, 이타심과 올바른 행동은 예의뿐 아니라 모든 윤리, 종교, 참된 생활의 기초를 이루면서 힘과 실력이 있음을 나타낸다. 이기적인 사람은 약하고 행동이 서툴다. 이타심은 올바른 사고방식이며, 예의는 올바른 행동 방식이다. 다시 한 번 에머슨은 이렇게 말했다.

모든 일에는 그것이 설령 달걀을 삶는 일에 불과할지라도 늘 가장 좋은 수행 방법이 있다. 예의는 일을 올바르게 하는 행복한 방법이다.

사람들이 자주 하는 착각 중 하나는 더 높은 삶은 평범한 삶을 이루는 구체적인 활동과는 별개인 이상적인 무엇이며, 인생의 평범한 과업을 무시하거나 부주의한 태도로 수행하는 것은 마음이 '더 높은 것'에 몰두하고 있다는 표시라고 생각한다는 점이다. 그러나 사실 이것은 마음이 정확하고 깨어 있으며 강해지는 것이 아니라, 부정확하고 몽상적이며 약해지고 있다는 표시다. 겉보기에는 아무리 사소한 일지라도 그것을 하는 데는 올바른 방법이 있다. 올바른 방법으로 일하면 마찰, 시간, 불편이 줄어들고 힘이 절약되며 기품, 능력, 행복을 발전시킬 수 있다.

장인은 자신의 특별한 기술을 발휘할 다양한 도구를 가지고 있다. 그는 각각의 도구를 고유한 용도에 맞게 써야지, 어떤 경우에라도 다른 용도로 사용해서는 안 된다는 사실을 배웠고 경험을 통해서도 알고 있다. 모든 도구를 적절한 장소에서 올바른 방법으로 사용한다면 솜씨와 힘을 최대로 발휘할 수 있다. 일을 배우는 소년이 가르침을 거부한 채 고집스럽게 자기 방식대로 도구를 원래 용도에 맞지 않게 쓴다면 그는 서투른 직공보다 결코 더 나은 사람이 될 수 없으며, 그 일에서 실패자가 될 것이다.

이것은 인생 전체에 동일하게 적용된다. 마음을 열어 가르침을 받아들이고 모든 것을 올바르고 합법적으로 해나가는 방법을 연구하는 사람은 강하고 현명하며 노련해지고, 자기 자신은 물론 자신의 생각과 행동의 주인이 될 것이다. 반면 순간적인 충동을 따르고 모든 일을 순간의 느낌대로 수행하면서 사려 깊게 생각하지 않고 가르침을 거부하는 사람은 어설프고 서투른 삶밖에 얻지 못한다.

공자는 국가의 중대한 일과 고결한 도덕적 원칙은 물론, 옷 입기, 먹기, 행동거지, 말하기 등 소위 삶의 모든 사소한 일에도 엄격하게 주의를 기울였다. 그는 제자들에게 해야 할 일을 '하찮은 것'으로 여기는 태도는 천박하고 어리석은 마음을 보여주는 표시이며, 현명한 사람은 자신에게 주어진 의무에 주의를 기울이고 모든 일을 현명하고 사려 깊으며 올바르게 수행한다고 가르쳤다.

나이프는 자르기 위한 도구이고 포크는 찍어 먹기 위한 도구인 만큼, 나이프로 찍어 먹기를 고집하는 사람을 배척하는 것은 사회의 자의적 명령이 아니다. 물건을 어설프게 잘못 사용하는 태도는 심지어 그것이 인생의 아주 사소한 부분일지라도 발전을 가져오지 않고 오히려 퇴보와 혼란을 초래한다.

타인에게 불친절하고 생각도 자상하지 않은 사람은 천국에 들어가지 못해 천국 밖의 고통과 불안 속에 남으리라는 것은 만물의 법칙에서 그리 가혹한 조건이 아니다. 이기심은 혼란과 무질서이기 때문이다. 우주는 정확성으로 유지되고 질서 위에 놓여 있으며 올바른 행동을 요구한다. 지혜를 찾는 사람은 자신의 모든 길에서 경계를 늦추지 않는다. 그는 순수하게 생각하고 온화하게 말하며 친절하게 행동할 뿐 아니라, 육체와 정신의 모든 본성을 다듬을 것이다.

교의의 다양성을
비추는 빛

신앙 문제와 관련해 궤도에서 벗어나 종교적 교리라는 형식과 구별되는 더 높은 삶을 찾아 독자적으로 길을 떠난 사람은 첫 단계에서부터 그들을 기다리는 교만이라는 함정에 빠지기 쉽다.

'교의'를 공격하고, 정통파적 관행이 악과 동의어인 것처럼 '정통'을 경멸히는 말을 일삼는 행위는 어리석게도 자신이 더 큰 영적 빛을 가졌다고 생각하는 사람들 사이에서 드물지 않게 나타나는 행태다. 정통에서 이탈은 결코 죄에서 이탈을 의미하지 않는다. 정통에서 이탈함으로써 종종 괴로움과 경멸의 감정이 더 깊어지기도 한다. 의견의 변화와 마음의 변화는 전혀 다른 문제다. 교의에 대한 지지를 철회하기는 쉽지만 죄에서 벗어나는 것은 어렵다.

피해야 할 것은 정통과 신봉이 아니라 증오와 교만이다. 혐오해야 할 것은 다른 사람의 신조가 아니라 자기 자신의 죄다. 올바른 마음을 가진 사람은 자신이 다른 이들보다 '더 관대하다'고 자랑하거나 '더 높은 차원'에 있다고 생각해서는 안 되며, 자신은 이제 그만둔 경전 해석과 종교적 가르침의 형태에 여전히 집착하고 있는 이들을 독선적으로 경멸해서도 안

된다. 타인을 '편협하다', '고집불통이다', '이기적이다'라고 보는 것은 깨달음을 얻은 마음이 아니다. 이런 표현을 자기 자신에게 붙이고 싶은 사람은 아무도 없을 것이다. 진정한 종교인은 자신에게 향했을 때 상처가 될 표현들로 다른 이들에 대해 말하지 않는다.

겸손과 연민을 실천하는 법을 배운 사람은 진정으로 깨달음을 얻은 자가 된다. 스스로를 낮게 생각하고 다른 이들에 대해서는 친절하게 생각하며, 자신의 죄는 냉정한 논리로 정죄하고 타인의 죄에 대해서는 부드러운 연민을 가지는 사람은 만물의 본성과 법칙에 대한 통찰력을 발전시켜 타인과 타인의 종교 안에 있는 진리를 볼 수 있다. 그들은 이웃이 다른 신앙을 가졌다고 또는 형식적 교의를 고수한다고 해서 비난하지 않는다. 교의는 절대적으로 다양하며, 자기가 믿는 교의에 따라 의무를 충실히 수행하면서 이웃을 간섭하거나 비난하지 않는 사람은 세상을 완전함과 평화로 더 가까이 데려간다.

교의의 다양성 속에 불멸 · 불변하는 사랑의 통일된 힘이 있고 사랑을 가진 사람은 모든 이들과 공감적으로 결합한다.

종교의 참된 정신을 얻은 사람, 순수한 통찰력과 깊은 자비심에 도달한 사람은 다툼과 비난을 피하려 한다. 만약 그가 어떤 종파에 속해 있다면 자신의 종파를 찬양하는 망상에 빠지지 않을 테고, 그 종파만이 옳다고 증명하려 하거나 다른 종파를 비난하면서 그것이 거짓임을 증명하려는 노력을 하지 않을 것이다. 참된 사람은 자기 자신이나 자기가 하는 일을 자랑하지 않는다. 마찬가지로 겸손하고 자비로우며 지혜로운 사람은 자기가 믿는 종파가 여느 종파보다 우월하다고 말하지 않고, 다른 이들이 신성하게 받드는 신앙의 형식에서 흠을 들춰 자신이 믿는 종교를 높이려고 하지도 않는다.

기독교 시대보다 약 2~3세기 전에 살았던 인도의 위대한 통치자이자 성인이며 진리를 전파하는 데 일생을 바쳤던 아소카Asoka의 12번째 칙령만큼 자비의 실천에 관해 더 명확하고 기품 있게 잘 쓴 글은 찾아보기 어렵다. 칙령 내용은 다음과 같다.

> 자기 종파를 칭찬하고 다른 종파를 비난해서는 안 된다. 반대로 이유가 무엇이든 그럴 만하다면 다른 종파에 대해 경의를 가져야 한다. 그럼으로써 자기 종파는 발전하고 다른 종파는 이익을 얻을 것이다. 이렇게 행동하지 않는다면 다른 종파를 해함으로써 내가 믿는 종파도 멸망하리라. 다른 종파를 비난함으로써 자기 종파를 높이는 사람은 의심할 나위 없이 자기 종파를 사랑하는 마음에서 종파의 명성을 널리 퍼뜨리려는 생각으로 그렇게 했을 것이다. 그러나 이렇게 하면 반대로 그는 자기가 빋는 종파에 더 많은 상처를 입힌다.

아소카의 칙령은 지혜롭고 거룩하다. 그 속에 자비의 숨결이 있다. 타인의 종교가 아니라 자기 종교의 결점을 타도하고 싶어 하는 사람은 이를 숙고할 수 있다.

다른 종교의 '악'으로 보이는 부분을 폭로함으로써 자기가 믿는 종교의 신조를 진전할 수 있다고 생각하는 것은 어둡고 고질적인 착각이다. 여기서 가장 딱한 점은 이렇게 착각하는 사람은 계속해서 다른 종파를 흠잡아 마침내 그들을 완패시키고 자기편으로 규합할 수 있다고 생각하며 기뻐하겠지만, 사실은 자신의 종파를 불명예스럽게 만들고 그럼으로써 멸망시키는 슬픈 일을 하고 있다는 것이다.

타인을 비방할 때마다 자신의 인격과 장래에 영구적인 상처를 입히는 것처럼, 다른 종파를 비방할 때도 자신이 믿는 종교를 더럽히고 격하하게 된다. 걸핏하면 다른 종교를 공격하고 비난하는 사람은 자신의 종교가 공격과 비난을 받을 때 가장 크게 고통받는다. 당신이 믿는 종교가 악하고 거짓되다고 매도당하는 것이 싫다면 당신도 다른 종교를 그렇게 비난하지 않도록 주의해야 한다. 당신의 신조에 대해 좋게 말하고 도움을 줄 때

인생의 어려움을 밝히는 빛 ·

215

기쁘다면 당신 역시 당신의 방법과 다르더라도 궁극적으로는 똑같이 선한 목적을 가진 다른 신조에 대해 좋게 말하고 도와야 한다. 그럼 종파 분쟁의 죄와 불행에서 벗어나 신성한 자비 속에서 자신을 완성할 수 있다.

온유함과 자비를 품은 마음은 세대를 넘어 타오르는 종파 싸움, 폭력, 박해, 괴로움의 불길을 유지하는 모든 맹목적 격정을 자제한다. 이런 마음은 동정적이고 친절한 생각 속에 머무르고, 아무것도 경멸하거나 혐오하지 않으며, 증오를 불러일으키지도 않는다. 온유한 사람은 다른 방법으로는 얻을 수 없는 대법칙에 대한 명료한 통찰력을 얻는다. 그는 모든 종파와 종교에 선이 있음을 보고 그 선을 자신의 것으로 만든다.

진리를 추구한다면 분열과 불쾌감을 주는 차별을 피하고 자비를 추구하라. 자비는 비방하거나 험담하거나 비난하지 않는다. 남의 것을 짓밟고 내 것을 높이려는 생각을 하지 않는다.

진리는 그 자체로 모순될 수 없다. 정확성, 실재성, 흔들림 없는 확실성이 진리의 본성이기 때문이다. 그렇다면 종교와 교의 사이에는 왜 갈등이 이어지는가? 죄가 원인이 아닌가? 모순과 갈등은 죄 영역에 속하고 죄, 즉 혼란은 자기모순의 본질을 지니고 있기 때문이다. 기독교인은 "기독교는 참이고 불교는 거짓이다"라고 말하고, 불교인은 "기독교는 거짓이고 불교는 참이다"라고 말한다면 이들 종교는 둘 다 참도 거짓도 될 수 없기에 우리는 양립이 불가한 모순에 직면한다. 진리에서는 이러한 모순이 나올 수 없으니 모순은 분명 죄에서 비롯된다. 그런데 이 두 종파가 "그렇다. 참으로 모순은 죄에서 비롯되지만, 죄는 나와 내 종교가 아니라 상대방과 그의 종교에 있다"고 생각하고 말한다면 이런 행동은 모순을 더욱 심화할 뿐이다. 그렇다면 죄는 어디에서 비롯되고 진리는 어디에 있는가? 그들이 서로에 대해 취하는 마음의 태도가 죄를 이루는 것이 아닌가? 그들이 태도를 뒤집어 적대감을 선의로 바꾼다면 모순되지 않는 진리를 깨닫지 않겠는가?

"내 종교는 참이고 이웃의 종교는 거짓이다"라고 말하는 사람은 아직 자기 종교에서 진리를 발견하지 못한 것이다. 자기 종교에서 진리를 발견하면 다른 종교에서도 진리를 볼 것이기 때문이다. 모든 보편적 현상 뒤에는 단 하나의 진리가 있듯이 모든 종교와 교의 뒤에는 단 하나의 가르침이 있다. 모든 종교는 동일한 윤리적 가르침을 담고 있으며, 위대한 스승들은 정확히 똑같은 것을 가르쳤다.

산상수훈의 가르침은 모든 종교에서 발견된다. 위대한 스승과 그들의 여러 제자는 이 가르침이 요구하는 삶을 살았다. 진리는 순수한 마음이자 흠이 없는 삶이지 교리나 의견이 아니기 때문이다. 모든 종교는 마음의 순수함, 삶의 거룩함, 연민, 사랑, 선의를 가르친다. 선한 행동을 하고 이기심과 죄를 버리라고 가르친다. 이는 교리, 신학, 의견이 아니라 실천하고 행해야 하는 것들이다. 이런 가르침에 대해 사람들은 입장을 달리하지 않는다. 이것들은 모든 종파가 인정하는 진리다. 그렇다면 사람들은 무엇에 대해 다른 입장을 가지는가? 바로 의견, 추측, 신학에 대해서다.

사람들은 실재하는 것이 아니라 실재하지 않는 것에 대해 논쟁하고, 진리가 아닌 죄를 놓고 싸운다. 모든 종교의 핵심은 어떤 진리라도 알려면 먼지 주위 사람들과 싸우는 것을 멈추고 선의와 사랑으로 대하는 법을 배워야 한다는 것이다. 이웃의 종교는 거짓이며, 그것을 훼손하고 전복시키기 위해 최선을 다하는 것이 자기 의무라고 확신하는 사람이 어떻게 이를 실천할 수 있겠는가? 이것은 남이 나에게 해주길 바라는 대로 남을 대하는 태도가 아니다.

참되고 실재하는 것은 언제 어디서나 참되고 실재한다. 독실한 기독교인과 독실한 불교인 사이에는 아무런 차이가 없다. 마음의 순수함, 삶의 경건함, 거룩한 열망, 진리에 대한 사랑은 기독교 신자나 불교 신자나 똑같다. 불교인의 선행도 기독교인의 선행과 다르지 않다. 죄에 대한 후회, 잘못된 생각과 행동에 대한 슬픔은 기독교인뿐 아니라 모든 종교인의 마음속에서 솟아난다. 동정심과 사랑에 대한 필요는 크다.

모든 종교는 똑같은 근본 진리를 가르친다는 점에서 동일하다. 그러나 인간은 이러한 진리를 실천하는 대신 지식과 경험의 범위 밖에 있는 것들에 대한 의견과 추측에 빠져들어 자신의 특정 추측을 옹호하고 전파하면서 서로 분열되고 충돌한다.

비난은 박해의 시작이다. "나는 옳고 너는 틀리다"라는 생각은 증오를 맺는 씨앗이다. 이 씨앗에서 스페인 종교 재판이 자라났다. 보편적 진리를 찾고자 하는 사람은 이기주의를 버리고 증오에 찬 비난의 불길을 꺼야 한다. "타인은 모두 틀렸다"라는 유해한 생각을 지우고, "틀린 사람은 나다"라는 깨달음을 주는 생각을 해야 한다. 이렇게 생각하는 사람은 죄를 짓지 않고, 타인을 사랑과 선의로 대하면서 차별하거나 분열에 가담하지 않으며, 편견에 사로잡히지 않는 중재자가 되어 살아간다. 그는 자비를 베푸는 삶을 살면서 모두와 하나가 된다. 죄와 이기심은 분열하지만 진리는 종교와 하나임을 보여주기에 그는 보편적 진리, 영원한 종교를 이해할 것이다.

법칙과 기적을
비추는 빛

경이로운 것에 대한 사랑은 격정과 욕망처럼 억제하고 통제해 마침내 변화시켜야 하는 인간 본성의 한 부분이다. 그렇지 않으면 이성과 통찰력의 암흑화나 미신을 피할 수 없다. 법칙의 질서 정연하고 영원하며 유익한 본질을 인식하고, 법칙에 대한 지식이 부여하는 평화와 확실성을 누리려면 먼저 기적에 대한 관념을 넘어서야 한다.

어린아이가 세상의 현상에 눈떴을 때 경이를 느끼고 거인과 요정 이야기에 빠져드는 것처럼, 영적 영역에서 처음 정신의 눈을 뜬 사람은 불가사의한 기적에 관한 이야기에 빠져들게 된다. 어린아이가 주변 현상에 관한 본질을 더 정확히 이해해 마침내 미숙한 어린 시절을 뒤로하고 어른이 되듯이, 인간은 영적으로 더 완전하게 발달하고 내면의 실재에 대해 더 잘 알게 됨으로써 마침내 어린아이 같은 경이의 시대를 뒤로하고 떠난다. 만물의 법칙을 접한 그는 고정되고 변하지 않는 원칙에 따라 자신의 삶을 다스린다.

법칙은 보편적이고 영원하다. 아직 밝혀지지 않은 지식이 방대하게 존재하지만 원인과 결과의 법칙은 언제나 유효하다. 모든 새로운 발견, 모든 밝혀진 진실은 법칙의 아름다움과 부동성, 우월성을 더 잘 깨닫는 데 도움이 된다. 자연의 모든 영역에 걸쳐 법칙이 불가침하고 영원하다는 사실을 아는 것은 매우 기쁜 일이다. 동일한 우주의 작용은 늘 똑같다는 사실을 아는 사람은 이를 발견하고 이해하며 그것에 순종할 수 있기 때문이다. 이는 확신의 근거이며, 따라서 큰 희망과 기쁨의 근거다. 기적에 대한 생각은 법칙을 부정하면서 그것을 임의적이고 변덕스러운 힘으로 대체하는 것이다.

위대한 스승들의 삶을 중심으로 기적 같은 이야기가 자라나는 것은 사실이지만, 이는 스승 자신이 아니라 미숙한 사람들의 마음에서 나온 것이다. 노자는 기적을 인정하지 않는 최고법, 즉 이성에 대해 이야기했으나 오늘날 그의 종교는 초자연적인 것들을 받아들여 미신이나 다름없을 정도로 변형되었다. 심지어 불교는 그 창시자가 "인과법칙이 만물을 지배하는 것을 보면 기적을 행하려는 제자는 교리를 이해하지 못한 것이다. 기적을 행하려는 욕망은 탐욕이나 허영심에서 나온다"라고 선언했음에도 타락한 형태로 변형되어 위대한 스승의 삶을 수많은 기적으로 감싸왔다. 1886년 사망한 힌두교 스승이자 오늘날까지 제자들에게 신의 화신으로 여겨지는 라마크리슈나Ramakrishna가 살아 있을 때도 사람들은 온갖 종류의 기적을 그에게 돌렸고 지금은 그의 이름만 들어도 기적이 연상된다. 그러나 막스 뮐러 Max Müller(프리드리히 막스 뮐러는 독일 출신 영국 철학자이자 동양학자 · 1823~1900 ─편집자 주)는 이런 기적은 아무 증거나 사실적 근거가 없으며 라마크리슈나 자신도 기적을 조롱하고 거부했다고 말한다.

사람들이 깨달음을 얻을수록 종교에서 기적은 사라지고 법칙의 질서 정연한 아름다움과 법칙에 순종할 때의 윤리적 장엄함이 드러나 알려질 것이다. 기적이나 점성술 또는 심리적 경이를 행하고자 하는 사람, 보이지 않는 존재나 초자연적인 존재를 보고 싶다는 호기심을 가진 사람, '스승'이나 '대가'가 되기를 열망하는 사람은 진리에 대한 명확한 인식을 얻을 수 없을뿐더러, 가장 높은 삶에 도달하지도 못할 것이다. 사물에 대한 어린아이 같은 경탄은 사물에 대한 지식으로 대체되어야 한다. 허영심은 낮은 마음과 겸손을 요구하는 참된 길의 입구를 완전히 막아서는 장애물이다. 친절과 관용, 사랑의 마음을 기르는 사람이 참된 길을 가는 자다. 진정한 스승임을 보여주는 표시는 기적과 경이로운 일이 아니라 무한한 인내, 한없는 연민, 티 없는 순수함, 모든 사람과 평화롭게 지내는 마음이다.

전쟁과 평화를
비추는 빛

전쟁은 내면의 다툼에서 비롯된다. '천국에서 전쟁'은 땅에서의 전쟁에 선행한다. 내면의 영적 조화가 분열과 충돌로 파괴되면 그것은 전쟁 형태로 겉으로 드러난다. 이러한 내적 충돌이 없다면 전쟁은 일어나지 않으며, 전쟁이 일어난다면 내적 조화가 회복될 때까지 전쟁을 멈출 수 없다.

전쟁은 공격과 저항으로 이루어져 있으며, 싸움이 시작된 후에는 양쪽 전투원이 똑같이 공격자와 저항자가 된다. 따라서 공격적인 방법으로 전쟁을 종식하려는 노력은 오히려 전쟁을 낳는다. 얼마 전 한 사람이 이렇게 말하는 것을 들었다. "나는 전쟁 정신에 완강히 반대합니다." 그는 이런 마음가짐이 오히려 전쟁 정신을 실천하고 키운다는 사실을 몰랐을 것이다.

전쟁에 맞서 싸우는 것은 전쟁을 일으키는 것과 마찬가지다. 모든 싸움은 평화를 파괴하기 때문에 평화를 위해 싸우는 것은 불가능하다. 비난과 싸움으로 전쟁을 종식하겠다는 생각은 지푸라기를 던져 불을 끄겠다는 것과 같다. 진정으로 평화를 추구하는 사람은 전쟁에 저항하지 않고 평화를 실천한다. 반면 편을 가른 뒤 공격과 방어를 하는 사람은 늘 마음속에서 전쟁을 하고 있기 때문에 전쟁에 대한 책임이 있다. 그는 자신의 마음이 아직 평화에 이르지 못해 평화의 본질을 알지 못한다. 진정으로 평화로운 사람은 마음에서 편을 가르는 싸움과 다툼의 정신을 없앤 자다. 타인을 공격하지도, 자신을 방어하지도 않는 사람이며 모든 이들과 평화롭게 지낼 수 있는 마음을 지닌 사람이다. 그런 사람은 이미 마음속에 평화 제국의 기틀을 세웠다. 그는 온 세상과 화목하고, 어떤 상황에서도 평화의 정신을 실천해 평화를 만든다.

평화의 정신은 매우 아름다우며 우리에게 "와서 쉬라"고 말한다. 평화를 세우고자 하는 사람은 말다툼, 반목, 분열을 영원히 버려야 한다.

전쟁은 인간이 내면의 격정에 지배당하는 한 계속될 테고, 내면의 소란을 잠재워야만 외부의 증오도 사라진다.

자아는 가장 큰 적으로, 모든 다툼과 수많은 슬픔을 만드는 존재다. 따라서 세상에 평화를 가져올 사람은 이기주의를 극복하고 격정을 억누르면서 자신을 정복해야 한다.

인간의 형제애를
비추는 빛

'보편적 형제애'에 관한 글과 설교는 여기저기에 많다. 새로 형성된 많은 공동체는 이를 믿음의 주요 조항으로 채택하고 있기도 하다. 그러나 지금 시급히 필요한 것은 보편적 형제애가 아니라 특별한 '형제애particular brotherhood'다. 이는 우리와 직접 접촉하는 사람들, 우리에게 사랑과 동의를 보내주는 사람들뿐 아니라, 우리를 반대하고 방해하며 공격하는 사람들에게까지 관대하고 자비로우며 친절한 마음을 발휘하는 태도다.

특별한 형제애를 실천하기 전까지 보편적 형제애는 무의미한 용어로 남으리라는 것은 아주 단순한 진리다. 보편적 형제애는 목적이자 목표이고 거기에 이르는 길은 특별한 형제애에 있기 때문이다. 즉 보편적 형제애는 숭고하고 원대한 완성이고, 특별한 형제애는 그 완성을 실현하는 수단이다.

언젠가 보편적 형제애의 가르침을 주제로 한 논문을 읽은 적이 있다. 길고 학구적인 그 글은 보편적 형제애의 가르침에 관한 해설적 논문이었다. 그런데 몇 쪽을 더 넘기다가 같은 작가가 쓴 다른 글을 발견했다. 그 글에서 작가는 적이 아니라 자기가 속한 공동체 구성원들의 허위 진술, 거짓말,

이기심을 비난하고 있었는데, 그 구성원들은 적어도 이런 죄에 한해서는 좋은 평판을 갖고 있는 사람들이었다.

성경에는 이런 질문이 나온다. "사람이 보고 있는 형제를 사랑하지 않는다면 어떻게 보지 못한 하나님을 사랑할 수 있겠는가?" 마찬가지로 사람이 알고 있는 형제를 사랑하지 않는다면 어떻게 알지도 못하는 모든 교의와 모든 나라의 국민을 사랑할 수 있겠는가?

보편적 형제애에 관한 글을 쓰는 것과 나와 관계있는 사람, 이웃과 화목하게 지내며 악을 선으로 갚는 것은 전혀 다른 일이다.

마음속에는 시기, 악의, 원한, 악의, 증오의 불꽃을 키우면서 보편적 형제애를 전파하려고 노력하는 것은 자기기만이다. 말로써 찬미하는 것을 행동으로 방해하고 부정할 것이기 때문이다. 이러한 자기기만은 매우 교묘해서 사랑과 지혜의 매우 높은 경지에 도달하기 전까지는 누구든 언제라도 빠져들 수 있다.

보편적 형제애가 실현되지 않고 있는 이유는 다른 사람들이 우리의 견해를 견지하지 않거나 우리의 종교를 따르지 않거나 우리가 보는 것처럼 보시 않기 때문이 아니라, 악의가 만연하기 때문이다. 우리와 다르다는 이유로 타인을 미워하고 피하고 비난한다면 보편적 형제애를 위해 말하고 행동하는 모든 것은 우리 발을 묶는 또 다른 올가미가 되고, 우리의 열망에 대한 조롱이 되며, 세상에서 큰 웃음거리가 될 것이다.

그러니 마음에서 모든 증오와 악의를 제거하자. 가까운 곳에서 우리를 시험하는 이들에게 선의를 갖자. 우리를 미워하는 사람들을 사랑하고 우리나 우리의 교리를 비난하는 사람들을 관대하게 바라보자. 즉 형제애가 가장 필요한 곳, 지금 우리가 있는 곳에서 우리와 관련된 사람들에게 형제애를 실천함으로써 보편적 형제애를 향한 첫걸음을 내딛자. 이렇게 중요한 개별 상황에서 형제애를 실천하는 데 성공한다면 보편적 형제애는 그리 멀리 있지 않음을 알게 될 것이다.

인생의 슬픔을
비추는 빛

세상에는 큰 슬픔이 있다. 이는 인생에서 가장 중요한 사실 중 하나다. 슬픔과 고통은 모든 이의 마음에 찾아온다. 오늘 유쾌한 기쁨이나 죄 많은 낭비를 즐겼던 많은 사람이 내일은 슬픔에 강타 당할 것이다. 슬픔의 통렬한 화살이 갑자기 조용하지만 확실하고 빠르게 마음을 꿰뚫고 들어와 기쁨을 죽이고 희망을 꺾고 세상의 모든 계획과 가능성을 산산조각 낸다. 그럼 겸손하고 고통받는 영혼은 스스로를 반성하고, 삶의 숨겨진 의미에 공감하면서 깊이 이해한다.

슬픔의 어두운 시기에 인간은 진리에 아주 가까이 다가간다. 수년간의 노고로 쌓아올린 희망이 한순간에 장난감 성처럼 무너지고 세상 모든 쾌락이 손에 닿은 작은 거품처럼 터져서 사라지면, 폭풍우에 휩쓸려 피난처도 없이 길을 잃은 채 부서진 영혼은 어리석은 고뇌 속에서 영원한 것을 더듬어 찾고 평화의 안식을 얻으려 한다.

서양의 스승은 "애통하는 자는 복이 있다"고 말했고, 동양의 스승은 "큰 고통이 있는 곳에 큰 행복이 있다"고 단언했다. 이 두 말씀은 슬픔은 스승이자 정제자라는 진리에 대해 이야기한다. 슬픔은 삶의 끝이 아니다. 비록 슬픔이 완성되면 세속적 삶은 끝나지만 슬픔은 길 잃은 영혼을 안식과 안전으로 이끈다. 슬픔의 끝은 기쁨과 평화이기 때문이다.

진실을 찾는 강인한 탐구자! 자아와 격정에 맞서는 불굴의 전사! 슬픔의 계절은 잠시 나의 몫이어야 한다. 자아의 흔적이 조금이라도 남아 있으면 유혹이 공격하고 착각의 베일이 영적 시야를 흐려 슬픔과 불안이 생겨날 것이다. 영혼에 짙은 구름이 내려앉았다면 어둠을 자신의 것으로 받아들이고 용감하게 통과해 저 너머에 있는 맑게 갠 빛으로 나아가라. 나에게 속한 것이 아니고 나의 영원한 선을 위한 것이 아니라면 그 무엇도 나를 압도할 수 없음을 명심하라. 시인은 다음과 같이 노래했다.

어떤 공간도 시간도 깊은 것도 높은 것도 내 것을 나에게서 떼어놓을 수 없네

인생의 밝은 것들뿐 아니라, 어두운 것들도 나의 것이다. 어려움과 괴로움이 주위에 두껍게 몰려들 때, 실패가 찾아오고 친구가 멀어질 때, 달콤하게 칭찬하던 혀가 쓰라리게 비난할 때, 부드럽고 따뜻하게 사랑의 입맞춤을 하던 귀여운 입술이 고독한 슬픔의 외로운 시기에 빈정대고 조롱할 때, 어제까지 사랑하는 사람의 영혼이 담겨 있던 육신을 차가운 관에 넣어 땅속에 누일 때, 그리고 이런 일들이 나를 압도할 때 나의 겟세마네 Gethsemane(예루살렘의 동쪽 감람산 기슭에 있는 동산으로 예수가 처형되기 전날 최후의 기도를 한 곳─편집자 주)의 시간이 왔음을, 내 고뇌의 잔을 마셔야 할 때가 왔음을 기억하라. 그 잔을 작은 소리도 내지 말고 조용히 마셔라. 가혹한 어둠과 눈을 멀게 하는 고통의 시기에는 어떤 기도도 나를 구하지 못하며, 하늘을 향해 아무리 부르짖어도 달콤한 구원이 내려오지 않는다. 그 잔이 오직 믿음과 인내만이 견딜 수 있는 힘, 누구를 탓하거나 불평하지 않고 고난을 나의 것으로 받아들여 온유하고 온화한 정신으로 통과할 힘을 줄 것이다.

슬픔의 가장 낮은 곳에 도달했을 때, 약해지고 지칠 대로 지쳐서 무력감에 가득 차 하나님에게 도움을 청해도 아무런 응답이나 위로, 위안도 받을 수 없을 때, 그때가 되어 슬픔의 고통과 기도만으로는 부족함을 깨닫는다면 드디어 자기희생의 길로 들어갈 준비가 된 것이다. 마음을 정화하고 자기통제를 실천하며 영적인 선수가 될 준비, 자기 극복에서 탄생하는 신성한 무적의 힘을 기를 준비가 된 것이다.

그럼 그는 자기 마음에서 슬픔의 원인을 찾아내 제거할 수 있다. 그리고 홀로 서는 법을 배워 누구에게도 동정심을 갈구하지 않지만 모든 이에게는 동정심을 베푼다. 경솔하게 죄를 짓고 후회하는 것이 아니라 죄를 짓지 않는 방법을 연구한다. 무수한 패배로 겸손하고, 많은 고통으로 다듬어진 그는 다른 이들에게 흠 없이 행동하는 법, 온유하지만 강하고 친절하지만 단호하며 동정심이 많지만 지혜로운 사람이 되는 법을 배운다.

그리하여 그는 점차 슬픔을 극복해 마침내 진리가 마음에 보이기 시작하고 영원한 평화의 의미를 이해하게 된다. 정신적 눈을 뜨고 우주의 질서를 인식한다. 법칙에 대한 깊은 이해로 축복을 받고 지복의 행복도 누릴 것이다.

사물의 진정한 질서를 깨달으면 슬픔을 초월할 수 있다. 덧없는 쾌락을 끌어안고 하찮은 실망과 불만을 곱씹는 옹졸한 개인적 자아를 부숴버리면 진리의 더 큰 삶이 마음에 들어와 행복과 평화를 가져오고, 보편적 의지가 자아의 자리를 대신한다. 개인은 인류와 하나가 되어 모두를 향한 사랑 속에서 자아를 잊는다. 슬픔은 진리의 행복 속에 삼켜진다.

따라서 경험을 통해 인류의 마음에서 결코 없앨 수 없는 슬픔 속으로 완전히 들어갔을 때, 나의 잘못된 생각과 행동의 쓴 열매를 모두 거두어 먹었을 때, 바로 그때 마음에서 모든 고통받는 존재에 대한 신성한 연민이 생겨나 상처를 치유하고 눈물을 마르게 하리라. 자아가 없어 슬픔의 아픔이 침범할 수 없는 천국 같은 새 삶으로 들어가리라. 큰 시련 뒤에는 변화가 오며, 슬픔을 통해 슬픔이 없는 상태에 도달한다. "지혜로운 자는 슬퍼하지 않는다."

죄와 슬픔 속에도 진리의 세계가 있음을 기억하라. 구원은 가까이에 있다. 괴로운 자는 평화를 찾을 것이요, 불결한 자는 순결함을 찾을 것이다. 마음을 다친 자에게는 치유가 기다리고 있다. 약한 자는 힘으로 단장하고, 짓밟힌 자는 들어 올려져 이름을 높일 것이다.

삶의 변화를
비추는 빛

사물이 낮은 단계에서 높은 단계로, 높은 단계에서 더 높은 단계로 발전하는 것은 보편적 경향이다. 세상은 존재가 경험하고 그 경험을 통해 지식을 습득하며 지혜를 키우기 위한 배경이다.

진화는 진보의 또 다른 이름일 뿐이다. 진화는 끊임없이 변하지만 목적이 있는 변화, 성장을 수반한 변화를 의미한다. 다른 질서를 가진 존재로부터 새로운 존재가 창조된다는 얘기가 아니다. 진화는 경험과 변화를 통해 존재가 수정된다는 뜻이며, 그러한 수정이 곧 진보다.

변화는 늘 우리 앞에 있다. 변화를 피할 수 있는 존재는 없다. 식물, 동물, 인간은 싹이 트고 성숙해지다가 쇠퇴한다. 무한한 우주 속에 있는 별들과 그 주변 행성들도 나이가 수백만 년에 이른다지만 결국 무수한 변화를 겪은 후 쇠퇴하고 소멸한다. 우리는 어떤 존재나 사물에 대해서도 "이것은 영원히 그대로일 것이다"라고 말할 수 없다. 이렇게 말하는 동안에도 그 존재나 사물은 변화하고 있을 것이기 때문이다.

변화는 슬픔과 고통을 수반한다. 사람들은 떠나간 것, 잃어버리고 사라진 것들을 생각하며 슬퍼한다. 그러나 사실 변화는 좋은 것이다. 모든 성취와 발전, 완성을 향해 열린 문이기 때문이다.

물질뿐 아니라 마음도 똑같은 변화를 겪는다. 모든 경험, 모든 생각, 모든 행동이 사람을 변화시킨다. 지금 노인과 그들의 유년기·청년기 시절 모습 사이에는 닮은 점이 거의 없다.

영원히 변하지 않는 존재는 알려져 있지 않다. 그러한 존재를 가정할 수는 있겠지만 그것은 그저 가정일 뿐이다. 그런 존재는 인간의 관찰 범위, 지식 범위에 있지 않다. 변화하지 않는 존재는 진보 밖의 존재일 것이다.

어떤 가르침은 인간은 영원히 순수하고 변하지 않으며 완전한 영적 영혼을 지닌 존재라고, 우리가 주변에서 보는 죄짓고 고통받고 변화하는 인간은 미망이라고 단언한다. 즉 영적 영혼이 진짜 인간이며, 죄짓고 고통받고 변화하는 인간은 실재하지 않는다는 것이다.

한편으로 인간은 영원히 불완전하기 때문에 티 없는 순결함에 결코 도달할 수 없고 완전함에 이르는 것은 불가능한 환상이라고 주장하는 가르침도 있다.

이런 양 극단의 가르침은 인간 경험과는 아무런 관련이 없다. 이 두 가지 입장은 인생이라는 사실과는 반대에 있는 사변적인 형이상학의 성격을 가지고 있다. 이들 양 극단의 가르침을 지지하는 사람은 인간의 경험이라는 가장 흔한 일상의 사실을 부정한다. 가정한 것을 실재라 여기고, 인생이라는 사실은 실재하지 않는다고 단언한다.

이 양 극단을 피하고 인간 경험의 중도를 찾아야 한다. 우리 자신이나 다른 사람의 의견과 추측을 그대로 받아들이지 말고 인생이라는 사실을 참고해야 한다. 우리는 인간이 출생하고 성장하며 나이를 먹고 죄와 질병, 죽음을 경험한다는 사실을 안다. 슬픔과 고통, 열망과 기쁨을 느낀다는 것을, 언제나 좀 더 순결해지기를 고대하고 완전해지기 위해 노력한다는 것을 안다. 이는 의견이나 추측, 형이상학이 아니라 보편적 사실이다.

인간이 이미 완벽하다면 더는 완벽해질 필요가 없을뿐더러, 모든 도덕적

인생의 어려움을 밝히는 빛 ·

231

가르침은 쓸모없고 오히려 우스꽝스러운 이야기가 될 뿐이다. 게다가 완벽한 존재는 미망과 비실재에 종속될 수 없다.

반면, 인간이 결코 순수함과 완전함에 도달할 수 없다면 그의 열망과 노력은 헛될 것이다. 그는 실로 조롱거리가 될 테고, 거룩하고 신성한 사람이 가진 천상의 완전함은 무시되고 부정되어야 할 것이다.

우리는 주변에서 죄와 슬픔, 고통을 본다. 그리고 우리보다 앞서간 위대한 스승들의 삶에서 죄가 없고 슬픔이 없는 신성한 상태를 본다. 이처럼 인간은 불완전한 존재이지만 완전해질 수 있고 또 그렇게 될 것임을 안다. 결국 인간은 열망하는 신성한 상태에 도달하게 된다. 그토록 열렬히 원한다는 것은 설령 신성한 상태에 이른 위인들이 그 사실을 증명해내지 못했더라도 충분히 도달할 수 있다는 뜻이다.

인간은 실재적이고 완전한 존재와 비실재적이고 불완전한 존재가 합쳐진 것이 아니다. 인간은 하나의 실재하는 존재이고, 인간의 경험은 실재한다. 인간의 불완전함은 명백하며 인간의 발전과 진보 또한 명백하다.

형이상학적 믿음에도 인간은 삶의 현실을 따라야 하며, 모든 인간은 똑같은 변화와 진보의 법칙 아래 있다. 인간의 영원한 순결함과 완전성을 확언하는 사람은 논리성과 일관성으로 죄, 허물, 질병, 죽음에 대해서는 말하지 말아야 하지만, 그는 이런 것들을 다루어야 할 문제라며 언급한다. 실제에서는 상시 인정하는 존재를 이론적으로는 부정하는 것이다.

한편 완전해질 수 있는 가능성을 부정하는 사람은 열망하거나 노력해서는 안 되지만, 우리는 그가 자기부정을 실천하고 완전해지고자 끊임없이 노력하는 모습을 본다.

이론을 고집한다고 해서 피할 수 없는 문제에서 벗어나게 되는 것은 아니다. 질병, 노화, 죽음의 비실재성에 대해 가르치던 사람도 결국 질병의 고통에 사로잡히고 노화에 굴복해 죽음으로 사라진다.

변화는 피할 수 없는 것일 뿐 아니라, 끊임없이 이어지는 불변의 법칙이다. 변화가 없다면 모든 것이 영원히 그대로일 테고, 성장이나 진보도 없다.

모든 생명의 격렬한 몸부림은 그 완전성에 대한 예언이다. 모든 존재가 위를 바라보는 것은 그들이 끊임없이 위로 올라갈 수 있다는 증거다. 열망, 이상, 도덕적 목표는 인간의 불완전함을 나타내지만 미래에는 완전해질 것임을 분명하게 가리킨다. 이것들은 불필요하거나 목적이 없는 허상이 아니라, 만물의 구조 속에 짜여 있는 우주의 핵심 정수다.

무엇을 믿든 믿지 않든, 어떤 이론을 지지하든 지지하지 않든 한 가지는 확실하다. 인간은 삶의 흐름 속에서 생각하고 행동해야 한다는 점이다. 생각하고 행동한다는 것은 경험한다는 의미이고, 경험한다는 것은 변화하고 발전한다는 의미다.

그리고 인간이 죄를 의식한다는 것은 순수해질 수 있다는 뜻이며, 악을 혐오한다는 것은 선에 도달할 수 있다는 뜻이다. 죄의 땅에서 순례자로 사는 삶은 마침내 아름다운 진리의 도시에 다다르게 될 것임을 의심할 나위 없이 보장한다.

무상함의 진리를
비추는 빛

　　　　　　때때로 무상함의 진리에 대해 깊고 진지하게
명상하는 것이 좋다. 명상함으로써 만물이 어떻게 사라져야만 하는지, 그
대로 있을 때조차 어떻게 이미 사라지는 과정에 있는지를 인식할 수 있다.
또한 마음이 부드러워지고 이해가 깊어질 뿐 아니라, 삶의 신성한 본질도
온전히 의식하게 될 것이다.

　"내일이 되면 나의 소유가 될 것이다"라고 생각하는 대상 중 사라지지 않
는 것이 있을까? 심지어 마음도 끊임없이 변한다. 오래된 성격은 죽어 없어
지고 새로운 성격이 만들어진다. 인생 한가운데서 모든 것은 죽어가고 있
다. 계속 지속되고 유지되는 것은 결코 없다. 만물은 나타났다가 사라지고
성장했다가 소멸한다.

　고대 현인들은 눈에 보이는 우주는 마야, 즉 환영이며, 따라서 무상함은
실재의 반대라고 주장했다. 변화와 쇠퇴는 눈에 보이는 것들의 본질에 속
하고 눈에 보이는 것들은 영원히 사라진다는 점에서 비실재, 즉 환영이라
는 얘기다.

　실재의 영역으로 올라가려는 사람, 진리의 세계에 들어가려는 사람은 먼

저 만물의 무상한 본질을 확실히 깨달아야 한다. 자신의 재산과 육체, 쾌락, 그리고 쾌락의 대상을 계속 유지할 수 있다고 믿으면서 스스로를 속이지 말아야 한다. 꽃이 지고 나뭇잎이 시들어 떨어지듯이 이런 것들도 때가 되면 영원히 사라지기 때문이다.

무상함의 진리를 인식하는 것은 지혜로 가는 중요한 단계 중 하나다. 이 진리를 완전히 이해하고 그 가르침을 마음속 깊이 새기면 모든 슬픔의 원인인 소멸하는 것들에 대한 집착이 사라지고 영원한 진리를 찾는 과정이 가속화된다.

번민이 만연한 이유는 사람들이 소멸하는 것을 얻는 데 마음을 두기 때문이며, 얻는다 해도 유지할 수 없는 것을 소유하려고 욕망하기 때문이다.

무상한 것에 대한 집착을 버린다면 사라지지 않을 슬픔이 없다. 본질적으로 지속할 수 없는 것을 소유하고 놓지 않으려는 욕망을 마음에서 몰아낸다면 흩어지지 않을 슬픔이 없다.

오늘도 슬픔에 잠긴 수만 명의 사람이 지난날 내 것이라고 부르며 아끼던 대상을 상실한 데 대해 애통해하고, 영원히 사라져 회복할 수 없는 것에 대해 눈물을 흘리고 있다.

인간은 경험에서 가르침을 배우거나 지혜를 얻는 데 느리다. 무수한 비탄과 고통과 슬픔에도 무상함의 진리를 깨닫지 못한다. 무상한 것에 집착하는 사람은 슬픔에서 벗어날 수 없고, 그가 느끼는 슬픔의 강도는 집착의 정도에 비례한다. 소멸할 것에 마음을 두는 사람은 슬픔과 비탄이라는 친구를 받아들이는 셈이다.

인간이 지혜를 찾지 못하는 이유는 사물에 대한 집착을 버리지 않기 때문이며, 소멸할 대상에 매달리는 것이 슬픔의 원인이 아니라 행복의 원천이라고 믿기 때문이다. 또한 인간이 불안에서 벗어나 평화로운 삶으로 들어가지 못하는 이유는 욕망을 쉽게 잠재우지 못하는 데다, 욕망이 충족됐을 때 생겨나는 당장의 덧없는 쾌락을 영원한 기쁨으로 착각하기 때문이다.

슬픔은 우리가 사물의 진정한 질서를 이해하지 못하기에 보편적이다. 슬픔의 근원에는 사물의 덧없는 본질에 대한 무지가 자리하고 있다.

소멸할 것을 붙잡고 보존하려는 욕망을 마음에서 제거할 때 삶에서 번민의 고통도 사라질 수 있다.

사물을 있는 그대로 보는 사람, 무상한 본질을 깨달아 사라질 것들로부터 마음과 정신을 떼어놓는 사람은 슬픔의 종말을 맞이한다.

소멸하는 것들은 올바른 쓰임이 있다. 그것들을 올바르게 사용하고 맹목적으로 그 자체만을 사랑하는 집착에서 벗어나는 순간에 이르면 비록 상실한다고 해도 슬프지 않을 것이다.

부자가 마음속으로 "이 세상을 떠나라고 부름을 받았을 때 가지고 갈 수도 없으니 나의 재물과 소유는 내 것이 아니며, 내 것이라고 말할 수도 없다. 이것들은 올바르게 쓰이도록 내게 맡겨졌을 뿐이다. 나는 이것들을 다른 사람들과 세상을 위해 최선을 다해 사용하겠다"라고 생각한다면 그는 비록 사치품과 책임으로 둘러싸여 있어도 슬픔을 극복하고 진리에 가까워질 수 있다. 한편 가난한 사람이 재물과 사물의 소유를 탐하지 않는다면 그가 처한 상황은 그에게 아무런 근심과 불안을 가져오지 않을 것이다.

삶에 대해 올바르게 이해함으로써 마음에서 모든 이기적인 욕심과 집착을 제거한 사람, 사물을 꼭 맞는 곳에 현명하게 사용하는 사람, 목마른 욕망이 정화된 정신과 단련된 마음으로 모든 변화 속에서도 고요함을 유지하고 자기 충족적인 사람, 이런 사람들은 진리를 찾고 실재와 마주할 수 있다. 모든 죄의 한가운데에 진리가 있고, 무상함의 중심에 영원이 쉬고 있으며, 환영은 변하지 않는 실재를 가리기 때문이다.

실재의 본질은 여기서 다루고자 하는 내용이 아니다. 여기서는 그저 마음에서 사랑과 연민, 지혜와 순결이 아닌 것을 버려야만 그것을 발견할 수 있다는 내용을 언급하면 충분하다. 거기에는 무상함과 슬픔, 불안 요소가 없다.

무상함의 진리를 깨달았을 때, 그리고 그 진리에 담긴 가르침을 잘 습득했을 때 인간은 영원한 진리를 찾기 시작하고 슬픔을 낳는 이기적인 요소에서 마음을 뗀다.

진리를 보물로 삼고 지혜에 따라 삶을 만드는 사람은 사라지지 않는 기쁨을 발견할 수 있고, 비탄의 땅을 뒤로한 채 떠나 환영의 넓은 바다를 건너 슬픔이 없는 해안에 도달할 것이다.

꺼지지 않는 빛

수많은 의견과 이론이 충돌하는 가운데 존재의 투쟁에 얽매여 혼란스러움을 느끼는 진리의 탐구자는 끝없는 평화로 이어지는 길을 찾기 위해 어디로 가야 하는가? 변화의 불확실성과 슬픔을 피해 어떤 피난처로 날아가야 하는가?

쾌락 속에서 평화를 찾을 수 있을까? 쾌락은 제자리가 있으며, 제자리에서 그것은 선하다. 하지만 목적으로서, 피난처로서 은신처를 제공하지는 않는다. 쾌락을 추구하는 사람은 삶의 고뇌를 키울 뿐이다. 쾌락보다 무상한 것은 무엇이고, 덧없는 것에서 만족을 추구하는 마음보다 공허한 것은 무엇인가? 결국 쾌락은 영원한 피난처가 아니다.

그렇다면 부와 세속적 성공에서 평화를 찾을 수 있을까? 부와 세속적 성공도 제 역할이 있지만 그것들은 변덕스럽고 불확실한 소유물이다. 부와 세속적 성공 자체만을 추구하는 사람은 많은 근심과 걱정을 짊어지게 된다. 역경의 폭풍이 그의 화려하지만 약한 거주지에 휘몰아칠 때 그는 무력하고 위험에 노출된 자신을 발견하게 될 것이다. 설령 소유물들을 평생 동안 유지한다 해도 그것들이 죽음의 순간에 어떤 만족을 주겠는가? 한마디로 부와 세속적 성공은 영원한 피난처가 아니다.

건강에서 평화를 찾을 수 있을까? 건강은 소중한 가치를 지녀 버리거나 경멸해서는 안 될 요소이지만, 소멸해버릴 육체에 속하는 것이기에 사라질 수 있다. 100년 동안 건강을 유지했더라도 육체적 에너지가 고갈되어 쇠약과 쇠퇴가 덮쳐오는 순간이 올 것이다. 건강도 영원한 피난처는 아니다.

사랑하는 사람에게서 피난처를 찾을 수 있을까? 사랑하는 사람들은 삶에서 중요한 의미를 지닌다. 그들은 이타심을 실천하게 하고, 그럼으로써 진리에 도달할 수 있는 수단을 제공한다. 따라서 그들을 사랑하는 마음으로 소중히 대하고, 나의 필요보다 그들의 필요를 먼저 고려해야 한다. 하지만 그들과 헤어져야 할 때가 올 테고, 그럼 홀로 남겨질 것이다. 이렇듯 사랑하는 사람도 영원한 피난처가 아니다.

경전에서 평화를 찾을 수 있을까? 경전은 중요한 가치를 지닌다. 경전은 길잡이로서는 좋지만 피난처는 될 수 없다. 경전을 외워도 쓰라린 갈등과 불안에 빠질 수 있기 때문이다. 인간이 만든 이론은 계속 변화할 수 있으며, 원문은 제한 없이 다양하게 해석되곤 한다. 따라서 경전은 영원한 피난처가 아니다.

이런저런 스승에게서 안식을 찾을 수 있을까? 스승 역시 제자리가 있고 지도자로서 역할을 한다. 그러나 스승은 수없이 많고, 그들 간 차이점도 존재한다. 특정 스승을 진리의 소유자로 여긴다 해도 언젠가는 멀어질 것이다. 스승 또한 영원한 피난처가 아니다.

그렇다면 고독에서 평화를 찾을 수 있을까? 적절한 상황에서 고독은 좋고 필요하지만, 고독을 영원한 피난처로 구하는 사람은 물이 없는 사막에서 갈증으로 죽어가는 자와 같다. 그는 대중과 도시의 혼란에서는 벗어날 수 있겠지만, 자기 자신과 마음의 불안에서는 벗어나지 못할 것이다. 고독에도 영원한 안식은 없다.

진리를 찾는 사람이 쾌락, 성공, 건강, 가족과 친구, 경전, 스승, 고독에서 피난처를 찾을 수 없다면 영원한 평화를 제공할 피난처를 찾기 위해 어디로 가야 하는가?

의義로 피난하라. 정결한 마음의 피난처로 날아가라. 죄 없고 흠 없는 삶을 향한 길에 들어서서 마음속에 있는 영원한 진리의 신전에 이를 때까지 온유하고 참을성 있게 걸어가라.

지혜로운 이해와 사랑이 가득한 굳은 마음의 거주지에 있으면서도 진리로 피신한 사람은 쾌락 속에 있든 고통을 겪든, 부유하든 가난하든, 성공했든 실패했든, 건강하든 병들었든, 친구가 있든 없든, 고독한 곳에 있든 시끄러운 곳에 있든 똑같다. 진리의 영이 가르치기 때문에 그는 경전과 스승으로부터 독립적이다. 만물의 변화와 쇠퇴를 두려움이나 슬픔 없이 인식한다. 진리로 피신한 사람은 평화를 찾고, 영원한 피난처에 들어가며, 결코 꺼지지 않는 빛을 안다.

14

삶의 혼란을 넘어

사람은 생각하는 대로 움직이고, 사랑하는 대로 끌어당긴다.
생각이 나를 데려온 곳에 오늘의 내가 있고, 생각이 나를 데려간 곳에 내일의 내가 있다.
생각의 결과에서 벗어나는 것은 불가능하지만,
인내하고 배우고 받아들이고 기뻐하는 것은 가능하다.

서문

우리는 외부 요소를 바꾸지 못한다. 다른 사람을 내 취향으로 만들 수 없고, 세상을 내 소망대로 변화시킬 수도 없다. 반면 우리의 욕망, 정념, 생각 등 내면 요소는 바꾸는 것이 가능하다. 다른 사람에 대한 내 취향을 바꿀 수 있고, 지혜롭게 마음속 내면세계를 형성해 사람·사물의 외부세계와 조화시킬 수도 있다. 세상의 혼란은 피할 수 없지만 마음의 혼란은 극복할 수 있다. 삶의 의무와 어려움이 관심을 요구하기는 해도 우리는 그것에 대한 모든 근심을 뛰어넘는 것이 가능하다. 소음에 둘러싸여 있어도 고요한 마음을 유지하고, 책임감에 휩싸여 있어도 마음을 평온하게 가지며, 분쟁 속에서도 영원한 평화를 알 수 있다.

이 책을 구성하는 스무 편의 글은 서로 관련은 없지만, 세상의 소란을 넘어 하늘의 고요함이 지배하는 정점인 자기 인식과 자기 극복의 경지로 안내한다는 점에서 정신적으로 조화를 이룬다.

—제임스 앨런

진정한 행복

변하지 않는 다정한 기질을 유지하며 오직 순수하고 온화한 생각만 하고 어떤 상황에서도 행복해지는 것, 이렇게 축복받은 환경과 더불어 아름다운 인격과 삶은 모든 사람, 그중에서도 특히 이세상에서 불행을 줄이고 싶은 이들의 목표가 되어야 한다. 거칠고 불순하고 불행한 삶에서 스스로 벗어나지 못한 자가 어떤 이론이나 신학을 전파해 세상을 더 행복하게 만들 수 있다고 생각한다면 그것은 대단한 착각이다. 매일 거칠고 불순하고 불행한 삶을 살아가는 사람은 날마다 세상에 불행을 더한다.

반면 계속해서 선의를 베풀고 행복한 삶에서 멀어지지 않는 사람은 매일세상에 행복을 더하는데, 이는 종교적 신념과는 무관하다. 베풀고 사랑하고 온유해지고 행복해지는 법을 배우지 못한 사람은 아무리 책에서 배운바가 많고 성경의 심오한 지식을 쌓았다 해도 거의 아무것도 알지 못하는상태와 같다. 인생의 깊고 진실하며 영원한 가르침은 온유하고 순수하고행복해지는 과정 속에 있기 때문이다. 어떤 적대감이 드러나도 결코 꺾이지 않는 친절한 행동은 자기 자신을 극복한 영혼이라는 확실한 표시이자 지혜의 증거이고 진리를 깨달았다는 증거다.

　다정하고 행복한 영혼은 경험과 지혜의 무르익은 결실을 통해 눈에 보이지는 않지만 강력한 향기를 내뿜어 주변에 영향을 미친다. 다른 이들의 마음을 기쁘게 하고 세상을 정화한다. 아직 시작하지 않은 사람, 앞으로 시작할 사람은 마음만 먹으면 당장 오늘부터 친절하고 행복하게 살면서 진정한 인간의 존엄성을 가질 수 있다. 주변 환경이 자신에게 적대적이라고 말하지 마라. 환경은 결코 적대적이지 않다. 오히려 당신을 돕기 위해 존재한다. 친절함과 마음의 평화를 잃게 만드는 모든 외부 사건은 당신이 발전하는 데 꼭 필요한 조건이다. 이 사건들을 만나고 극복해야만 배우고 성장하며 성숙해질 수 있다. 잘못은 나 자신에게 있다.

　순수한 행복이란 영혼이 올바르고 건강한 상태다. 순수하고 이타적으로 사는 사람은 누구나 이 행복을 누릴 수 있다.

　　살아 있는 모든 것에
　　선의를 베풀고
　　무정과 탐욕, 분노를 사그라뜨려
　　삶을 스쳐가는 산들바람처럼 되게 하라

　너무 어려운가? 그렇다면 불안과 불행이 계속 함께할 것이다. 그럴 때 이 목표를 더욱 이루기 쉽게 만들어 가까운 미래에 성취하도록 하는 데, 축복받은 상태를 실현하도록 하는 데 반드시 필요한 것들이 바로 신념과 열망, 결심이다.

　낙담, 짜증, 불안, 불평, 비난, 투덜거림은 생각과 마음의 질병이자, 잘못된 심리 상태를 보여주는 표시다. 이것들로 고통받는 사람은 자신의 생각과 행동을 고치는 편이 낫다. 사실 세상에는 죄와 불행이 넘쳐난다. 그래서 사랑과 연민이 필요하지만 불행은 이미 지나치게 많아 더는 필요하지 않다. 아니, 쾌활함과 행복이 거의 없기 때문에 오히려 이런 것들이 더 필요하다. 우리가 세상에 제공할 수 있는 가장 좋은 것은 삶과 인격의 아름다움이다. 삶과 인격의 아름다움이 없다면 다른 모든 것은 헛되다. 그것은 진정으로 가장 좋고 필요할 뿐 아니라, 영속적이고 진실하며 전복되지 않는다. 그리고 모든 기쁨과 행복을 포함한다.

당신을 둘러싼 잘못된 것들에 대해 비관적으로 생각하지 말고 불평하지도 마라. 그리고 다른 이들의 악에 저항하며 모든 잘못된 것들과 불행에서 스스로 자유로워져라. 마음의 평화, 순수한 종교, 진정한 개혁은 바로 여기에 있다. 다른 이들을 진실되게 만들고 싶다면 스스로 진실해져라. 세상을 불행과 죄에서 해방시키고 싶다면 스스로 해방되어라. 가정과 주변을 행복하게 만들고 싶다면 스스로 행복해져라. 나 사신을 변화시키면 주변의 모든 것을 변화시킬 수 있다.

애통해하지도 말고 탄식하지도 마라…
거절에 마음 쓰거나 악에 대해 헛되게 항의하지 마라.
다만 선의 아름다움을 노래하라.

나 자신의 선을 깨닫는다면 자연스럽게 저절로 이렇게 하게 될 것이다.

불멸의 인간

불멸성은 지금 여기에 자리하며, 무덤 너머에 있는 사변적인 어떤 것이 아니다. 그것은 몸의 감각과 변화무쌍하고 불안한 마음 상태는 물론, 삶의 상황과 사건들이 무상하고, 따라서 실체가 없는 것처럼 보이는 맑은 의식 상태다. 불멸성은 시간에 구속되지 않기에 결코 시간 속에서 찾을 수 없다. 그것은 영원에 속한다. 시간이 지금 여기에 있는 것처럼 영원도 지금 여기에 있다. 우리가 채워지지 않고 소멸하는 시간에서 삶을 얻는 자아를 극복한다면 영원을 발견해 그 안에 자리 잡을 수 있을 것이다.

감각과 욕망, 일상생활의 지나가는 사건에 몰두하면서 그것들을 자신의 본질로 여기는 동안에는 불멸성에 대한 지식을 얻을 수 없다. 이런 사람이 욕망하고 불멸성으로 착각하는 부분은 지속성, 즉 시간 속에서 감각과 사건이 끊임없이 연속된다는 것이다. 즉각적인 만족을 자극하고 만족을 채우는 대상들 속에 살면서 그것들을 사랑하고 집착하는 사람, 그것과는 독립된 의식 상태를 깨닫지 못하는 사람은 지속성을 갈망한다. 그리고 지금까지 노예처럼 사로잡혀 자신과 분리할 수 없다고 여겨오던 속세의 사치와 기쁨으로부터 떨어져 나와야 한다는 생각 자체를 없애려고 노력한다.

지속성은 불멸성의 반대말이며, 지속성에 몰두하는 것은 곧 영적인 죽음이다. 지속성의 본질은 변화와 무상함이다. 끊임없는 삶과 죽음이다.

육체의 죽음은 인간에게 결코 불멸성을 부여하지 못한다. 영혼은 인간과 다르지 않다. 의식이 부서져 작은 열병 같은 삶을 살면서도 여전히 변화와 필멸에 빠져 있다. 쾌락을 사랑하는 인격의 지속성을 갈망하는 필멸의 인간은 죽음 이후에도 여전히 필멸한다. 다만 과거 기억이나 미래에 대한 지식 없이 시작과 끝이 있는 또 다른 삶을 살아갈 뿐이다.

불멸의 인간은 고정되고 변하지 않는 의식 상태로 고양되어 시간의 영향을 받는 것들로부터 스스로를 분리한 사람이며, 지나가는 사건과 감각의 영향을 받지 않는 사람이다. 인간의 삶은 끊임없이 변화하는 사건의 연속이다. 필멸의 인간은 연속된 흐름에 몰입되어 있고 그것과 함께 흘러간다. 그렇게 흘러가기 때문에 자신의 앞과 뒤에 있는 것들에 대한 지식이 없다. 불멸의 인간은 이 연속성에서 빠져나온 사람으로, 움직이지 않은 채 서서 그 흐름을 지켜본다. 고정된 자리에서 삶이라는 변화하는 것의 앞과 뒤, 중간을 모두 본다. 더는 인간의 감각과 감정의 동요, 시간에 구속된 삶을 이루는 외부 변화에 자신을 동일시하지 않고 자신과 인류, 국가의 운명을 바라보는 침착한 목격자가 된다.

필멸의 인간은 꿈에 사로잡힌 사람이다. 그는 자신이 이전에 깨어 있었다는 사실도, 다시 깨어날 것이라는 사실도 알지 못하는, 즉 지식이 없는 몽상가일 뿐 그 이상도 이하도 아니다. 불멸의 인간은 꿈에서 깨어난 사람으로, 자신의 꿈이 영원한 현실이 아니며 지나가는 환상임을 안다. 그는 지속성과 불멸성의 두 가지 상태에 대한 지식을 가진 자로서 자기 자신을 완전히 지배한다.

필멸의 인간은 시작과 끝이 있는 시간 또는 세상의 의식 상태에서 살아가는 반면, 불멸의 인간은 시작도 끝도 없이 영원히 현재만 존재하는 우주 또는 천국의 의식 상태에서 산다. 그래서 모든 변화에도 침착하고 흔들리지 않으며, 육체의 죽음이 그가 살아가는 영원한 의식 상태를 어떤 식으로도 방해하지 않는다. 불멸의 인간에 대해 흔히 "그는 죽음을 맛보지 않을 것이다"라고 말한다. 그가 필멸의 흐름에서 벗어나 진리의 거처에 자리를 잡았기 때문이다. 육체, 인격, 국가, 세계는 사라지지만 진리는 남아 있으며, 그 영광은 시간에 흐려지지 않는다. 불멸의 인간은 자신을 극복한 사람이자, 스스로를 더는 인간의 자기 추구적인 에너지와 동일시하지 않는 사람이다. 또한 자기 자신을 단련해 주인으로서 자기 추구적인 에너지를 통제하고, 이를 만물의 인과적 에너지 및 근원과 조화를 이루게 하는 사람이다.

마음과 정신을 영원하고 변하지 않는 진리로 향하게 해 진리의 삶이 가져오는 변치 않는 찬란함을 깨달은 사람은 삶의 고뇌와 열병이 멈추고, 의심과 두려움이 사라지며, 죽음이 오지 않는다.

자아의 극복

많은 사람이 '자아의 극복', '욕망의 근절', '인격의 소멸'이라는 말에 대해 매우 혼란하고 잘못된 생각을 가지고 있다. 일부 사람, 특히 이론을 추구하는 지식인들은 그것을 삶, 행위와는 완전히 별개인 형이상학적 이론으로 간주하며, 또 어떤 사람은 모든 생명, 에너지, 행동을 분쇄하고 정체와 죽음을 이상화하려는 시도라고 결론짓기도 한다. 개인의 마음속에 생기는 이런 혼란하고 잘못된 생각은 스스로가 해결해야 하지만, 진리를 추구하는 사람의 경우 다른 방식으로 문제를 제시함으로써 해결이 조금 쉬워질 수 있다.

자아의 극복 또는 소멸에 대한 원칙은 단순함 그 자체다. 실제로 너무 단순하고 실천적이며 가까운 곳에 있어서 아직 온갖 이론과 신학적 체계, 사변적 철학으로 마음이 흐려지지 않은 다섯 살짜리 어린아이가 복잡한 이론을 받아들여 단순하고 아름다운 진리를 놓쳐버린 어른보다 더 이해하기가 쉽다.

자아의 소멸은 분열, 다툼, 고통, 질병, 슬픔으로 이어지는 영혼의 모든 요소를 제거하고 파괴한다. 선하고 아름다우며 평화를 만들어내는 특성들까지 파괴한다는 의미가 아니다. 예를 들어 누군가 짜증이나 분노를 표출하고 싶을 때 엄청난 노력을 기울여 이기적 성향을 극복하고 인내와 사랑의 정신을 가지고 행동한다면 그는 자기 극복의 순간에 자아의 소멸을 실천한 것이다. 고귀한 사람은 말로는 부인할지라도 얼마간 자아의 소멸을 실천한다. 신처럼 아름다운 자질만 남을 때까지 모든 이기적 성향을 없애고 자아의 소멸을 완성한 사람은 인격, 즉 모든 개인적 요소를 소멸해 진리에 도달했다는 평가를 받는다.

소멸되어야 할 자아는 무익하고 슬픔을 만들어내는 다음 열 가지 요소로 구성되어 있다.

욕정

증오

탐욕

방종

이기심

허영

교만

의심

어두운 믿음

망상

이 열 가지 요소는 욕망의 몸통을 이루는 만큼 완전히 버리고 소멸해야 한다. 반면 다음의 열 가지 신성한 자질은 기르고 실천하며 보존해야 한다.

순결

인내

겸손

자기희생

자립심

용기

지식

지혜

연민

사랑

이것들이 곧 진리의 몸통을 구성한다. 그 안에서 온전히 살아간다면 진리를 실천하는 사람, 진리를 아는 사람이 될뿐더러, 진리의 화신이 될 수 있다. 이 열 가지 요소가 결합된 것을 자아 또는 인격이라고 하며, 이것이 곧 진리를 이룬다. 이를 실천하는 자는 비개인적이고 영원하며 실재하는 불멸의 사람이 된다.

결국 자아의 소멸은 고귀하고 참되며 영구적인 자질들을 파괴하는 것이 아니라, 비열하고 거짓되며 덧없는 자질들을 파괴하는 법을 깨닫게 한다. 그리고 자아의 극복이란 즐거움, 행복, 기쁨을 박탈하는 것이 아닌, 기쁨을 만들어내는 자질들을 갖고 살면서 즐거움, 행복, 기쁨을 지속적으로 소유하는 것이다. 즐거움 자체를 버리는 것이 아니라 즐거움에 대한 욕망을 버리는 것이다. 쾌락 자체를 파괴하는 것이 아니라 쾌락에 대한 갈증을 파괴하는 것이다. 사랑과 강한 힘, 소유 자체에 대한 이기적 열망을 소멸하는 것이다. 즉 사람들을 단결하게 하고 조화를 이루도록 끌어당겨 묶어주는 모든 자질을 보존하는 것으로, 침체와 죽음을 이상화하는 것과는 거리가 멀다. 또한 가장 높고 고귀하며 효과적이고 지속적인 행동을 이끌어내는 자질들을 실천하도록 인간을 설득하는 것이다. 이 열 가지 자질 중 일부 또는 전부에서 비롯된 행동을 하지 않는 사람은 부정에 에너지를 낭비하고 영혼을 보존하지 못하지만, 열 가지 자질 중 일부 또는 전부에서 비롯된 행동을 실천하는 사람은 진실되고 현명하게 처신해 영혼을 보존한다.

무익하고 슬픔을 만들어내는 열 가지 요소에 치중하면서 사는 사람, 영적 진리를 보지 못하고 듣지 못하는 사람은 자기 포기의 원칙에서 아무런 이끌림을 발견하지 못한다. 그에게 자기 포기는 존재의 완전한 소멸로 보이기 때문이다. 반면 천상의 열 가지 자질을 실천하며 살려고 노력하는 사람은 자기 포기의 원칙에 담긴 영광과 아름다움을 보면서 그것이 영원한 생명의 기초임을 깨닫는다. 또한 자기 포기의 원칙을 이해하고 실천할 때 산업, 상업, 정부 및 모든 세속적 활동이 정화되는 모습을 보게 된다. 그 결과 행동, 목적, 지성이 훼손되지 않은 채 강화되고 확장되어 다툼과 고통에서 해방될 것이다.

유혹의 용도

완전함을 향한 여정에서 영혼은 세 가지 단계를 거친다. 첫 번째는 동물적 단계로, 기꺼이 감각의 만족을 추구하면서 살아간다. 이 단계에 있는 사람은 죄나 자신의 신성한 유산을 깨닫지 못할뿐더러, 자기 안에 있는 영적 가능성을 전혀 의식하지 못한다.

두 번째는 이중적 단계로, 마음이 동물적 성향과 신적 성향 사이에서 계속 동요하고, 두 가지 성향에 대한 의식이 깨어난다. 유혹이 영혼의 발전에 제 역할을 하는 이 단계에서 인간은 끊임없이 넘어지고 일어나며, 죄를 짓고 회개한다. 오랫동안 추구해오던 감각의 만족을 여전히 사랑해 차마 떠나 보내지 못하면서도 영적 상태의 순수함과 미덕을 갈망한다. 선택하지 못해 계속해서 굴욕을 당한다. 내면의 신성한 생명에 이끌려 마침내 이 단계는 깊은 번민과 고통을 가져오고, 영혼은 세 번째 단계에 다다른다.

세 번째는 죄와 유혹을 극복하고 평화로 들어가는 지식의 단계다. 유혹은 죄에 대한 만족과 마찬가지로 대다수 사람이 생각하는 것처럼 지속적인 상태가 아니다. 유혹은 지나가는 현상이며 영혼이 통과해야 하는 경험이다. 다만 현생에서 그 상태를 통과하고 지금 여기에서 거룩함과 천국의 안식을 실현할지 말지는 전적으로 개인이 실천하는 지적·영적 노력의 강도와 얼마나 열심히 진리를 찾는지에 달려 있다.

유혹과 그것에 수반되는 모든 고통은 지금 여기에서 극복할 수 있지만, 오직 지식으로만 극복 가능하다. 유혹은 어둠 또는 반半어둠 상태다. 완전한 깨달음을 얻은 영혼은 모든 유혹을 견뎌낸다. 유혹의 근원과 본질, 의미를 온전히 이해하면 유혹을 정복하고 오랜 고통에서 벗어나겠지만, 무지한 상태에서 종교 의식에 집중해 기도만 하고 경전을 잃는다면 평화를 얻지 못할 것이다.

적의 힘, 전술, 매복 장소에 관해 아무것도 모른 채 싸우러 나간 장수는 수치스러운 패배를 맛볼 뿐 아니라, 순식간에 적의 손에 붙잡히고 만다. 적, 즉 유혹을 이기고자 하는 사람은 유혹의 근거지와 은신처를 발견해야 하며, 적이 쉽게 침입할 수 있는 요새의 약한 문을 찾아내야 한다. 이를 위해서는 끊임없는 명상, 경계와 더불어, 유혹받는 자의 영적인 눈앞에서 헛되고 이기적인 영혼의 동기를 발가벗기는 지속적이면서도 엄격한 자기반성이 필요하다. 이것이 성인들의 거룩한 전쟁이며, 모든 영혼이 동물적 방종의 긴 잠에서 깨어날 때 이르게 되는 싸움이다.

인간은 보통 두 가지 착각 속에서 싸움에 임하는데, 이 때문에 늘 패배하고 무기한 싸움을 지속한다. 그 착각이란 첫째, 모든 유혹은 외부에서 온다는 것이다. 둘째, 자신이 선하기 때문에 유혹을 받는다는 것이다. 이 두 가지 착각에 사로잡혀 있는 한 아무런 진전을 이루지 못한다. 하지만 착각을 떨쳐버리면 승리에 승리를 거듭하면서 영적인 기쁨과 안식을 맛볼 것이다.

다음 두 가지 날카로운 진리가 이들 두 가지 착각을 대신해야 한다. 첫째, 모든 유혹은 내면에서 온다. 둘째, 사람은 자기 안에 있는 악 때문에 유혹을 받는다. 신, 사탄, 악령, 외적 대상이 유혹의 근원이라는 생각은 반드시 떨쳐버려야 한다.

모든 유혹의 근원과 원인은 내적 욕망에 있다. 따라서 이 두 가지 진리를 깨닫는다면 외적 대상과 외부의 힘이 정화되거나 제거되어 영혼을 죄와 유혹으로 이끄는 데 완전히 무력해진다. 외적 대상은 유혹의 계기일 뿐 결코 원인이 아니다. 유혹의 원인은 유혹을 받는 사람의 욕망에 있다. 유혹의 원인이 외적 대상에 있다면 모든 사람이 똑같이 유혹에 빠질 테고, 이를 극복할 수 없을 것이며, 결국 아무런 가망 없이 끝없는 고통에 처하고 만다. 유혹의 원인은 자신의 욕망에 뿌리를 두고 있다. 따라서 구제책도 자기 자신에게 있고, 욕망을 정화함으로써 모든 유혹을 이겨낼 수 있다. 사람은 부정하다고 생각하는 자기 안의 특정 욕망이나 마음 상태 때문에 유혹을 받는다. 이러한 욕망은 오랫동안 잠들어 있어서 없애버렸다고 생각할 수도 있지만, 갑자기 외적 대상이 나타나면 잠자고 있던 욕망이 깨어나 즉각적인 만족을 갈망한다. 이것이 바로 유혹의 상태나.

사람의 선함은 결코 유혹에 들지 않으며, 오히려 유혹을 파괴한다. 유혹에 드는 것은 사람 안에 있는 악이다. 그리고 유혹의 정도는 자신의 부정함을 보여주는 정확한 척도다. 마음을 정화하면 유혹이 멈춘다. 법칙을 벗어난 어떤 욕망이 마음에서 제거되면 과거 그 욕망에 호소하던 유혹이 무력해지고 소멸하는데, 이는 유혹의 호소에 반응할 욕망이 마음에 남아 있지 않기 때문이다. 정직한 사람은 기회가 아무리 적절하더라도 훔치고 싶은 유혹을 받지 않으며, 식욕이 정련된 사람은 아무리 맛있는 음식과 포도주가 있어도 폭식과 폭음의 유혹을 받지 않는다. 내면에 있는 덕이 강해 마음이 고요하고 깨달음을 얻은 사람은 분노, 짜증, 복수의 유혹을 받지 않으며, 무정한 간계와 유혹은 정화된 마음 위로 텅 비고 의미 없는 그림자처럼 떨어진다.

유혹은 인간에게 그 자신의 죄와 무지가 어디에 있는지 보여주고 그를 지식과 순결의 더 높은 경지로 이끄는 수단이 된다. 유혹이 없다면 영혼은 성장하고 강해질 수 없으며, 지혜와 진정한 미덕도 있을 수 없다. 삶에 무기력과 죽음은 있어도 평화와 충만함은 있을 수 없다. 유혹을 이해하고 정복

삶의 혼란을 넘어・

하면 반드시 완전해질 수 있다. 이러한 완전성은 자신이 가진 모든 이기적이고 불순한 욕망을 지식의 희생적인 불 속으로 기꺼이 던져버릴 수 있는 사람에게 주어진다. 그러니 유혹에 든 사람은 아직 진리를 이해하지 못했고 배울 것도 많다는 사실을 깨달아 부지런히 진리를 찾아야 한다.

시험을 받는 사람은 제 스스로 시험에 든다는 사실을 알아야 한다. 사도 야고보는 "사람이 시험을 받는 것은 자기 정욕에 끌리기 때문이다"라고 말했다. 시험에 드는 까닭은 자기 안에 있는 동물성에 매달려 그것을 놓아주지 않으려 하기 때문이다. 또한 참된 지식이 결여된 필멸의 거짓된 자아를 추구하면서 살아가고 있기 때문이기도 하다. 그는 자신의 즉각적인 만족 외에는 아는 것도, 추구하는 것도 없으며 모든 진리와 신성한 원리에 대해서도 무지하다. 그런 사람은 필멸의 거짓된 자아에 집착하면서 욕망의 고통, 과식의 고통, 후회의 고통이라는 세 가지 괴로움에 끊임없이 시달린다.

그러니 만물에 대한 정욕과 목마름, 트리슈나Trishna를 불태워라.

열망하는 자여, 너는 그림자에 집착하고 꿈에 빠지는구나

네가 심은 거짓된 자아와 네가 만든 세상은

저 너머의 경지를 보지 못하고

인드라의 하늘 저편에서 불어오는 달콤한 공기의 소리를 듣지 못하며

거짓된 삶을 추구하는 이를 위한 참된 삶의 부름에 말이 없네

그리하여 세상의 전쟁을 일으키는 다툼과 욕망이 자라네

그리하여 가엾게 속은 마음을 슬퍼하고 쓴 눈물을 흘리네

그리하여 격정, 시기, 분노, 증오가 커지네

그리하여 거칠고 붉게 물든 발을 하고

세월은 피로 얼룩진 세월의 뒤를 잇네

모든 고통의 싹, 모든 희망의 해충, 모든 슬픔의 실체는 거짓된 자아에

있다. 거짓된 자아를 포기할 준비가 되었을 때, 또한 자기 앞에 모든 이기심과 불순함, 무지를 기꺼이 드러내고 어둠을 완전히 고백할 준비가 되었을 때 우리는 자기 인식과 자기통제의 삶으로 들어간다. 자기 안에 있는 신은 물론, 만족을 추구하지 않고 고통과 유혹이 발 딛지 못하는 영원한 기쁨과 평화 속에 거하는 신성한 본성을 자각하게 된다. 날마다 그 내적 신성함 안에서 점점 더 확고하게 자신을 세우면 마침내 수백만 명이 경배하지만 이해하는 사람은 거의 없고 따르는 사람은 더 적은 그분과 함께한다고 말할 수 있을 때가 올 것이다. "이 세상의 왕이 오기 때문이니라. 그는 내 안에서 아무것도 취하지 못하느니라."

진실한 사람

높은 도덕적 원칙을 고수하는 사람이라면 누구나 살면서 그 원칙에 대한 신념과 지식이 시험에 들 때가 있다. 그 매서운 시험에서 빠져나오는 방식이 그가 진리를 깨달은 사람으로 살기에 충분한 힘을 가지고 자유인 대열에 합류할지, 아니면 엄격한 주인인 자아의 노예나 부하로 남을지를 결정한다.

시련의 시간은 보통 잘못된 일을 한 뒤 편안함과 번영 속에 머무르거나, 옳은 일을 고수하면서 가난과 실패를 받아들여야 하는 두 가지 유혹의 형태를 취한다. 이런 시련은 매우 강력해서 유혹을 당하는 사람이 잘못된 일을 선택하면 남은 평생 동안 물질적 성공이 보장되지만, 옳은 일을 선택하면 영원히 파멸할 것이 자명해 보인다.

유혹을 당하는 사람은 종종 의로움의 길이 제시하는 이 무시무시한 전망 앞에서 순간 움찔하고 무너진다. 그러나 그가 유혹의 맹공격을 견딜 만큼 충분히 강하다는 사실을 입증하면 내면의 유혹자, 자아의 영이 빛의 천사 모습을 하고 나타나 "네 아내와 자녀들을 생각하라. 네게 의지하는 사람들을 생각하라. 그들을 수치와 굶주림으로 이끌겠는가?"라고 속삭인다.

이런 시험에서 승리하는 사람은 참으로 강하고 순수한 인간으로, 승리 후에는 더 높은 삶의 영역으로 들어간다. 영적인 눈이 떠어 아름다운 것들을 볼 수 있다. 피하지 못할 것 같던 가난과 파멸은 오지 않고 영원한 성공과 평온한 마음, 조용한 양심이 찾아온다. 반면, 시험에 실패한 사람은 약속된 번영을 얻지 못해 마음이 불안해지고 양심이 고통받는다.

옳은 일을 하는 사람은 실패하지 않고, 그른 일을 하는 사람은 성공할 수 없는 이유는 다음과 같다.

의로 나아가는 법칙은
결국 아무도 방향을 돌리거나 멈출 수 없기 때문이다.

정의는 만물의 핵심이고 대법칙은 선하기에 진실한 사람은 두려움, 실패, 가난, 수치, 불명예를 이긴다. 시인은 이 법칙에 대해 이렇게 말한다.

그 사랑의 핵심, 그 끝은
평화와 달콤한 복종에서 오는 충만한 완성

현재의 쾌락이나 물질적 안락을 잃을까 두려워 내면의 진리를 부정하는 사람은 상처를 입을 뿐 아니라, 강탈과 모욕, 유린을 당할 것이다. 그가 먼저 자신의 고귀한 자아를 상처 입히고 강탈하며 모욕하고 짓밟았기 때문이다. 반면, 확고한 덕과 흠결 없는 진실함을 가진 사람은 내면의 비겁한 자아를 부정하고 진리로 피신한 후라서 그러한 상황에 처하지 않는다. 사람을 노예로 만드는 것은 채찍과 사슬이 아니라, 그 자신이 노예라는 사실이다.

비방과 비난, 악의는 의로운 사람에게 아무런 영향을 미치지 못하며, 그에게서 어떤 신랄한 반응도 불러일으킬 수 없다. 또한 의로운 사람은 자신을 방어하고 결백을 증명할 필요도 없다. 자신의 순결함과 진실함만으로도 그를 향한 모든 적대적 행동에 대해 충분한 답이 된다. 의로운 사람은 어둠의 힘에 복종하지 않을뿐더러, 내면의 어두운 힘을 지배한다. 모든 악한 것을 선한 것으로 바꾸어 어둠에서 빛을, 증오에서 사랑을, 불명예에서 명예를 가져온다. 비방과 시기, 와전은 내면에 있는 진리의 보석을 더욱 빛나게 하며, 그의 높고 거룩한 운명에 영광을 더할 뿐이다.

진실한 사람은 혹독한 시험에 들 때 기뻐하고 즐거워하는 것은 물론, 자신이 믿는 고귀한 원칙에 대한 충실함을 증명할 기회가 주어졌다는 사실에 감사한다. 그리고 "지금 거룩한 기회의 시간이 왔다. 진리를 위한 승리의 날이다. 비록 온 세상을 잃는다 해도 이 권리를 포기하지 않으리!"라고 생각한다. 그리하여 그는 악을 선으로 갚고, 그릇된 행동을 하는 이들을 동정한다.

비방하는 자, 험담하는 자, 그릇된 행동을 하는 자는 잠깐은 성공한 것처럼 보이지만 결국 정의가 승리하는 법이다. 진실한 사람은 잠깐은 실패한 것처럼 보이지만 그는 무적이며, 눈에 보이든 보이지 않든 그를 이길 무기는 어느 세상에서도 만들어질 수 없다.

분별력

영적 성장에 가장 필요한 한 가지 자질은 바로 분별력이다. 분별의 눈이 뜨일 때까지 사람의 영적 성장은 고통스러울 정도로 느리고 불확실하다. 이를 위한 시험, 증명, 탐색에 자질이 없으면 어둠 속에서 더듬을 수밖에 없고 실재하지 않는 것에서 실재하는 것을, 실체에서 그림자를 구별해내지 못하기 때문이다. 또한 거짓과 참을 혼동해 동물적 본성이 일으키는 내적 자극을 진리의 영이 보내는 격려로 착각하기 때문이다.

낯선 곳에 남겨진 장님은 어둠 속에서 길을 더듬어 가겠지만 여러 번 혼란을 겪고 넘어져 멍이 든다. 마찬가지로 분별력이 없는 사람은 정신적 장님으로, 그의 삶은 어둠, 즉 악과 선이 구별되지 않고 사실과 진리, 의견과 원칙이 혼동되며 생각, 사건, 사람, 사물이 서로 아무런 관계가 없어 보이는 혼란 속에서 힘겹게 길을 더듬을 수밖에 없다.

사람의 마음과 삶은 혼란에서 자유로워야 한다. 모든 정신적 · 물질적 · 영적 어려움에 맞설 준비가 되어 있어야 하며, 많은 사람이 그렇듯 문제와 소위 불행이 닥쳤을 때 의심, 우유부단함, 불확실성의 그물에 빠져서는 안

된다. 자신에게 닥칠지 모를 모든 비상사태에 대비하는 것이 필요한데, 정신적으로 준비하고 힘을 키우는 일은 분별력 없이는 조금도 달성할 수 없다. 그리고 분별력은 분석 능력을 꾸준히 사용함으로써만 발전할 수 있다.

근육처럼 마음도 사용해야 발달하고, 어느 방향으로든 끊임없이 마음을 쓰면 그 방향으로 정신 능력과 힘이 향상된다. 비판적 능력은 다른 사람의 생각과 의견을 계속 비교, 분석함으로써 발전하고 강화된다. 그러나 분별력은 비판보다 크고 위대한 능력이다. 분별력은 종종 비판에 수반되는 잔인함과 이기주의가 제거된 영적 자질이자, 사물을 자신이 원하는 대로 보지 않고 있는 그대로 보는 능력이다.

영적 자질인 분별력은 오직 영적 방법, 즉 자신의 생각, 의견, 행동에 질문을 던지고 검토하며 분석함으로써 발전할 수 있다. 결점을 찾는 비판적 능력을 타인의 의견과 행동에 무자비하게 적용하지 말고 자기 자신에게 엄격하게 적용해야 한다. 우리는 자신의 모든 의견, 모든 생각, 모든 행동에 의문을 제기하면서 엄격하고 논리적으로 검토할 준비가 되어 있어야 한다. 그래야만 혼란을 없앨 분별력을 키울 수 있다.

다만, 이런 정신적 훈련에 들어가기 앞서 스스로를 가르침 받을 만한 정신 상태로 만들어야 한다. 이는 타인의 인도를 받을 수 있어야 한다는 뜻이 아니다. 고수하는 생각이 아무리 소중해도 그 생각이 이성의 날카로운 빛을 견디지 못하거나, 엄중한 열망의 순수한 불꽃 앞에서 쪼그라든다면 그것을 포기할 준비가 되어 있어야 한다는 뜻이다. "내가 옳다!"고 말하면서 자신이 옳은지 알아보려고 자신의 견해에 의문을 제기하지 않는 사람은 계속 자신의 격정과 편견을 따라갈 테고, 분별력도 키우지 못할 것이다. 겸손하게 "내가 옳은가?"라고 물으면서 진지한 생각과 진리에 대한 사랑으로 자신의 견해를 시험하고 증명하는 사람은 늘 참됨을 발견하고, 그것을 거짓과 구별할 줄 알며, 분별력이라는 귀중한 재산을 얻게 된다.

자기 의견을 엄격하게 검토하고 자기 견해를 비판적으로 따져보기를 두려워하는 사람은 먼저 도덕적 용기를 길러야만 분별력을 가질 수 있다.

우리는 진리의 순수한 원칙을 이해하기 전에, 그리고 모든 것을 드러내는 진리의 빛을 받기 전에 먼저 자기 자신에게 진실해야 하며 스스로를 두려워하지 않아야 한다. 진리는 더 많이 물을수록 더 밝게 빛난다. 검토하고 분석한다고 해서 고통받지 않는다. 반면, 잘못은 더 많은 질문을 던질수록 어두워지며, 순수하고 엄중한 생각의 입구에서 살아남지 못한다.

"모든 것을 시험한다"는 말은 선한 것을 찾아내고 악한 것을 버린다는 뜻이다.

논리적으로 생각하고 숙고하는 사람은 분별하는 법을 배우고, 분별하는 사람은 영원한 참됨을 발견한다.

경솔한 사람에게는 혼란과 고통, 영적 어둠이 뒤따른다.

사려 깊은 사람에게는 조화와 축복, 진리의 빛이 곁을 따른다.

격정과 편견에 휩싸인 사람은 눈이 멀어 분별할 수 없으며, 여전히 그리스도를 십자가에 못 박고 바라바(신약성서에 등장하는 죄수─편집자 주)를 풀어주는 것과 마찬가지다.

믿음, 행동의 기초

믿음은 현자의 가르침에서 중요한 단어로, 모든 종교에서 두드러지게 나타난다. 예수는 구원이나 부활을 위해서는 특정 종류의 믿음이 필요하다고 강조했고, 부처는 올바른 믿음이 진리의 길에서 가장 중요한 첫 번째 단계라고 분명히 가르쳤다. 올바른 믿음 없이는 올바른 행동을 할 수 없으며, 자신을 올바르게 다스려 바르게 처신하는 법을 배우지 못한 사람은 진리의 가장 단순한 기초를 이해하지 못한 것이기 때문이다.

위대한 스승들이 제시한 믿음은 특정 학파나 철학, 종교에 대한 믿음이 아니라, 삶의 전 과정을 결정하는 마음의 태도다. 믿음과 행동은 하나가 다른 하나를 결정하기 때문에 분리될 수 없다.

믿음은 모든 행동의 기초이고, 그렇기에 마음이나 정신을 지배하는 믿음은 당사자의 삶에 그대로 나타난다. 사람은 누구나 자신의 가장 깊은 내면에 뿌리를 둔 믿음에 따라 정확히 행동하고 생각하며 생활한다. 마음을 다스리는 법칙이 가진 수학적 특성 때문에 두 가지 상반된 조건을 동시에 믿는 것은 절대 불가능하다. 예를 들어 정의와 불의, 증오와 사랑, 평화와 다툼, 자아와 진실을 함께 믿을 수는 없는 것이다. 모든 사람은 이들 상반되는 것 중 어느 하나를 믿을 뿐 결코 둘 다 믿지 않으며, 매일의 행동이 그가 가진 믿음의 본질을 나타낸다. 정의를 믿고 그것을 영원한 불멸의 원칙으로 여기는 사람은 의로운 분노로 끓어오르지 않고, 삶이 불공평하다고 냉소하거나 비관하지 않으며, 어떤 시련과 어려움 속에서도 침착하고 흐트러지지 않는다. 이런 사람은 정의가 지배한다는 사실을 믿는 데다, 불의로 불리는 모든 것이 무상한 환상임을 믿기 때문에 다른 행동을 할 수가 없다.

자신의 동료들이 불의하다고 끊임없이 분노하거나, 자신이 부당한 대우를 받고 있다고 이야기하거나, 세상에 정의가 부족하다며 슬퍼하는 사람은 행동과 마음의 태도를 통해 자신이 불의를 믿는다는 사실을 드러낸다. 그가 아니라고 항변할지라도 그의 마음 깊은 곳에서는 혼란과 혼돈이 우주를 지배하고 있다. 그 결과 자신이 불안과 불행 속에 살고 있고 잘못된 행동을 하게 되었다고 믿는 것이다.

다시 말하지만 사랑을 믿는 사람, 사랑의 부동성과 그 힘을 믿는 사람은 어떤 상황에서도 사랑을 실천하고, 결코 사랑으로부터 멀어지지 않는다. 그리고 친구에게 하는 것처럼 적에게도 똑같이 사랑을 베푼다. 비방하고 비난하는 사람, 타인을 험담하거나 경멸하는 사람은 사랑이 아니라 증오를 믿는 자다. 혀나 펜으로 아무리 사랑을 칭송한다 해도 그의 모든 행동이 그가 증오를 믿고 있음을 증명한다.

평화를 믿는 사람은 평화로운 행동으로 알 수 있다. 다툼에 가담하는 일은 그에게 불가능하다. 공격을 받더라도 평화의 천사가 가진 위엄을 봤기 때문에 보복하지 않으며, 더는 분쟁의 악마에게 경의를 표하지도 못한다. 분쟁의 선동자, 논쟁을 애호하는 자, 모든 자극에 맞서 성급하게 자기 방어에 돌입하는 자는 다툼을 믿는 사람으로 평화와는 무관하다.

더 나아가 진리를 믿는 사람은 자기 자신을 버린다. 즉 만족만을 갈망하는 열정, 욕망, 특성 가운데에 삶을 두지 않는다. 그리고 그렇게 버림으로

삶의 혼란을 넘어 ·

써 확고부동하게 진리를 따르며, 지혜롭고 아름답고 흠결 없는 삶을 살아간다. 반면 자기 자신을 믿는 사람은 그의 일상적인 방종, 만족, 허영심과 지속적으로 겪는 실망, 슬픔, 굴욕으로 알아볼 수 있다.

진리를 믿는 사람은 고통의 원인인 자아를 버렸기 때문에 고통을 겪지 않는다.

앞서 말했듯이 모든 사람은 삶을 법칙과 조화로 이끄는 영구적이며 영원한 원칙을 믿거나 반대로 부정하고, 인간사와 자기 삶에 생긴 혼란을 믿는다. 정의, 연민, 사랑이라는 신성한 원리에 대한 믿음은 부처가 올바른 행위의 기초로 제시한 올바른 믿음이며, 성경에서 강조하는 구원에 대한 믿음이기도 하다. 이를 믿는 사람은 자신의 전 생애를 이 원리에 기초해 세우는 것 외에 다른 방법을 취할 수 없고, 따라서 마음을 정화하고 삶을 완전하게 만든다.

신성한 원리에 대한 부정은 종교적 불신이라고 부르는 것들을 이룬다. 그리고 이러한 불신은 죄 많고 괴롭고 불완전한 삶으로 나타난다.

올바른 믿음이 있는 곳에 흠결 없고 완전한 삶이 있다. 거짓된 믿음이 있는 곳에 죄와 슬픔이 있을뿐더러, 마음과 삶이 부적절하게 다스려지고 고통과 불안이 뒤따른다. "그들의 열매로 그들을 알리라."

'예수에 대한 믿음'을 많이 이야기하는데, 그렇다면 예수에 대한 믿음은 무엇을 의미하는가? 그것은 그의 말씀, 그가 선포하고 실천한 원칙, 그의 계명, 완전함에 대한 그의 모범적인 삶 등을 향한 믿음을 의미한다. 예수를 믿는다고 단언하면서 늘 자신의 정욕과 방종을 따르거나, 증오와 비난의 영혼을 가지고 살아가는 사람은 자기를 기만하는 것이나 마찬가지다. 그런 사람은 예수를 믿지 않는다. 단지 자신의 동물적 자아를 믿을 뿐이다. 충실한 종이 주인의 명령을 수행하며 기뻐하듯이, 예수를 믿는 사람은 예수의 계명을 실천함으로써 죄에서 구원받는다. 예수에 대한 믿음을 가장 잘 확인할 수 있는 시험은 "내가 그의 계명을 지키는가?"라고 묻는 것이다. 성요한은 다음과 같은 말로 스스로를 검증했다.

"내가 예수를 안다고 말하나 그분의 계명을 지키지 않는 자는 거짓말쟁이요, 진리가 그 속에 있지 아니하니라. 그러나 그분의 말씀을 지키는 자에게는 하나님의 말씀이 진실로 온전하니라."

엄격하고 공정하게 분석을 한 후에야 믿음이 모든 행동의 뿌리에 자리한다는 사실을 알 수 있다. 모든 생각과 행동, 습관은 어떤 고정된 믿음의 직접적인 결과이며, 행동은 믿음이 달라질 때만 변한다. 우리는 믿는 것에 집착하고 믿는 것을 실천한다. 어떤 것에 대한 믿음이 사라지면 더는 그것에 집착할 수도, 그것을 실천할 수도 없다. 마치 낡은 옷처럼 우리에게서 떨어져 나가는 것이다. 사람들이 정욕과 거짓말, 허영에 집착하는 이유는 그 자체를 믿고 그 안에 이득과 행복이 있다고 믿기 때문이다. 순결과 겸손이라는 신성한 자질로 믿음을 옮기면 이러한 죄가 더는 그를 괴롭히지 않는다.

인간은 진리의 우월성을 믿음으로써 죄에서 구원받는다. 거룩함 또는 완전함을 믿음으로써 죄에서 구원받는다. 선함을 믿음으로써 악에서 구원받는다. 이는 모든 믿음이 삶에서 드러나기 때문이다. 신학적 믿음에 대해서는 물을 필요가 없다. 사람이 계속 자신의 낮고 죄 많은 본성 속에서 살아간다면 예수가 우리를 위해 죽음을 맞으셨다거나, 예수가 곧 하나님이시라거나, 자신이 '믿음으로 의롭다 함'을 믿는다는 것이 무슨 소용이 있는지 거의 설명할 수 없기 때문이다. 물어야 할 것은 단지 이것뿐이다. "어떻게 사는가?" "어려운 상황에서 어떻게 행동하는가?" 이들 질문에 대한 대답이 그가 악의 힘을 믿는지, 선의 힘을 믿는지를 보여줄 것이다.

선의 힘을 믿는 사람은 선하고 영적이며 경건한 삶을 살아간다. 선은 하나님이시자 참으로 하나님 그 자신이시기에, 굳건하고 흔들리지 않는 신념으로 최고의 선을 믿는 사람은 곧 모든 죄와 슬픔을 뒤로하고 떠나게 될 것이다.

구원하는 믿음

한 사람의 삶과 인격은 그의 믿음의 결과라는 말이 있다. 반대로 믿음은 삶과 아무런 상관이 없다는 말도 있다. 두 말 모두 옳다. 이 두 가지 말 사이의 혼란과 모순은 겉으로 보기에만 그럴 뿐 완전히 다른 두 가지 종류의 믿음, 즉 머리의 믿음과 마음의 믿음이 있다는 사실을 기억하면 금방 불식된다.

머리 또는 지적 믿음은 근본적이지 않고 원인으로 작용하지도 않는다. 지적 믿음은 피상적이고 결과로서 생기는 것이다. 사람의 인격을 형성하는 데 아무런 힘이 없으며, 피상적 관찰자라도 쉽게 알 수 있다. 예를 들어 어떤 교리를 믿는 여섯 명이 있다고 해보자. 그들은 동일한 신학적 믿음을 지닌 데다 모든 점에서 동일한 신조를 고백하지만 인격은 크게 다르다. 고상한 사람이 있는가 하면 천박한 사람도 있고, 온화하고 점잖은 사람이 있는가 하면 거칠고 난폭한 사람도 있다. 한 사람은 정직한 반면 다른 사람은 부정직하고, 누군가는 다른 이들이 엄격하게 피하는 특정 습관에 빠져 있기도 하다. 이렇게 서로 다른 인격은 신학적 믿음이 인간의 삶에 영향을 미치는 요소가 아니라는 점을 분명히 보여준다.

한 사람의 신학적 믿음은 단지 우주에 대한 그의 지적 의견이나 견해일 뿐이다. 신이나 성경 등에 대한 믿음의 이면과 기저에는 그의 가장 깊은 내면에 뿌리를 박고 조용히 숨어 있는 은밀한 마음의 믿음이 있으며, 이 믿음이 그의 삶 전체를 형성하고 만든다. 여섯 명은 중요한 마음의 믿음이 달랐기에 똑같은 신학을 믿으면서도 행동에서 큰 차이를 보인 것이다.

그렇다면 마음의 믿음이란 무엇인가? 마음의 믿음은 사람이 영혼으로 사랑하고 집착하며 키우는 것이다. 믿기 때문에 마음에서 사랑하고 집착하며 키우고, 믿고 사랑하기 때문에 실천한다. 삶은 믿음의 결과이지만 지적 믿음을 의미하는 특정 신조와는 아무런 관련이 없다. 누군가는 불순하고 부도덕한 것을 믿기 때문에 그것에 집착한다. 또 누군가는 그런 것들을 믿지 않기 때문에 그것에 집착하지 않는다. 사람은 믿지 않으면 집착할 수 없다. 믿음은 늘 행동보다 앞선다. 그러므로 인간의 행동과 삶은 그가 믿는 믿음의 열매다. 상처 입고 의지할 데 없는 남자를 그냥 지나친 사제와 레위인(구약성서에 나오는 야곱의 셋째 아들인 레위의 직계 자손—옮긴이 주)은 조상의 신학 교리, 즉 그들의 지적 믿음을 매우 강하게 신뢰했지만 마음속으로는 자비를 믿지 않았기 때문에 그것에 따라 행동하면서 살았다. 선한 사마리아인은 신학적 믿음이 있었을 수도, 없었을 수도 있고 또 반드시 있어야 할 필요도 없었지만 마음속으로 자비를 믿었고 그것에 따라 행동했다.

엄밀히 말하자면 삶에 중대한 영향을 미치는 믿음은 선에 대한 믿음과 악에 대한 믿음, 단 두 가지뿐이다. 선한 것을 믿는 사람은 그것을 사랑하고 그 안에서 살아간다. 불순하고 이기적인 것을 믿는 사람은 그것을 사랑하고 그것에 집착하면서 살아갈 가능성이 크다. 열매를 보면 나무를 알 수 있다.

하나님, 예수, 성경에 대한 믿음이나 행동과 관련된 삶은 각기 다른 만큼, 사람의 신학적 믿음은 중요하지 않다. 그가 품고 있는 생각과 타인에 대한 마음가짐, 행동만이 마음의 믿음이 거짓된 부분에 대한 것인지, 참된 부분에 대한 것인지를 결정하고 증명한다.

생각과 행동

나무에 열매가 열리고 샘에서 물이 솟듯이 생각에도 행동이 뒤따른다. 행동은 아무 이유 없이 갑자기 나타나지 않는다. 그것은 조용하고 오래된 성장의 결과이며, 오랫동안 힘을 모아온 숨겨진 과정의 끝이다. 나무에 열린 열매와 바위에서 솟아난 물은 모두 공기와 땅의 자연적 과정이 조합된 결과로, 이것들은 오랫동안 비밀리에 함께 작용해 현상을 만들어냈다. 깨달음의 아름다운 행동과 죄의 어두운 행위는 모두 오랫동안 마음속에 품고 있던 일련의 생각이 무르익은 결과다.

굳건하다고 믿었던 주변 사람이 큰 유혹을 받았을 때 갑자기 어떤 중대한 죄에 빠지는 모습을 봤다고 해도 그렇게 되기까지 과정에서 그의 숨겨진 사고가 드러났다면 그리 갑작스러운 일도, 원인이 없는 일도 아니다. 누군가 죄에 빠지게 된 것은 아마 몇 년 전부터 그의 마음속에서 시작되었을 일의 끝, 완성, 결과일 뿐이다. 그 사람은 부도덕한 생각이 마음에 들어오도록 했고 두 번, 세 번 그 생각을 맞아들여 마음속에 자리 잡게 했다. 점차 그 생각에 익숙해져 고이 간직했으며, 애지중지하면서 가꿔나갔다. 마음속에 들어온 생각은 점점 자라나 마침내 능력과 힘을 얻어 무르익고 행동으로 터져 나올 수 있는 기회를 스스로에게 끌어당겼다. 위풍당당한 건물이 한 방울씩 떨어지는 물에 기초가 서서히 침식되어 무너지는 것처럼, 강한 사람도 부도덕한 생각이 마음속에 스며들어 은밀하게 인격을 훼손하도록 그냥 놓아둔다면 마침내 무너지고 만다.

모든 죄와 유혹이 개인이 가진 생각의 자연스러운 결과라고 본다면 죄와 유혹을 극복하는 방법 또한 분명해지고, 그 성취는 가까운 가능성이 되며, 이내 확실한 현실이 될 것이다. 순수하고 선한 생각을 받아들이고 고이 품는다면 그 생각도 불순한 생각과 마찬가지로 자라서 힘을 모으고, 마침내 행동으로 나올 수 있는 기회를 스스로에게 끌어당길 것이기 때문이다.

"감춰진 것이 드러나지 않을 것이 없다." 마음속에 품은 모든 생각은 우주에 내재된 추진력으로 결국 그 본성에 따라 선하거나 악한 행동으로 꽃을 피운다. 신성한 스승 또는 관능주의자가 되는 것은 모두 생각의 산물이다. 생각의 씨앗을 뿌려 마음의 정원에 떨어지게 하고, 그 후 물을 주면서 가꾸고 경작한 결과가 현재의 모습이 된 것이다.

누구나 기회와 맞붙어 싸워 죄와 유혹을 극복할 수 있다고 생각하지 마라. 죄와 유혹은 오직 자신의 생각을 정화함으로써 극복할 수 있다. 날마다 영혼의 침묵 속에서 의무를 수행하고, 모든 잘못된 성향을 열심히 극복하며, 깨달음의 빛을 견딜 수 있는 참된 생각을 확립한다면 악을 행할 기회가 선을 성취할 기회에 자리를 양보할 것이다. 사람은 자신의 본성과 조화를 이루는 것만 끌어당길 수 있고, 마음속에 반응할 것이 없다면 어떤 유혹도 그에게 끌리지 않기 때문이다. 그러니 오늘 은밀한 생각 속에 무엇이 들어 있건, 그것이 선이든 악이든 머지않아 실제 행동으로 나타나게 될 테니 생각을 단단히 잘 지켜라. 죄 많은 생각의 침입으로부터 마음의 문을 끈기 있게 지키고 사랑의 생각, 순수하고 강하며 아름다운 생각으로 자신을 채우는 사람은 무르익는 계절이 오면 온화하고 거룩한 행위의 열매를 맺을 것이고, 어떤 유혹이 다가와도 무장하고 준비된 상태를 유지할 수 있다.

마음가짐

생각하는 존재로서 나 자신의 지배적 마음가짐은 삶의 조건을 결정한다. 이는 또한 지식의 척도이자 성취의 척도가 된다. 이른바 본성의 한계는 생각의 경계선이며, 스스로 세운 울타리다. 더 좁은 원으로 그릴 수도 있고 더 넓게 확장할 수도 있으며 그대로 둘 수도 있다.

나는 나의 생각을 만드는 사람으로, 따라서 나 자신과 나의 상태를 만드는 사람이기도 하다. 생각은 창조적일 뿐 아니라, 어떤 것의 원인이 된다. 그리고 결과의 형태로 성격과 삶에서 나타난다. 인생에 우연은 없다. 조화와 반작용 모두 생각에 대해 공명하는 메아리다. 생각하면 그것이 삶에서 나타난다.

지배적인 마음가짐이 평화롭고 사랑스럽다면 행복과 축복이 따를 테고, 저항과 증오에 차 있다면 고난과 고통이 앞길을 흐릴 것이다. 악의에서는 슬픔과 재앙이 나오고, 선의에서는 치유와 보상이 나오기 때문이다.

환경이 나와 별개라고 생각할지도 모르지만 환경은 나의 사고 세계와 밀접하게 관련되어 있다. 적절한 원인이 없으면 아무것도 나타나지 않는다.

일어나는 모든 일은 공명정대하며, 운명으로 정해진 것은 없고 모두 만들어지는 것이다.

사람은 생각하는 대로 움직이고, 사랑하는 대로 끌어당긴다. 생각이 나를 데려온 곳에 오늘의 내가 있고, 생각이 나를 데려간 곳에 내일의 내가 있다. 생각의 결과에서 벗어나는 것은 불가능하지만, 인내하고 배우고 받아들이고 기뻐하는 것은 가능하다.

우리는 늘 가장 지속적이고 강렬한 생각, 즉 사랑이 만족을 얻을 수 있는 곳으로 간다. 사랑이 밑바닥이라면 밑바닥으로 갈 것이고, 아름답다면 아름다운 곳으로 갈 것이다.

우리는 생각을 바꿀 수 있고, 따라서 상태도 바꿀 수 있다. 그러니 맡은 책임의 광대함과 심원함을 이해하려고 노력하라. 우리는 무력하지 않고 강하다. 불순종할 수 있는 것만큼 순종할 수 있는 강인함이 있고, 불순해질 수 있는 것만큼 순수해질 수 있는 힘이 있으며, 무지해질 수 있는 것만큼 지혜로워질 준비가 되어 있다. 또한 원하는 만큼 배울 수 있고, 선택한 만큼 무지한 상태로 남을 수도 있다. 지식을 사랑하면 지식을 손에 넣을 것이요, 지혜를 사랑하면 지혜를 얻을 것이다. 또 순결함을 사랑하면 순결함을 성취할 수 있다. 모든 것은 내가 받아들이기를 기다리고 있으며, 우리는 자신이 받아들인 생각으로 선택을 내린다.

사람은 무지를 사랑하고 무지한 생각을 선택하기 때문에 계속 무지한 상태를 유지한다. 반면 지혜를 사랑하고 지혜로운 생각을 선택하는 사람은 지혜로워진다. 사람은 타인에 의해 방해받는 것이 아니라, 오직 자기 자신에 의해 방해받는다. 아무도 타인 때문에 고통받지 않으며, 오직 자기 자신 때문에 괴로워할 뿐이다. 따라서 순수한 생각의 고귀한 관문을 통해서만 가장 높은 천국에 들어갈 수 있고, 불순한 생각의 낮은 출입문을 통해서는 가장 낮은 지옥으로 내려가게 된다.

타인에 대한 마음가짐은 나 자신에게 충실하게 되돌아오고, 삶의 모든 관계에서 나타날 것이다. 내가 내보내는 모든 불순하고 이기적인 생각은 어떤 식으로든 고통의 형태로 나에게 되돌아오며, 순수하고 이타적인 생각은 어떤 식으로든 축복의 형태로 되돌아온다. 나의 상황은 내면의 보이지 않는 원인에 따른 결과다. 나는 내 생각의 부모로서 내 상황과 상태를 만든다. 나 자신을 알면 인생의 모든 사건이 공정함의 완벽한 저울로 무게를 단다는 사실을 깨닫게 될 것이다. 마음속 법칙을 이해한 사람은 자신을 무력하고 눈먼 환경의 도구로 여기지 않을 것이고, 강하고 눈뜬 주인이 될 수 있다.

뿌리고 거두기

봄철 밭이나 시골길에 나가면 농부나 정원사가 땅에 새로 준비한 씨를 뿌리느라 바쁜 모습을 볼 수 있다. 만약 이들 정원사나 농부 중 한 명에게 지금 뿌리는 씨앗에서 어떤 종류의 작물이 나오길 기대하느냐고 묻는다면 그는 의심할 여지없이 당신을 바보로 여기면서 아무것도 '기대'하지 않는다고 대답할 것이다. 그러고는 심고 있는 씨앗과 같은 종류의 작물을 얻는 것이 주지의 사실이라고 덧붙일 것이다. 경우에 따라서는 특정 종류의 작물을 심으려고 밀이나 보리, 순무를 파종한다면서 말이다.

자연의 모든 사실과 과정에는 현명한 사람을 위한 도덕적 교훈이 담겨 있다. 우리 주변 자연 세계의 모든 법칙은 인간의 마음과 삶에서와 동일한 수학적 확실성을 가지고 작용한다. 예수의 모든 비유는 이 진리를 설명하고 있으며, 자연의 단순한 사실에서 끌어낸 것이다. 마음과 삶에는 씨를 뿌리는 과정이 있다. 이 영적 파종은 뿌린 씨앗의 종류에 맞는 수확으로 이어진다. 생각, 말, 행동은 뿌린 씨앗이며, 사물의 불가침한 법칙에 따라 그 종류에 맞게 결실을 맺는다.

증오로 가득 찬 생각을 하는 사람은 스스로에게 증오를 가져온다. 사랑으로 가득 찬 생각을 하는 사람은 사랑을 받는다. 생각과 말과 행동이 진실된 사람은 진실한 친구들에게 둘러싸여 있고, 진실되지 않은 사람은 진실하지 않은 친구들에게 둘러싸여 있다. 잘못된 생각과 행동을 심고 하나님의 축복이 내리길 기도하는 사람은 독초를 심은 뒤 밀을 수확하게 해달라고 하나님에게 기도하는 농부와도 같다.

> 너는 네가 뿌린 대로 거두리라, 저 들판을 보라
> 참깨를 뿌린 곳에 참깨가 나고, 옥수수를 뿌린 곳에
> 옥수수가 나니, 침묵과 어둠은 알고 있네
> 사람의 운명도 그렇다는 것을
> 스스로 뿌린 것을 거두리라

복을 받고자 하는 사람은 복을 뿌려라. 행복해지고 싶은 사람은 타인의 행복에 관심을 기울여라.

씨 뿌리기에는 또 다른 측면이 있다. 농부는 모든 씨앗을 땅에 뿌린 다음 그것을 자연에 맡겨야 한다. 탐욕스럽게 씨앗을 저장해두면 씨앗도 잃고 작물도 수확하지 못한다. 씨앗이 썩어버릴 것이기 때문이다. 파종을 하면 씨앗은 소멸하지만 소멸하면서 큰 풍요를 가져온다. 우리 인생도 마찬가지로 버림으로써 얻는다. 흩뿌림으로써 부유해진다. 세상이 받지 못하기 때문에 나눠줄 수 없는 지식을 자신이 갖고 있다고 말하는 사람은 그런 지식을 갖고 있지 않거나, 만약 갖고 있다 해도 곧 빼앗기고 만다. 아직 빼앗기지 않았다면 말이다. 쌓아두는 것은 곧 잃는 것이고, 배타적으로 간직하는 것은 곧 빼앗기는 것이다.

심지어 물질적 부를 늘리려는 사람도 자신이 가진 적은 자본을 기꺼이 손에서 놓아 투자하고 그것이 불어나기를 기다려야 한다. 소중한 돈을 붙잡

고 있는 한 그는 계속 가난할 뿐 아니라 매일 더 가난해지고 만다. 결국 그는 사랑하는 것들을 놓치게 되고, 늘어나는 돈 없이 가진 돈마저 잃게 된다. 반면 현명하게 놓아버린다면, 그러니까 마치 농부처럼 금으로 된 씨앗을 뿌린다면 그것이 늘어나길 충실히 기다릴 수 있고, 돈이 불어나길 합리적으로 기대하는 것도 가능하다.

사람들은 하나님에게 평화와 순결, 의로움과 행복을 달라고 기도하지만 이런 것들을 얻지 못한다. 왜 그럴까? 그 이유는 그들이 기도하는 바를 실천하지 않고 맞는 씨앗을 뿌리지 않기 때문이다. 한번은 어느 목사가 매우 간절히 용서를 구하는 기도를 올리더니 얼마 지나지 않아 설교 도중 신도들에게 "교회의 적들에게 자비를 베풀지 마라"고 설파하는 모습을 본 적이 있다. 이러한 자기기만은 불쌍하다. 사람들은 아직 평화롭고 복된 생각과 말, 행동을 뿌리는 것이 평화와 복을 얻는 길임을 배우지 못했다.

사람들은 분쟁과 불순함, 적개심의 씨앗을 뿌린 뒤 그저 구하기만 하면 평화와 순수, 화해의 풍성한 수확을 거둘 수 있다고 믿는다. 성마르고 싸우기 좋아하는 사람이 평화를 위해 기도하는 모습보다 더 딱한 광경이 어디 있겠는가? 사람은 뿌린 대로 거둔다. 따라서 누구든 이기심을 버리고 친절과 온유함, 사랑의 씨앗을 뿌린다면 지금 당장 모든 복을 수확할 수 있다.

만일 당신이 근심에 싸여 있거나 슬프거나 불행하다면 자신에게 이렇게 물어보라.

"내가 어떤 정신적 씨앗을 뿌렸는가?"

"나는 무슨 씨앗을 뿌리고 있는가?"

"나는 다른 사람들을 위해 무엇을 했는가?"

"다른 사람에 대한 나의 태도는 어떠한가?"

"나는 어떤 문제와 슬픔, 불행의 씨앗을 심었기에 이렇게 쓴 잡초를 거두어야 하는가?"

그가 내면을 탐구하고 찾게 하시며, 찾은 후에는 자아의 모든 씨앗을 버리고 이후에는 진리의 씨앗만 심게 하소서.

농부로부터 지혜의 단순한 진리를 배우게 하소서.

법의 지배

신들의 작은 무리는 이제 한물갔다. 인간의 변덕과 무지의 피조물인 독단적 신들의 명예는 땅에 떨어졌다. 사람들은 다툼에 지칠 때까지 신들에 대해 언쟁하고 그들을 옹호했으나, 이제는 모든 곳에서 오랫동안 숭배해온 이 무력한 우상들을 버리고 깨부수고 있다.

적의 실패를 흡족한 듯 바라보는 복수와 증오와 질투의 신, 우리의 모든 편협하고 이기적인 욕망을 만족시키는 불완전한 신, 자신을 믿는 특정 교의의 피조물만 구원하는 신, 배타적이고 편애하는 신, 인간 영혼 발달의 초기에 있는 신 등 우리가 신이라고 잘못 명명한 존재들은 우리 자신처럼 천하고 어리석은 것은 물론, 우리의 이기적 자아를 모방했을 뿐이다. 이제 우리는 쓰라린 눈물과 염려를 안은 채 그 하찮은 신들을 버리고 피 흘리는 손으로 우상을 부숴버렸다. 그렇게 함으로써 우리는 하나님을 잃지 않았을뿐더러, 오히려 위대하고 고요한 사랑의 마음에 더 가까이 다가갔다. 자아의 우상을 부수면서 파괴할 수 없는 힘을 얼마간 이해하기 시작했으며, 사랑과 평화와 기쁨의 하나님, 복수와 편애가 전혀 없는 하나님, 두려움과 의심, 이기심의 어둠이 달아날 수밖에 없는 빛의 하나님에 대해 더 넓은 지식을 갖게 되었다.

우리는 세상이 발전하는 과정에서 가짜 신들, 즉 인간의 이기심과 환상을 반영한 신들이 사라지는 모습을 목도하는 시대에 도달했다. 보편적이고 비인격적인 진리에 대한 새롭고도 오래된 계시가 다시 세상에 떠오르기 시작했으며, 그 빛은 자아의 그늘 아래로 몸을 피한 영속하지 않는 신들을 경악하게 만들었다.

사람들은 아침에 넘어가는 신, 숭배자들의 소원을 들어주려고 만물의 전체 질서를 뒤엎은 채 제멋대로 변덕스럽게 다스리는 신에 대한 믿음을 잃었다. 그들은 이제 눈에는 새로운 빛을 담고 가슴에는 새로운 기쁨을 안은 상태로 법칙의 신에게 의지하기 시작했다.

우리는 개인적인 행복과 만족을 위해서가 아니라 지식과 이해와 지혜를 얻기 위해, 자아의 속박에서 해방되기 위해 그분에게로 향한다. 그리하여 구함이 헛되지 않을 것이며, 공허함과 좌절에 빠져 돌아가는 일은 없을 것이다. 그리고 자기 안에서 모든 생각, 모든 충동, 모든 행동과 말이 정확히 본성에 따른 결과를 가져오는 법칙의 지배를 발견한다. 이 법칙에 따라 사랑의 생각은 아름다운 지복 상태를 가져오고, 증오의 생각은 왜곡되고 고통스러운 상태를 가져온다. 선한 생각과 행동, 악한 생각과 행동은 최고법의 흠결 없는 저울에 올려져 한편으로는 똑같은 복을, 다른 한편으로는 똑같은 불행을 안겨준다. 이런 법칙의 지배를 발견한 사람들은 새로운 길, 즉 법칙에 순종하는 길에 들어선다. 그 길에 들어서면 더는 비난하지 않고 의심하지 않으며 초조해하거나 낙담하지 않는다. 하나님이 옳고, 보편적 법칙이 옳으며, 우주가 옳다는 것을 알기 때문이다. 또한 잘못이 있다면 나로 인한 것임을 알고, 구원은 나 자신과 나의 노력, 그리고 선함을 개인적으로 받아들이고 악함을 의도적으로 거부하는 데 달렸다는 것을 알기 때문이다. 그들은 단순히 말씀을 듣는 자가 아니라 말씀을 행하는 사람이 되어 지식과 이해를 얻고, 지혜가 있는 사람으로 성장해 자아의 속박에서 해방된 영광스러운 삶으로 접어든다.

"주의 법칙은 완전해 눈을 밝혀준다." 불완전함은 인간의 무지와 맹목적인 어리석음에 있다. 완전함, 즉 완전한 법칙에 대한 지식은 그것을 간절히 구하는 모든 사람을 위해 준비되어 있다. 만물의 질서를 이루는 그 지식은 자기 추구를 버리고 자기 소멸self−obliteration의 삶을 받아들인다면 지금 바로 당신의 것이 될 수 있다.

형언할 수 없는 기쁨과 평온함, 조용한 힘을 지닌 진리에 대한 지식은 자신의 '권리'에 집착하면서 자기 '이익'을 옹호하고 자기 '의견'을 위해 싸우는 사람을 위한 것이 아니다. 이런 사람들이 하는 일은 개인적인 '나'로 물들어 있으며, 그들은 이기심과 이기주의라는 무너지기 쉬운 모래 위에 집을 짓는다. 진리에 대한 지식은 다툼의 원인, 고통과 슬픔의 근원을 포기하는 사람을 위한 것이다. 그들이야말로 진리의 자녀이자 위대한 스승의 제자이며, 지극히 높으신 분을 숭배하는 사람이다.

오늘날 세상에는 진리의 자녀들이 있다. 그들은 생각하고 행동하며 글쓰고 말한다. 심지어 우리 가운데는 선지자도 있고, 그들의 영향력 또한 온 땅에 퍼지고 있다. 거룩한 기쁨의 저류가 세상에서 힘을 모아 새로운 열망과 희망으로 사람들을 감동하게 만들며, 보거나 듣지 못하는 이들조차 내면에서 더 좋고 충만한 삶에 대한 열망을 느끼게 한다.

법칙은 우리의 마음과 삶을 다스린다. 참된 하나님의 신전을 구하는 사람은 이타심의 공정한 길을 통해 법칙의 지배를 이해할 수 있다.

하나님은 사람을 위해 달라지지 않는다. 이는 곧 완전한 것이 불완전해져야 한다는 뜻이기 때문이다. 그러나 사람은 하나님을 위해 변해야 하며, 이는 곧 불완전한 것이 완전해져야 한다는 뜻이다. 사람을 위해 법칙이 달라져서는 안 된다. 그렇지 않으면 혼란이 초래되고 만다. 사람은 법칙에 순종해야 하고, 이는 조화와 질서, 정의를 따르는 것이다.

자신의 성향에 좌우되는 것보다 더 고통스러운 속박은 없다. 존재의 법칙을 따르는 극도의 복종보다 더 큰 자유는 없다. 법칙을 따르는 것은 자아가 죽고 사랑이 전부가 될 때까지 모든 존재가 마음을 정화하고 정신을 쇄신하며 사랑에 대한 복종을 받아들이는 길이다. 법칙의 지배는 곧 사랑의 지배이기 때문이다. 사랑은 아무도 거부하지 않으며 모두를 기다리고 있다. 사랑은 모두의 유산이기에 지금 당장 요구하고 시작할 수 있다.

아, 아름다운 진리여! 이제 사람이 신성한 유산을 받아들여 천국에 들어갈 수 있음을 아는 것!

오, 딱한 잘못이여! 사람이 자아를 향한 사랑 때문에 진리를 받아들이지 않음을 아는 것!

법칙에 순종한다는 것은 죄와 자아를 파괴하고, 어두운 그늘이 없는 기쁨과 영원한 평화를 실현한다는 뜻이다.

자신의 이기적 성향에 집착하는 것은 진리의 빛을 어둡게 만드는 고통과 슬픔의 구름을 영혼에 드리우고 모든 진정한 축복으로부터 스스로를 차단한다는 의미다. "사람은 무엇을 심든 그대로 거두기" 때문이다.

최고의 정의

물질의 우주는 힘의 평형으로 유지되고 보존된다.

도덕의 우주는 그것에 상응하는 완벽한 균형으로 지속되고 보호된다.

물리적 세계에서 자연이 진공 상태를 혐오해 유지하지 않으려 하듯이, 영적 세계에서는 부조화가 소멸된다.

자연의 혼란과 파괴의 근저, 그 형태의 변형성 뒤에는 영원하고 완벽한 수학적 균형이 존재한다. 그리고 삶의 중심, 모든 고통과 불확실성, 불안 뒤에는 영원한 조화와 깨지지 않는 평화, 불가침의 정의가 있다.

그렇다면 우주에 불의는 존재하지 않는가? 불의는 있기도 하고 없기도 하다. 그것은 세상을 바라보고 판단하는 의식 상태와 어떤 삶을 사는지에 따라 달라진다. 격정 속에 사는 사람은 도처에서 불의를 보지만, 격정을 극복한 사람은 삶의 모든 부문에서 정의의 작용을 목격한다. 불의는 혼란스럽고 열띤 격정의 꿈으로, 그것을 꿈꾸는 사람에게는 충분히 현실적이다. 정의는 괴로운 자아의 악몽에서 깨어난 사람에게는 찬란하게 보이는 인생의 영원한 현실이다.

우리는 격정과 자아를 초월해야만 신성한 질서를 이해할 수 있으며, 모든 것을 포용하는 사랑의 순수한 불길에 부정과 잘못에 대한 감각이 다 타버린 후에야 완벽한 정의를 파악할 수 있다.

"나는 무시당하고 상처 입었으며 모욕당했고 부당한 대우를 받았다"고 생각하는 사람은 정의가 무엇인지 알지 못한다. 그는 자아에 눈멀어 순수한 진리의 원칙을 알아차리지 못하고, 자신의 잘못에 집착하느라 계속된 불행 속에서 살아간다.

격정의 영역에서는 끊임없이 힘의 충돌이 일어나 그것과 관련된 모든 사람에게 고통을 초래한다. 또한 그 안에는 행동과 반응, 행위와 결과, 원인과 결과가 있으며, 극도의 수학적 정확성을 가지고 힘의 작용을 조정해 아주 정밀하게 원인과 결과의 균형을 맞추는 신성한 정의가 존재한다. 하지만 충돌에 관여하는 사람들은 이 정의를 이해하지 못하고 이해할 수도 없다. 정의를 이해하려면 치열한 격정의 전쟁을 뒤로해야 한다.

격정의 세계는 분열, 다툼, 전쟁, 소송, 고발, 비난, 불순, 나약함, 어리석음, 증오, 복수, 원한이 머무르는 곳이다. 눈을 멀게 하는 요소들의 치열한 충돌에 부분적으로라도 관련된 사람이 어떻게 정의를 알아차리고 진리를 이해할 수 있겠는가? 이는 불타는 건물에서 화염에 휩싸인 사람이 거기에 앉아 화재의 원인을 따져보기를 기대하는 것과 같다.

격정의 땅에 있는 인간은 타인의 행동에서 불의를 본다. 현 상황만 따져 인과에서 분리되지 않은 모든 행동을 독립적인 것으로 간주하기 때문이다. 도덕 영역의 인과에 관해 알지 못하는 사람은 순간적으로 진행되는 엄격하면서도 균형 잡힌 과정을 보지 못할뿐더러, 자신의 행동을 돌아보지 않은 채 타인의 행동만 부정의하다고 여긴다. 소년이 힘없는 동물을 때리면 성인 남자는 동물을 때렸다고 힘없는 소년을 때리고, 그러면 더 강한 남자가 소년을 때렸다는 이유로 그 성인 남자를 공격하는 격이다. 각자는 상대가 불의하고 잔인하다고 여기면서 자신은 정의롭고 자비롭다고 생각한다. 무엇보다 그 소년은 동물을 때린 자신의 행동이 전적으로 필요한 행위였다고 정당화할 것이다. 이처럼 무지는 증오와 분쟁을 꺼트리지 않는다. 인간은 격정과 분노 속에 살면서 인생의 참된 길을 찾지 않고 스스로에게 맹목적으로 고통을 가한다. 증오는 증오를, 격정은 격정을, 다툼은 다툼을 낳는다. 살해하는 사람은 살해되고, 남의 것을 빼앗는 도둑은 자기 것을 빼앗기며, 다른 동물을 잡아먹는 짐승은 사냥으로 죽임을 당한다. 고발하는 자는 고발당하고, 비난하는 자는 비난받으며, 박해하는 자는 박해를 받는다.

이로써 살인자의 칼은 스스로를 찌르고
불의한 재판관은 스스로의 변호인을 잃으며
거짓말하는 혀는 그 거짓말을 파멸시키고
은밀한 도둑과 약탈자는 빼앗긴다.
이것이 법칙이다.

격정에는 능동적 측면과 수동적 측면이 있다. 바보와 사기꾼, 압제자와 노예, 침략자와 보복자, 허풍쟁이와 미신을 믿는 자는 서로 보완하면서 정의의 법칙에 따라 함께 다닌다. 사람은 무의식적으로 고통의 상호 생산에 협력한다. "맹인이 맹인을 인도하고 둘이 함께 도랑에 빠지는 것이다." 고통, 비탄, 슬픔, 불행은 격정을 꽃으로 하는 열매다.

격정에 사로잡힌 영혼은 불의만 보지만, 격정을 정복한 선한 사람은 원인과 결과를 보고 최고의 정의를 본다. 선한 사람은 불의를 보지 않기 때문에 자신이 부당하게 대우받는다는 생각을 하지 못한다. 그는 스스로를 더는 해치거나 속이지 않기에 아무도 자신을 해치거나 속일 수 없다는 사실을 잘 안다. 또한 다른 이들이 격노해 무지하게 그를 대한다 해도 아무런 고통을 받지 않는다. 자신에게 오는 것은 무엇이든, 설령 그것이 학대와 박해일지라도 이전에 자신이 내보낸 것의 결과임을 알기 때문이다. 그것은 그에게 어떤 고통도 줄 수 없다. 그는 모든 것을 선으로 여기고, 모든 것에 기뻐하며, 원수를 사랑한다. 또한 자신을 저주하는 이들을 비록 눈멀었지만 대법칙에 진 도덕적 빚을 갚을 수 있는 유용한 기회로 여기면서 축복한다.

분노와 복수심, 자기 추구, 이기주의를 버린 선한 사람은 평형 상태에 도달하고 이로써 영원하고 보편적인 평형 상태와 일체화된다. 격정의 맹목적 힘에서 스스로를 들어 올린 그는 마치 발밑에서 휘몰아치는 폭풍우를 내려다보는 산 위의 고독한 거주자처럼 그 힘을 이해하고, 차분하게 꿰뚫는 통찰력으로 그 힘을 관조한다. 그에게 불의는 멈췄다. 그는 한편으로는 무지와 고통을, 다른 한편으로는 깨달음과 행복을 본다. 동정이 바보와 노예에게만 필요한 것이 아니라, 사기꾼과 압제자에게도 똑같이 필요하다는 사실을 아는 그는 모든 사람에게 널리 연민을 베푼다.

최고의 정의와 최고의 사랑은 하나다. 원인과 결과는 피할 수 없고, 결과에서 도망칠 수도 없다.

증오와 적의, 분노, 비난에 사로잡힌 동안에는 꿈꾸는 사람으로서 불의의 지배를 받고 불의를 보는 것 외에 다른 일을 할 수 없다. 하지만 그 격렬한 요소를 극복한 사람은 틀리지 않는 정의가 모든 것을 지배한다는 사실, 실제로 온 우주에 불의 같은 것은 없다는 사실을 알고 있다.

이성의 사용

이성은 눈먼 안내자이며 우리를 진리로 인도하기보다 오히려 진리로부터 멀어지게 한다는 말이 있다. 이 말이 사실이라면 비이성적 상태가 되거나 비이성적 상태를 그대로 유지하는 편이 나을 테고, 그렇게 하라고 다른 사람들을 설득하는 것이 더 좋을 수 있다. 그러나 우리는 이성이라는 신성한 재능을 부지런히 키우면 평온함과 정신적 균형을 갖게 되고, 삶의 문제와 어려움에 기꺼이 대처할 수 있다는 것을 안다.

이성보다 더 높은 빛이 있다는 말은 사실이다. 심지어 진리의 영 그 자체가 가진 빛이 있다. 그러나 이성의 도움이 없으면 진리를 이해할 수 없다. 이성의 등불을 손질하기를 거부하는 사람은 그렇게 거부하는 동안 결코 진리의 빛을 인식하지 못한다. 이성의 빛은 진리의 빛을 반영하기 때문이다.

이성은 완전히 추상적인 자질로, 인간의 동물적 의식과 신성한 의식 사이 중간쯤에 자리한다. 이는 올바르게 쓰이면 한쪽의 어둠에서 다른 쪽의 빛으로 우리를 인도한다. 간혹 이기적 본성을 위한 일에 이성을 동원할 수도 있지만, 이는 이성을 일부 불완전하게 사용한 결과일 뿐이다. 이성이 완전히 발달하면 이기적 본성에서 우리를 멀리 데려와 궁극적으로 우리의 영혼을 가장 높은 것, 즉 신과 결합시킨다.

완벽한 삶의 성배를 찾는 영적 퍼시벌(아서왕 전설에 등장하는 원탁의 기사 중
한 명으로 거룩한 잔을 찾기 위한 여정에 참여한 성배의 기사로 알려졌다―옮긴이 주)
은 몇 번이고 곤경에 빠졌다.

홀로 남겨져
모래와 가시덤불의 땅에서 녹초가 되었다.

퍼시벌이 그렇게 좌초된 이유는 이성을 따랐기 때문이 아니라, 여전히
낮은 본성의 잔재에 집착하고 떠나기를 주저했기 때문이다. 이성의 빛을
진리를 찾기 위한 횃불로 쓰는 사람은 위안이 없는 어둠 속에 마지막까지
남겨지지 않을 것이다.

"주께서 이르시되 이제 와서 함께 변론하자. 너희 죄가 주홍 같을지라도
눈과 같이 희어질 것요."

많은 사람이 헤아릴 수 없는 고통을 겪으면서 끝내 자신의 죄 속에서 죽
는다. 이성을 거부한 채 희미하게 반짝이는 이성의 빛마저 일소해버리는
어두운 망상에 매달리기 때문이다. 죄와 고통의 주홍 옷을 흠결 없는 평화
의 흰 옷으로 바꾸어 입으려는 사람은 모든 이성을 자유로우면서도 완전히
충실하게 사용해야 한다.

우리는 이와 같은 진리를 증명했고 또 알기에 타인을 다음과 같이 타이르
는 것이다.

가운데 길을 밟으라, 그 길은
밝은 이성의 흔적이 있고 부드럽게 고요하며 평탄하구나

이성은 우리를 격정과 이기심으로부터 멀어지게 할뿐더러, 달콤한 설득

과 온화한 용서의 조용한 길로 이끈다. 그 인도를 받은 사람은 결코 잘못된 길로 들어서지 않고 눈먼 안내자를 따르지도 않을 것이다. 그는 "모든 것을 증명하고 선한 것을 굳게 붙잡으라"는 사도의 명령을 충실히 따른다. 반면 이성의 빛을 업신여기는 자는 진리의 빛도 업신여긴다.

많은 사람이 이성은 신의 존재를 부정하는 것과 밀접하게 관련되어 있다는 이상한 착각에 사로잡혀 있다. 이는 아마도 신이 없다는 점을 증명하려는 사람은 보통 이성에 근거한다고 공언하지만, 그 반대를 증명하려는 사람은 일반적으로 믿음에 근거한다고 공언하기 때문일 것이다. 그러나 이런 논쟁을 벌이는 사람들은 이성이나 믿음보다 편견에 지배당하는 경우가 많다. 그들의 목적은 진리를 찾는 것이 아니라 선입견을 옹호하고 확증하는 것이다.

이성은 단기간만 이어지는 의견이 아닌, 만물의 확립된 진리와 관련되어 있다. 순수하고 탁월한 이성을 지닌 사람은 결코 편견의 노예가 되지 않으며 모든 선입견을 무가치한 것으로 여긴다. 또한 증명하거나 반증하려 하지 않을뿐더러, 극단적인 것들의 균형을 맞추고 모든 명백한 모순을 종합한 후 신중하면서도 냉정히게 평가하고 고찰해 진리에 도달한다.

이성은 순수하고 온화하며 온건하고 공정한 모든 것과 연관되어 있다. 우리는 보통 폭력적인 사람은 '비이성적'이라고, 친절하며 사려 깊은 사람은 '이성적'이라고, 제정신이 아닌 사람은 '이성을 잃었다'라고 표현한다. 이렇듯 이성이라는 단어는 종종 무의식적으로, 실제로는 매우 광범위하게 사용된다. 비록 이성이 사랑이나 사려 깊음, 온화함, 온전한 정신 상태를 의미하는 것은 아니지만, 이러한 신성한 자질과 밀접하게 관련되어 있고 또 그런 자질로 이어진다. 분석을 목적으로 할 때를 제외하고는 이런 자질들과 분리해 생각할 수 없다.

이성은 인간의 높고 고귀한 모든 것을 대표한다. 또한 맹목적으로 동물적 성향을 따르는 짐승과 인간을 구별하게 해준다. 인간은 이성의 목소리에 불복종하고 자신의 성향을 따르는 것만큼 우둔해진다. 존 밀턴John Milton(《실낙원》을 저술한 영국 대문호 · 1608~1674—편집자 주)은 다음과 같이 말했다.

인간의 이성이 흐려지거나 이에 순종하지 않으면
즉시 무절제한 욕망과 갑자기 일어난 격정이 우리를 지배하네
이성을 따르던 상태에서 노예 상태로 영락하면
인간은 자유를 잃네

《누탈 사전Nuttall's Dictionary》에서 '이성'의 정의를 보면 이 단어의 포괄성을 어느 정도 파악할 수 있다.

어떤 말이나 행동의 원인, 근거, 원리, 동기. 유효한 원인. 최종적 원인. 인간의 지성, 특히 필요한 진리에 도달하는 능력.

이렇듯 '이성'은 진리 자체까지도 포함할 만큼 폭넓은 용어로, 트렌치 대주교Archbishop Trench는 유명한 저서 《말의 연구에 관하여On the Study of Words》에서 이성과 말씀에 대해 "본래 하나이자 동일한 단어로, 그리스어에는 그 둘을 의미하는 하나의 단어가 있다"고 언급했다. 따라서 하나님의 말씀은 하나님의 이성이며, 노자의 '도'를 이성으로 번역하기도 한다. 신약성서 중국어 번역본은 성 요한복음을 "태초에 도가 있었다"라고 옮기고 있다.

마음이 미숙하고 무정하면 모든 말이 좁은 용례를 갖지만, 동정심을 키우고 지성을 넓히면 말은 풍부한 의미로 가득 차고 포괄적 의미를 지니게 된다. 그러니 어리석은 다툼을 멈추고 이성적 존재로서 원칙을 추구하며 화합과 평화에 기여하는 일들을 실천하라.

자기 수양

인간은 자기 수양을 시작하기 전까지는 그저 존재할 뿐, 사는 것이 아니다. 이 시기에는 마치 동물처럼 욕망을 채우고, 욕망과 기호가 이끄는 대로 자기 성향을 쫓는다. 스스로에게서 무엇을 빼앗고 있는지 의식하지 못하기에 짐승이 행복한 것처럼 그도 행복하다. 고통에서 벗어날 방법을 모르기에 짐승이 고통받는 것처럼 고통받는다. 또한 삶을 지적으로 성찰하지 않은 채 어떤 중심 사상이나 원칙과는 관계없는 일련의 감각과 열망, 혼란스러운 기억 속에서 살아간다. 내면의 삶이 통제되지 않고 혼란스러운 사람은 눈에 보이는 외적 삶의 모습에서 이런 혼란을 반드시 드러낸다. 그는 한동안은 욕망의 흐름에 따라 상당한 재산과 안락함을 가지겠지만, 결코 진정한 성공을 거두거나 진정한 선을 성취하지는 못한다. 외적 삶을 이루는 정신의 힘을 내적으로 적절히 조절하고 통제하지 못한다면 그 결과로 조만간 세속에서 실패와 재난을 면할 수 없게 된다.

세상에서 영속적 성격을 지닌 어떤 것을 성취하려면 무엇보다 자기 마음을 다스리는 데 어느 정도 성공해야 한다. 이것은 2 더하기 2는 4라는 수학적 진리만큼이나 분명한데, "삶의 문제는 마음에서 비롯되기" 때문이다. 내면의 힘을 다스리지 못하면 눈에 보이는 삶을 형성하는 외부 활동을 단단히 붙잡을 수 없다. 반면 자신을 다스리는 데 성공하면 세상에서 점점 더 높은 힘과 쓸모를 얻고 더 높은 성공을 이룰 수 있다.

짐승의 삶과 통제되지 않은 인간의 삶에서 유일한 차이점은 인간이 더 다양한 욕망을 가지고 더 큰 고통을 경험한다는 것이다. 통제되지 않은 인간은 자제력과 순결함, 강건함 등 삶을 이루는 모든 고귀한 자질 측면에서 진정 죽어 있다고 할 수 있다. 그런 사람의 의식 속에는 십자가에 못 박힌 그리스도가 필멸의 수난자를 소생케 하고 존재의 실재를 깨닫게 해줄 부활을 기다리며 묻혀 있다.

우리는 자기 수양을 실천함으로써 진정으로 살기 시작한다. 내면의 혼란을 극복하고 자기 안의 흔들리지 않는 중심에 자신의 행동을 맞추기 시작하는 것이다. 충동이 이끄는 곳으로 따라가길 멈춘 뒤 욕망이라는 말의 고삐를 당겨 이성과 지혜의 지시에 따라 살아간다. 지금까지 삶은 목적도, 의미도 없었지만 이제는 의식적으로 자신의 운명을 만들기 시작한다. "옷을 입고 제정신"을 차리는 것이다.

자기 수양의 과정은 다음 세 단계로 이루어진다.

1. 통제

2. 정화

3. 버림

사람은 지금까지 자신을 지배해오던 격정을 통제함으로써 자기 수양을 시작한다. 유혹에 저항하면서, 이전부터 그를 지배하고 이기적인 만족을 채우는 데 치중했던 너무나도 쉽고 자연스러운 모든 경향으로부터 자신을 지킨다. 자기 수양을 시작한 사람은 식욕을 복종시켜 이성적이고 책임감 있는 존재로서 음식을 먹는다. 음식을 선택할 때도 신체를 사람으로서 살아가고 행동할 순수한 도구로 만들어 더는 미각적 쾌락에 영합해 타락시키지 않겠다는 목적을 가지고 절제와 사려 깊음을 실천한다. 또한 내면의 고정된 중심을 기준으로 행동함으로써 자신의 식욕, 성질, 사실상 모든 동물적 욕망과 충동을 견제한다. 이전처럼 밖으로부터 안을 향해 사는 삶이 아니라, 안으로부터 밖을 향해 살아가는 과정인 것이다. 그는 이상理想을 생각하고 그 이상을 마음속 신성한 곳에 간직한다. 그리고 이상의 요구에 따라 행동을 통제한다.

우주의 모든 원자와 원자 집합에는 우주적 활동의 원천인 부동의 중심이 존재한다는 철학적 가설이 있다. 가설이야 어떻든 모든 사람의 마음속에는 확실히 이타적인 중심이 존재한다. 이타적인 중심이 없으면 인간의 외적 측면은 존재할 수 없으며, 이 중심을 무시하면 고통과 혼란을 겪게 된다. 이타적인 중심은 마음속에서 이타심과 무구한 순결이라는 이상의 형태를 취하고, 그것의 달성은 바람직하다고 여겨진다. 또한 이타적인 중심은 격정의 폭풍과 인간이 지닌 낮은 본성의 모든 충돌 요소로부터 도피할 수 있는 영원한 피난처다. 그것은 만세의 반석이며, 인간 내면에 있는 신성하고 불멸하는 그리스도다.

자기통제를 연습함으로써 우리는 점점 더 내면의 실재에 가까워지고 격정과 슬픔, 쾌락과 고통에 흔들리지 않게 된다. 굳건하고 고결한 삶을 살면서 인간다운 강함과 인내를 드러낸다. 그러나 격정을 억제하는 것은 자기 수양의 첫 단계일 뿐이며, 곧바로 정화 과정이 뒤따른다. 마음과 정신에서 격정이 완전히 사라질 정도로 자신을 정화함으로써 내면에서 격정이 일어날 때마다 억제하는 것을 넘어 아예 생겨나지 않게 예방한다. 사람은 단순히 격정을 억제하는 것만으로는 결코 평화에 다다를 수 없을뿐더러, 이상을 현실화할 수도 없다. 격정을 정화해야 한다.

인간이 강해지고 신성해지며, 내면의 이타적인 중심 위에 굳건히 서서 모든 유혹을 무력하고 무효하게 만들려면 낮은 본성을 정화해야 한다. 정화는 사려 깊은 배려와 진지한 명상, 거룩한 열망에 의해 이루어진다. 따라서 정화에 성공하면 마음과 삶의 혼란이 사라지고 마음에 평온이 찾아와 영화된 행동을 하게 된다.

참된 강함과 힘, 쓸모는 자기 정화에서 비롯된다. 더 하등한 동물적 힘은 사라지는 것이 아니라, 지적이고 영적인 에너지로 변한다. 생각과 행동이 순수한 삶은 에너지를 보존하는 삶이고, 불순한 삶은 에너지를 소산하는 삶이다. 순수한 사람은 불순한 사람보다 유능하며, 따라서 자신의 계획을 성공시키고 목적을 달성하는 데 적합하다. 불순한 사람이 실패하는 일들에서 순수한 사람은 승리를 거둘 수 있다. 차분한 마음과 더 확실하고 강한 목적을 가지고 에너지를 쏟기 때문이다.

더 순결해지고, 강하면서 고귀한 인간성을 이루는 모든 요소를 점점 강력하게 발전시키며, 낮은 본성을 복종시키고, 격정이 명령을 따르도록 하는 사람은 인생의 외적 환경을 만들고 다른 이들에게 선한 영향을 미칠 수 있다.

자기 수양의 세 번째 단계인 버림은 낮은 욕망과 모든 불순하고 무가치한 생각을 마음에서 밀어내는 동시에, 그런 욕망과 생각이 들어오지 않고 소멸하도록 내버려두는 것이다. 사람은 더 순수해지면 자신이 격려하지 않는 한 모든 악은 무력한 상태라는 사실을 인지한다. 그리하여 악을 무시한 채 그것이 삶에서 사라지도록 내버려둔다. 버림을 추구함으로써 신성한 삶으로 들어가 깨닫고 지혜와 인내, 무저항, 연민, 사랑 같은 참된 자질들을 드러낸다. 또한 이 단계에서 사람은 의식적으로 불멸의 존재가 되어 삶의 모든 성쇠와 불확실성을 극복한 뒤 지적이고 불변하는 평화 속에서 살아간다.

자기 수양으로 인간은 모든 수준의 덕과 거룩함에 도달하고, 마침내 만물의 중심에 있는 마음과 하나 됨을 깨달아 정화된 하나님의 아들이 된다.

자기 수양을 하지 않으면 인간은 점점 더 낮은 곳으로 떠내려가 짐승에 가까워지고, 마침내 길 잃은 피조물처럼 자신의 더러운 진창에서 기어다니게 된다. 반면 자기 수양을 하면 인간은 점점 더 높이 올라가 신성에 가까워지고, 마침내 순결의 광채로 영광스럽게 빛나는 자신의 신성한 존엄성, 구원받은 영혼으로 서게 된다. 스스로 수양하면 살 것이요, 스스로 수양하지 않으면 멸망할 것이다. 나무도 조심스럽게 가지치기를 하면서 돌보면 아름답고 건강하게 자라 많은 열매를 맺듯이, 사람도 마음에서 악의 가지를 모두 잘라낸 뒤 지속적이고 부단한 노력으로 선을 돌보며 발전시키면 삶의 은혜와 아름다움이 커진다.

연습으로 기술이 능숙해지는 것처럼, 성실한 사람은 선과 지혜에 능숙하다. 사람들이 자기 수양을 꺼리는 이유는 자기 수양의 초기 단계가 고통스럽고 불쾌한 데다, 처음에는 욕망에 굴복하는 것이 달콤하고 좋아 보이기 때문이다. 그러나 욕망의 끝은 어둠과 불안인 반면, 수양의 열매는 불멸과 평화다.

결심

결심은 개인의 발전에서 지휘력이자 추진력이다. 결심하지 않으면 어떤 실질적인 일도 성취할 수 없다. 사람은 결심해야 비로소 의식적으로 빠르게 발전한다. 결심하지 않는 삶은 목표가 없는 삶이고, 목표가 없는 삶은 표류하는 불안정한 삶이기 때문이다.

물론 결심이 하향적 성격과 관련되어 있을 수도 있지만, 일반적으로는 고귀한 목표와 높은 이상의 동반자다. 여기서는 가장 높은 쓰임과 용도 측면에서 결심을 다루고자 한다.

사람이 결심한다는 것은 현 상태에 만족하지 않고 자신의 성격과 삶을 구성하는 정신적 재료를 가지고 더 나은 작품을 만들고자 자제하기 시작했다는 뜻이다. 자기 결심에 충실하다면 목적 달성에 성공할 수 있다.

일찍이 성자들의 서원誓願은 자아에 맞서 승리하겠다는 거룩한 결심이었으며, 성자들의 아름다운 성취와 신성한 스승들의 찬란한 승리는 확고부동한 결심을 추구함으로써 실현되었다.

지금보다 더 높은 길을 걷겠다는 굳은 결심은 극복해야 할 어려움이 드러나도 그 길을 걸을 수 있게 하고, 어두운 곳을 성공의 황금빛 후광으로 밝게 비춘다.

진정한 결심은 오랜 생각과 기나긴 노력, 열렬하지만 만족스럽지 않은 열망의 위기다. 진정한 결심은 가볍지 않으며, 변덕스러운 충동이나 막연한 욕망도 아니다. 그것은 마음에 품은 높은 목적을 완전히 성취할 때까지 노력을 쉬거나 멈추지 않겠다는 엄숙하고도 돌이킬 수 없는 결정이다.

열성이 없고 때 이른 결심은 결코 진정한 결심이 아니며, 처음 만난 어려움에 산산이 부서지고 만다.

결심할 때는 천천히 해야 한다. 자신의 입장을 엄격히 검토하고, 결정과 관련된 모든 상황과 어려움을 고려하며, 이를 충족할 만반의 준비가 되어 있어야 한다. 결심의 성질을 완전히 이해해 마지막으로 마음을 정하고, 그 문제에 대해 더는 아무런 두려움이나 의심도 없어야 한다. 이렇게 마음의 준비가 끝나면 결심에서 벗어나지 않게 되고, 그 결과 때가 되면 마음에 품은 강력한 목적을 달성할 수 있다.

성급한 결심은 무익하다.

인내하려면 마음을 단단히 잡아야 한다.

유혹과 시련은 더 높은 길을 걷기로 결심한 순간 시작된다. 더 진실하고 고귀한 삶을 살겠다고 결심하자마자 그런 마음을 유지하기 어렵게 만드는 새로운 유혹과 어려움의 급류에 압도당하고, 이 때문에 많은 사람이 결심을 포기한다.

그러나 이러한 유혹과 시련은 마음먹은 쇄신 작업에서 피할 수 없는 부분이다. 결심이 제 일을 하려면 유혹과 시련을 친구로 환영하면서 용기로써 마주해야 한다. 결심의 본질은 무엇인가? 특정 행동 흐름을 점검하고 완전히 새로운 방향을 열려는 노력이 아닐까? 힘차게 흐르는 개울이나 강의 흐름을 다른 방향으로 바꾸기로 결정한 기술자를 생각해보자. 그는 먼저 새로운 수로를 파고 작업에 실패하지 않도록 모든 주의를 기울여야 한다. 그러나 새로운 수로로 개울을 끌어들이는 가장 중요한 작업에 이르면 유구한

세월 동안 길들여진 물길을 따라 꾸준히 흘러오던 물의 힘이 불응하려 든다. 따라서 작업을 성공적으로 완성하려면 기술자의 모든 인내와 주의, 기술이 필요하다. 자신의 행동 경로를 다른 더 높은 방향으로 바꾸기로 결심한 사람도 마찬가지다. 새로운 수로를 뚫겠다는 마음의 준비를 한 후 지금까지 중단 없이 흘러왔던 정신력을 새로운 방향으로 바꾸는 작업을 진행해야 한다. 이 작업을 시작하자마자 억제되어 있던 에너지가 지금까지 알지 못했고 직면해본 적도 없는 강력한 유혹과 시련의 형태로 자기 존재를 주장하기 시작한다. 이 과정은 원래 그렇고, 그것이 법칙이다. 물의 흐름을 바꿀 때와 동일한 법칙이 마음에도 적용된다. 누구도 정해진 만물의 법칙을 바꿀 수는 없지만, 불평하고 상황이 달라지기를 바라는 대신 법칙을 이해하는 법을 배울 필요가 있다. 마음의 쇄신과 관련된 모든 것을 이해하는 사람은 "고난을 기뻐할 것이다". 고난을 통과해야만 힘을 얻고 마음의 순결함을 구하며 평화에 도달할 수 있음을 알기 때문이다. 많은 실수와 실패 끝에 마침내 기술자가 더 넓고 좋은 수로로 개울이 유유히 흘러가게 만드는 데 성공하면 와류가 사라지고 모든 댐을 없앨 수 있듯이, 결심한 사람도 마침내 생각과 행동을 자신이 열망하는 더 좋고 고귀한 길로 이끄는 데 성공할 것이다. 이때 유혹과 시련은 확고한 힘, 확립된 평화에 자리를 양보한다.

삶이 의식과 조화를 이루지 않아 마음과 행동을 특정 방향으로 고치고자 열망하는 사람은 먼저 진지한 생각과 자기 분석을 통해 목적을 정제해야 한다. 최종 결론에 도달한 후에는 결심을 굳히고, 어떤 상황에서든 결심에 충실하면서 벗어나지 않는다면 반드시 선한 목적을 달성할 것이다. 대법칙은 아무리 큰 죄를 짓고, 아무리 많은 실패와 실수를 했더라도 마음 깊은 곳에서 더 나은 길을 찾겠다고 결심한 사람을 늘 감싸고 보호한다. 그리고 모든 장애물은 마침내 성숙하고 흔들리지 않는 결심 앞에서 물러난다.

영광스러운 정복

진리는 자아를 정복해야만 깨달을 수 있다.

복은 낮은 본성을 극복해야만 도달할 수 있다.

인간의 자아는 진리의 길을 막는다.

사실 나 자신을 방해할 수 있는 유일한 적은 격정과 망상뿐이다. 이것을 깨닫고 마음을 정화하기 전까지 우리는 지식과 평화로 이어지는 길을 찾지 못한다.

격정을 초월해야 진리를 알 수 있다. 이것이 신성한 법칙이다. 격정을 지키면서 진리도 가질 수는 없다.

이기심이 사라지기 전까지 죄는 없어지지 않는다.

자아 극복은 신비한 이론이 아니라 매우 현실적이고 실천적이다. 그 과정은 성공의 척도를 달성하고자 흔들리지 않는 신념과 담대한 결심을 품고 매일, 매시간 추구해야 하는 것이다.

자아 극복은 마치 나무가 자라는 것처럼 순차적인 단계를 거치는 정돈된 성장 과정이다. 나무도 인내심을 가지고 조심스럽게 돌봐야만 열매를 맺듯이, 거룩함의 순수하고 탐스러운 열매 역시 바른 생각과 행동을 키우면서 인내심을 가지고 충실히 마음을 훈련해야만 얻을 수 있다.

모든 나쁜 습관과 특정 형태의 잘못된 행동을 포함한 격정을 극복하는 데
는 다음과 같은 다섯 단계가 있다.

1. 억제
2. 인내
3. 제거
4. 이해
5. 승리

사람이 죄를 극복하지 못하는 이유는 잘못된 단계에서 시작하려고 하기
때문이다. 대부분 앞의 네 단계를 거치지 않고 바로 승리 단계에 도달하기
를 바란다. 마치 나무는 돌보지 않으면서 좋은 열매를 얻길 바라는 농부처
럼 말이다.

억제는 잘못된 행동, 예를 들어 분노 폭발, 경솔하거나 불친절한 말, 이
기적인 방종 등을 확인하고 통제해 실제 형태를 갖추지 못하게 하는 것이
다. 정원사가 나무에서 쓸모없는 싹과 가지를 잘라내는 것과 같다. 필요하
지만 고통스러운 과정이다. 쓸모없는 가지를 잘라낼 때 나무는 피를 흘린
다. 정원사는 너무 심하게 잘라내면 안 된다는 사실을 안다. 마음 또한 격
정에 대해 격정을 돌려주기를 거부할 때, 자신을 방어하고 정당화하지 않
을 때 피를 흘린다. 이것이 바로 성 바울이 말한 "지체들을 억제하는" 과정
이다.

그러나 이러한 억제는 자기 정복의 시작일 뿐이다. 최종적으로 마음을
정화하겠다는 목적 없이 억제 자체가 목적이 되면 그것은 위선이다. 자신
의 진짜 본성을 숨긴 채 다른 사람들의 눈에 실제보다 더 잘 보이려고 노력
하는 것이다. 이런 경우 억제는 악이다. 반면 억제를 완전한 정화를 향한

첫 번째 단계로 받아들이면 그것은 선이다. 억제를 실천하는 것은 자신에 대한 다른 이들의 특정 행동과 태도를 접할 때 마음에 일어나는 고통을 묵묵히 견뎌내는 인내 또는 자제의 두 번째 단계로 이어진다. 이 단계에 성공한 사람은 자신의 모든 고통이 사실은 나를 향한 타인의 잘못된 태도에서 비롯된 것이 아니라, 자신의 나약함에서 생겨난 것임을 알게 된다. 그리고 나를 향한 타인의 잘못된 태도는 단지 내 죄를 표면으로 가져와 드러내는 수단일 뿐임을 깨닫는다. 따라서 점차 나의 타락과 잘못된 행동에 대해 타인을 책망하지 않고 나 자신만 비난하기 때문에 무의식적으로 나에게 죄와 결점을 보여주는 다른 이들을 사랑하는 법을 배운다.

스스로에게 큰 시련을 주는 앞의 두 단계를 통과한 사람은 세 번째 단계인 제거에 들어선다. 이 단계에서는 잘못된 행동의 배후에 있는 잘못된 생각이 떠오르자마자 마음에서 쫓겨난다. 의식적인 힘과 거룩한 기쁨이 고통을 대신하기 시작하고 마음이 평온해진다. 따라서 제거를 위해 노력하는 사람은 자신의 복잡한 마음을 더 깊이 통찰할 수 있게 되어 죄의 시작과 성장, 완성을 이해할 수 있다. 이것이 바로 이해 단계다.

이해의 완성은 자아의 최종 정복으로 이어진다. 더는 인상이나 생각만으로 마음속에 죄가 떠오르지 않을 만큼 정복이 완벽해지는 단계다. 죄에 대한 지식이 완성되면, 그러니까 마음속 씨앗에서 시작해 행동과 결과로 무르익은 결실을 얻기까지 죄의 완전한 전체를 알게 되면 죄는 더는 삶에 자리 잡지 못하고 영원히 버려진다. 그러면 마음이 평화에 든다. 타인의 잘못된 행동이 더는 마음에 잘못과 고통을 불러일으키지 않는다. 이에 그는 기쁘고 평온하며 지혜롭다. 또한 사랑으로 충만하고 축복이 늘 함께한다. 이것이 바로 승리다

활동에서 만족

　　긍정적인 영적 미덕이나 원칙을 부정적인 동물 같은 악덕과 혼동하는 일은 '선진 사상 학파Advance Thought School'로 불리는 작가들 사이에서도 흔하게 일어난다. 조금만 차분히 추론하면 더 큰 빛을 밝히고 더 광범위한 자선 활동으로 이어질 수 있는 소중한 에너지가 비판과 비난에 지나치게 낭비될 때가 많은 것이다.

　　얼마 전 나는 개인적으로 '사랑'의 가르침과 관련해 격렬한 공격을 받았다. 공격하는 글을 쓴 사람은 그러한 가르침이 나약하고 어리석으며 위선적이라고 비난했다. 말할 필요도 없이 그가 '사랑'으로 치부한 것은 나약한 감정과 위선에 불과했다.

　　'온유함'을 비난했던 사람은 그가 온유함이라고 부르는 것이 그저 소심함일 뿐이라는 사실을 몰랐고, '순결'을 '덫'이라고 공격했던 또 다른 사람은 고통스럽고 위선적인 구속을 순결의 미덕과 혼동했다. 그러다 최근에는 '만족'은 악 그 자체이자 무수한 악의 근원이라는 것을 보여주려고 큰 고통을 감수한 어느 투고자로부터 긴 편지를 받았다.

　　투고자가 '만족'이라고 일컬었던 것은 동물적 무관심이다. 무관심의 정신은 진보와 양립할 수 없는 반면, 만족의 정신은 가장 높은 형태의 활동, 즉 진정한 진보와 발전을 수반한다. 나태함은 무관심의 쌍둥이 자매이지만 쾌활하고 준비된 행동은 만족의 친구다.

만족은 자비로운 법칙이라는 만물의 지시를 인식하고 받아들이도록 마음을 훈련시킴으로써 영적으로 고상하게 발전해가는 미덕이다.

만족한다는 것은 노력을 포기한다는 뜻이 아니라, 노력을 불안으로부터 해방시킨다는 의미다. 죄와 무지, 어리석음에 흡족해하는 것이 아니라, 의무를 다하고 일을 성취한 뒤 그 안에서 행복하게 안식한다는 뜻이다.

죄와 빚에 시달리며 비굴한 삶을 살면서도 만족한다고 말하는 사람이 있겠지만, 이 경우 그는 자신의 의무와 채무, 동료들의 정낭한 요구에 무관신한 상태다. 그는 진정으로 만족의 미덕을 가지고 있다고 할 수 없으며, 적극적인 만족에 수반된 순수하고 영원한 기쁨을 경험하지 못한다. 본성에 관한 한 그는 잠자는 영혼으로, 조만간 격렬한 고통 때문에 깨어날 것이다. 그 고통을 통과한 후에야 정직한 노력과 참된 삶의 결과인 진정한 만족을 발견하게 된다.

사람이 만족해야 하는 것으로 나음 세 기지가 있다.

일어난 일
우정과 재산
순수한 생각

일어난 일에 만족하면 슬픔에서 벗어날 것이고, 우정과 재산에 만족하면 불안과 비참함을 피할 것이며, 순수한 생각에 만족하면 다시는 고통에 빠지지 않고 불순함 속에서 기어 다니지 않을 것이다.

사람이 만족해서는 안 되는 것으로도 다음 세 가지가 있다.

자신의 의견

자신의 성격

자신의 영적 상태

　자신의 의견에 만족하지 않으면 계속 지성을 키울 것이고, 자신의 성격에 만족하지 않으면 끊임없이 힘과 덕을 키울 것이며, 자신의 영적 상태에 만족하지 않으면 매일 더 큰 지혜와 더 충만한 축복으로 들어갈 것이다. 요컨대 사람은 만족해야 하지만, 책임감 있는 영적 존재로서 자신을 발전시키는 일에 무관심해서는 안 된다.

　진정 만족하는 사람은 활기차고 성실하게 일한다. 그는 처음에는 모든 것이 만족스럽다고 믿으면서 고요한 영혼으로 결과를 받아들이지만, 나중에는 깨달음이 커져 결과가 노력과 정확히 일치한다는 사실을 알게 된다. 그가 어떤 물질적 소유를 얻든 그것은 탐욕과 불안과 다툼에 의한 것이 아니라, 올바른 생각과 현명한 행동, 순수한 노력에 따른 결과다.

형제애의 신전

보편적 형제애는 인류 최고의 이상으로, 그 이상을 향해 세상은 느리지만 확실하게 움직이고 있다.

오늘날에는 그 어느 때보다 많은 진지한 사람들이 이 이상을 실체적 현실로 만들고자 노력하고 있다. 곳곳에 종교 단체가 생겨나고, 전 세계 언론과 강단에서 인간의 형제애를 실교하고 있다.

이러한 모든 노력에서 비이기적 요소들은 인류에 반드시 영향을 미칠 뿐아니라, 가장 고귀한 열망을 향해 가라고 인류를 촉구한다. 그러나 이상적인 사회는 아직 어떤 외적 조직을 통해서도 나타나지 않았고, 형제애를 전파할 목적으로 결성된 공동체들은 내부 분쟁으로 계속 분열되고 있다.

인류가 동경하는 형제애는 오히려 인류 때문에 현실에서 발현되지 못하고 있다. 심지어 형제애를 위해 열성적으로 노력하는 사람들에 의해 좌절되고 있는 상황이다. 이는 형제애의 순수한 영적 본질을 인지하지 못하고, 완전한 통합에 필요한 관련 원칙과 개인적 행동 방식을 이해하지 못한 결과다.

인간 조직으로서 형제애는 어떤 목적을 위해 단결하는 사람들 마음속에 조금이라도 자기 추구가 자리하는 한 존재할 수 없다. 자기 추구는 결국 이음매 없는 통합의 외투를 찢기 때문이다. 그러나 지금까지 조직된 형제애가 주로 실패했다 해도 지혜롭고 순수하며 사랑하는 영혼을 가지고 마음에서 불화의 모든 요소를 제거해 형제애가 단순한 이론이나 의견, 가공의 꿈이 되지 않도록 신성한 자질을 실천하는 법을 배운다면 누구나 형제애를 온전히 실현하면서 형제애의 모든 아름다움과 완전함을 이해할 수 있다.

형제애는 영적인 것인 만큼, 세상에서 외적 발현은 자연스러운 순서로 따라와야 한다.

영적 실재로서 형제애는 영적 실재를 발견할 수 있는 유일한 장소인 자기 자신 안에서 스스로 찾아야 한다. 그리고 그것을 선택할지 말지는 각자에게 달렸다.

인간 마음에는 형제애를 파괴하고 그 이해를 막는 다음 네 가지 주요 성향이 있다.

교만

자기애

증오

비난

이러한 성향들이 있는 곳에는 형제애가 존재할 수 없다. 이들 성향이 강한 마음에서는 불화가 지배하고 형제애가 실현되지 않는다. 이것들은 본질적으로 어둡고 이기적이며 늘 혼란과 파괴를 일으키기 때문이다. 이 네 가지 성향으로부터 사람 마음을 독살하고 세상을 고통과 슬픔으로 채우는 뱀 같은 거짓 행동과 상황이 나타난다.

교만한 정신에서 시기와 분노, 독선이 나온다. 교만은 다른 사람의 지위, 영향력, 선함을 시기하면서 "내가 그 사람보다 더 자격이 있다"고 생각하는 것이다. 또한 다른 사람의 행동을 원망할 일을 끊임없이 찾아내 "냉대받았다", "모욕당했다"고 말하면서 자신의 뛰어남만 생각하고 다른 사람의 뛰어남을 보지 못한다.

자기애의 정신에서 이기주의와 권력욕, 경멸, 멸시가 나온다. 자기애는 자신의 인격을 숭배하면서 실제로는 존재하지 않는 어두운 꿈과 망상에 불과한 '나', 즉 '자아'를 사모하고 찬미하는 데 빠져드는 것이다. 다른 사람보다 우월하기를 원하면서 "나는 위대하다", "나는 다른 이들보다 중요하다"고 생각한다. 자신의 아름다움에 사로잡혀 다른 사람의 아름다움을 보지 못한 채 그들을 멸시한다.

증오의 정신에서 비방과 잔인함, 헐뜯음, 분노가 나온다. 증오의 정신은 악에 악을 더해 악을 극복하려는 것이다. "이 사람이 나에 대해 나쁘게 말했으니, 내가 그에 대해 훨씬 더 나쁘게 말해서 교훈을 주겠다"고 마음먹는 것이 그 예다. 잔인함을 친절로 착각하고, 증오를 품은 자가 나무라는 상대를 욕한다. 증오는 고통스럽고 반항적인 생각으로, 분노의 불길을 키운다.

비난의 정신에서 고발과 거짓 동정, 거짓 판단이 나온다. 비난의 정신은 악에 대한 고찰을 벗고 싣고 신을 보기 못한다. 오직 악만 보는데 거의 모든 것, 모든 사람에게서 악을 발견한다. 다른 사람을 판단하기 위해 옳고 그름에 대한 자의적 기준을 세우고 "이 사람은 내가 바라는 대로 행하지 않으니 악하다. 그러니 내가 그를 비난할 것이다"라고 생각한다. 비난의 정신은 맹목적이기에 그로 하여금 스스로를 판단할 수 없게 만들고 자신을 온 땅의 심판자로 세우게 한다.

이 네 가지 성향에서는 형제애의 요소가 전혀 나올 수 없다. 이것들은 정신에 치명적인 독이고, 이것들이 끊임없이 마음을 괴롭히는 사람은 형제애의 바탕이 되는 평화로운 원칙을 이해할 수 없다.

한편 형제애를 만드는 네 가지 신성한 주요 자질이 있다. 이는 형제애가 놓이는 주춧돌과 같다.

겸손

자기 항복

사랑

연민

　이러한 자질들이 있는 곳에서 형제애가 발휘된다. 이들 자질이 지배하는 마음속에서 형제애는 확립된 현실이다. 겸손, 자기 항복, 사랑, 연민은 본질적으로 이기적이지 않으며, 드러나는 진리의 빛으로 가득 차 있기 때문이다. 이들 안에는 어둠이 없고, 이것들이 있는 곳은 그 자체의 빛이 무척 강해 어두운 성향이 남아 있지 못한 채 녹아 사라진다. 이 네 가지 자질로부터 인류의 통합을 이루고 인간의 마음과 세상에 기쁨을 가져다주는 모든 천사 같은 행동과 상황이 비롯된다.

　겸손의 정신에서 온유함과 평화가 나타나고, 자기 항복에서 인내와 지혜, 참된 판단력이 생기며, 사랑에서 친절과 기쁨, 조화가 솟아나고, 연민에서 관대함과 용서가 나온다.

　이 네 가지 자질과 조화를 이룬 사람은 신성한 깨달음을 얻는다. 그는 인간의 행동이 어디에서 나와 어디로 향하는지 알기 때문에 더는 어두운 성향을 발휘하지 못할뿐더러 악의, 시기, 비통, 다툼, 비난으로부터 자유로운 형제애를 완전히 깨닫는다. 어두운 성향을 추구하면서 살아가는 사람도, 깨달은 자질을 추구하면서 살아가는 사람도 모두가 그의 형제다. 진리가 가진 빛의 영광과 아름다움을 이해하면 마음에서 어두운 성향이 사라진다는 사실을 알기 때문이다. 그는 모든 사람에 대해 단 하나의 태도, 즉 선의의 태도만 가지고 있다.

　네 가지 어두운 성향은 악의와 분쟁을 낳고, 네 가지 신성한 자질은 선의와 평화를 낳는다.

　네 가지 어두운 성향에 따라 사는 사람은 다툼을 일으키고, 네 가지 신성한 자질에 따라 사는 사람은 평화를 만든다.

이기적 성향의 어둠에 휩싸인 사람은 평화를 위해 싸우고, 살리기 위해 죽이고, 상처를 입혀 상처를 없애고, 증오로 사랑을 회복하고, 분쟁으로 화합을 이루고, 잔인함으로 친절을 베풀고, 자신의 의견, 즉 시간이 지나면 그들 스스로가 쓸모없다며 버릴 의견을 보편적 숭배 대상으로 세워 형제애를 확립할 수 있다고 믿는다.

우리 마음에 겸손, 자기 항복, 사랑, 연민 등 네 가지 주춧돌이 단단히 놓일 때 바라던 대로 세상에 형제애의 신전이 세워질 것이다. 형제애는 개인이 자아를 버리는 데 있고, 그 후 나타나는 효과가 바로 사람과 사람의 화합이기 때문이다.

형제애를 전파하기 위한 이론과 계획은 많지만 형제애 자체는 하나로서 불변하며, 이기주의와 분쟁을 완전히 중단한 뒤 선의와 평화를 실천해야 이룰 수 있다. 형제애는 이론이 아니라 실천이기 때문이다. 자기 항복과 선의는 형제애의 수호천사이며, 평화는 형제애가 머무는 곳이다.

두 사람이 각자 반대 의견을 유지하기로 결심한 곳에는 자아에 대한 집착과 악의가 있고 형제애가 부재한다. 반면, 두 사람이 서로에게서 악을 보지 않고 서로 공격하지 않으면서 동정하고 섬기려는 각오가 선 곳에는 진리의 사랑과 선의가 자리하고 형제애가 존재한다.

교만하고 완고한 자아 안에 모든 다툼, 분열, 전쟁이 있으며, 자아를 포기한 뒤 드러나는 원리 안에 모든 평화, 화합, 조화가 있다.

평화의 즐거운 목초지

자신과 인류의 향상을 열망하는 사람은 정신적으로 공감함으로써 다른 이의 입장이 되어보는 마음의 복된 태도를 실천하고자 끊임없이 노력해야 한다. 그럼 타인을 가혹하고 거짓되게 판단해 스스로를 불행하게 만들고 타인의 행복을 더하지 않는 대신, 그의 경험 속으로 들어가 개개인의 사고방식을 이해하고 그를 동정하며 공감할 것이다.

이러한 마음의 태도를 실천하는 데 가장 큰 걸림돌 중 하나가 편견이며, 편견이 제거되기 전까지는 타인이 우리에게 행동해주길 바라는 대로 타인에게 똑같이 행동하는 것은 불가능하다.

편견은 친절, 연민, 사랑, 참된 판단을 파괴한다. 누군가가 가진 편견의 강도는 타인에 대한 그 사람의 엄격함과 불친절함의 척도가 될 것이다. 편견과 잔인함은 분리될 수 없기 때문이다.

편견에는 합리성이라는 것이 없으며, 편견이 생기면 즉시 합리적 존재로서 행동하기를 멈추고 성급함, 분노, 부정한 흥분에 굴복하게 된다. 편견이 생긴 사람은 자신의 말을 잘 생각하지 않을뿐더러, 편견이 향하는 타인의 감정과 자유도 고려하지 않는다. 그는 당분간 인간성을 상실한 채 비이성적 피조물의 수준으로 내려간다.

선입견에 집착해 그것을 진리라고 착각하면서 다른 이들의 입장을 냉정하게 생각하지 않기로 한 사람은 증오를 피할 수도 없고 축복에 도달할 수도 없다.

온화함을 달성하려고 노력하는 사람, 타인에게 이타적으로 행동하고자 하는 사람은 강렬한 편견과 하찮은 의견을 모두 버린 뒤 점차 타인을 생각하고 공감하는 힘, 개개인의 무지나 지식의 상태를 이해하는 힘을 얻게 된다. 또한 타인의 마음과 삶 속으로 완전히 들어가 그들에게 공감하고 그들을 있는 그대로 보게 된다.

그런 사람은 대부분 자신의 편견을 내세워 다른 이의 편견에 이의를 제기하지 않는다. 그는 동정과 사랑을 앞세워 편견을 가라앉히고, 인간의 모든 선한 것을 끌어내고자 노력하며, 선에 호소함으로써 선을 격려하고 악을 무시함으로써 악을 멈추려 할 것이다. 타인의 외적 방식이 자신과 매우 다를지라도 그들의 이타적인 노력에서 선을 깨달은 그는 마음에서 증오를 없앤 뒤 사랑과 축복으로 마음을 채울 것이다.

타인을 가혹하게 판단하고 비난하는 경향이 있다면 나 자신은 얼마나 부족한지 물어야 한다. 또한 내가 잘못된 판단의 대상이 되고 오해받았던 고통의 시간을 되돌아보면서 그 쓰라린 경험에서 지혜와 사랑을 모아 아직 무시해버리기에는 너무 약하고, 이해하기에는 미숙하며, 가르침을 받지 못한 마음을 가진 이들을 괴롭히지 않도록 자기희생적으로 행동해야 한다.

나 자신보다 더 순수하고 깨달은 자에게는 연민이 필요하지 않다. 그들은 연민의 필요성 위에 살기 때문이다. 이런 경우에는 경외심을 발휘해 자신을 좀 더 순수한 수준으로 끌어올리고 더 큰 생명을 소유하고자 노력해야 한다. 우리는 나 자신보다 현명한 사람을 완전히 이해할 수 없으며, 누군가를 비난하기에 앞서 내가 그보다 더 나은 사람인지 진지하게 자문해봐야 한다. 만약 내가 더 나은 사람이라면 동정심을 베풀고, 그렇지 않다면 경외심을 가져야 한다.

수천 년 동안 현자들은 교훈과 사례를 들어 악은 선으로만 극복할 수 있다는 점을 가르쳐왔지만 대다수 사람은 이 가르침을 여전히 배우지 못했다. 이 심오하지만 단순한 가르침을 인간은 자아에 대한 망상에 눈이 멀어 배우기가 어렵다. 사람들은 여전히 타인에게서 보이는 악함에 분노하고 비난할뿐더러 그것에 대항해 싸우는 일에 몰두하고, 그럼으로써 마음속 망상을 키우며 세상에 불행과 고통을 가중하고 있다. 자신의 분노를 뿌리째 뽑고 그 자리에 사랑을 채워야 한다는 사실을 알게 될 때 악은 자양분이 부족해 사라질 것이다.

불타는 머리와 증오의 마음으로
나는 일찍부터 늦게까지 내게 잘못한 이를 찾았네
모든 비참한 낮과 밤에도 찾았네
나의 꿈과 생각은 죽이고 또 죽이는 것
그러다 나의 더 나은 자아가 높이 솟아올라
가슴속 짐승이 사랑 속에서 자기를 잃었네
멀리서 온 평화가
별처럼 빛나며 나를 비추네
나는 행동으로 내게 잘못한 이를 죽였네
사랑의 행동으로, 나는 그를 피를 흘리게 했네
친절로, 수년 동안 그의 영혼을 채웠네
다정함과 눈물로

혐오, 분노, 비난은 모두 증오의 한 형태로, 마음에서 그것들이 제거될 때까지 악은 멈추지 않는다.

그러나 마음에서 상처를 제거하는 것은 지혜를 발휘하는 방법 중 하나일 뿐이다. 더 수준 높고 효과 좋은 방법이 있다. 바로 상처를 잊는 데서 더 나아가 마음을 정화하고 깨우쳐 아예 기억할 상처조차 없게 만드는 것이다. 타인의 행동과 태도 때문에 다치고 상처받는 것은 오직 교만과 자아뿐이다. 마음에서 교만과 자아를 몰아낸 사람은 결코 "그가 내게 상처를 입혔다"거나 "그가 나를 부당하게 대했다"고 생각하지 않는다.

정화된 마음에서 사물에 대한 올바른 이해가 나오며, 사물에 대한 올바른 이해에서 괴로움과 고통으로부터 자유로운 평온하고 지혜로운 삶이 나온다. "그가 내게 상처를 입혔다"고 생각하는 사람은 인생의 진리를 깨닫지 못한 것이다. 즉 악을 증오에 차서 분노해야 할 대상이라고 잘못 이해해 이런 생각을 없애는 깨달음에 이르지 못한 사람이다. 타인의 죄 때문에 괴로워하고 불안해하는 사람은 진리에서 멀리 떨어져 있다. 자신의 죄 때문에 괴로워하고 불안해하는 사람은 지혜의 문에 아주 가까이 있다. 마음속에서 분노의 불길이 타오르는 사람은 평화를 알 수 없고 진리를 이해할 수도 없는 반면, 마음에서 분노를 떨쳐버린 사람은 평화를 알고 진리를 이해할 수 있다.

마음에서 악을 제거한 사람은 타인의 익에 분노하거나 적대적이지 못하다. 악의 기원과 본질을 깨달았기에 무지의 잘못이 드러난 결과가 곧 악이라는 사실을 알기 때문이다. 깨달음이 커지면 죄를 지을 수 없다. 죄를 짓는 자는 이해하지 못하고, 이해한 자는 죄를 짓지 않는다.

순수한 사람은 자신을 해칠 수 있다고 무지하게 생각하는 이들에 대해서도 부드러운 마음을 유지한다. 그는 자신을 향한 타인의 잘못된 태도에 괴로워하지 않으며, 그의 마음은 연민과 사랑 안에서 편안하다.

기억할 잘못도 없고 잊을 상처도 없는 사람은 복되다. 그의 순수한 마음에는 타인에 대한 증오의 생각이 뿌리내리고 번성할 수 없다.

올바른 삶을 목표로 하는 사람, 진리를 사랑한다고 믿는 사람은 타인에 대해 무조건 반대하던 것을 멈춘 뒤 침착하고 지혜롭게 그들을 이해하고자 노력하라. 타인을 이해함으로써 자기 자신을 정복하고, 타인을 동정함으로써 자신의 영혼에 친절함이라는 천국의 이슬을 맞게 될 것이다. 그리고 그의 마음은 즐거운 평화의 목초지에서 튼튼해지고 새로워질 것이다.

15

선의 문을 통해

사람은 깨끗한 생각, 죄 없는 말, 온유한 연민, 용서의 행동을 통해
인간의 마음과 삶에 나타나는 사랑 외에는 신을 알지 못하며,
자기 복종을 통해 마음속 사랑을 실현한 만큼만 신을 알 수 있다.

서문

현 시대를 살아가는 천재는 영적인 문제에서 단순함을 지향한다. 마음의 굶주림은 꾸밈없으면서 단순한 진리를 갈망한다. 굶주림은 결국 스스로의 만족을 가져다주고, 사람들은 여기저기에서 자기 극복의 문을 통과해 초월적 의를 얻는다.

형식주의는 19세기 말 정점에 달했으며, 지금은 영적인 반작용이 확고히 자리 잡았다. 이미 자신의 정신적 비전에서 죽어가는 교의의 먼지를 털어낸 후, 실천에 의해서만 발견할 수 있고 순수한 생각과 거룩한 행동으로 더욱 또렷해지는 진리의 숭고한 영역을 어렴풋이나마 꿰뚫어본 사람은 낡은 믿음의 종말이 다가왔으며 새로운 믿음이 시작되었음을 알아챈다.

오늘날 전 세계에서 무력한 종교 체계는 보편적으로 붕괴되고 있다. 이는 기뻐해야 할 일이다. 삶에 앞서는 것은 죽음이며, 참된 것이 완전히 드러나려면 거짓된 것이 사라져야 하기 때문이다. 최악의 경우 진리는 숨어 있을 뿐이다. 진리는 지속되며 영원히 남아 있다. 진리의 불변함은 제한되지 않고, 잠깐이라도 진리를 엿본 사람은 다시는 진리가 사라질까 봐 불안해하지 않는다. 사람들이 불안해하는 것은 참되다고 착각하는 거짓이며, 거짓된 것은 아무리 걱정한다 해도 결국 사라져야 한다.

모든 위대한 스승의 삶에서 우리는 우주적 진리의 현현을 볼 수 있다. 아직은 희미하게만 이해할 뿐이지만, 인류는 세월이 흘러 점차 변화하고 진화하면서 마침내 모두가 그 장엄하고 찬란한 진리를 깨닫게 될 것이다. 위대한 스승이 드러내 보인 진리는 그들에 의해 기록되었다. 진리는 도덕적으로 고매한 생각과 행동으로만 기록될 수 있기 때문이다. 이것은 교훈적 형태로 구체화되어 인류 정신에 영원히 깊은 인상을 아로새겨 왔다. 굶주리고 목마른 세상의 눈들이 위대한 스승의 감미로운 삶과 영감이 가득한 말씀으로 향하고, 생명의 빛은 영원한 사랑과 평화의 노래를 부르는 마음으로 온 세상을 비춘다. 그리고 종교가 하지 못한 일을 믿음이 성취할 것이다. 성직자가 가린 부분을 마음속에 있는 진리의 영혼이 명료하게 드러낼 것이다. 이제 세상은 역사적이고 전통적인 종교를 외면한 채 순결한 스승들이 그토록 아름답고 단순하며 명확하게 드러낸 순수한 진리의 샘으로 돌아가 영적 치유와 회복을 발견하고 있다.

사람들, 특히 기독교 국가에 사는 이들이 영원한 진리를 더 빨리 찾을 수 있도록 여기 글들은 예수의 생애와 가르침을 설명하고 있다. 형식주의와 자아는 짊어지기에 무거운 짐이다. 사람들의 마음을 흠 없는 행동과 순결한 마음으로 인도할 때 그 결과는 지고의 법칙에 맡길 수 있을 것이다. 이 글을 읽고 괴로운 무지와 형식주의를 버린 뒤 깨달음과 진리의 즐거운 단순함으로 나아갈 사람들이 있기를 바란다.

—제임스 앨런

문과 길

생명으로 이끄는 문은 엄중하고, 길은 좁으니 찾는 자가 거의 없음이라.

— 예수

선한 사람은 마음속에 선한 것을 쌓아두었다가 선한 것을 낸다.

— 예수

모든 종교의 최우선 목표는 사람들에게 사는 법을 가르치는 것이다. 따라서 배움과 삶은 종교 그 자체다. 마음을 정화하고 흠결 없는 삶을 살면서 영혼을 완성하는 것, 이것이 전 세계 모든 종교와 교의에 담긴 변하지 않는 근본 요소다. 종교에서 가장 중요한 부분은 선을 추구하고 실천하는 일이며 그 외에는 모두 환상이자 부가적인 것, 잉여의 것에 불과하다. 선, 즉 죄 없음은 신앙의 아름답고 영원한 형태이지만, 교의와 종교는 사람들의 의견이라는 실로 짜놓은 썩기 쉬운 옷이다. 수많은 종교가 나타났다가 사라지긴 해도 신앙은 생명 그 자체이며 영원히 지속된다. 옷에 대한 다툼을 멈추고 내재된 형태의 보편성과 아름다움을 인식하기 위해 노력하라. 그러면 내재된 형태와 하나가 되고, 최고의 선과 하나가 될 것이다. 신앙이 곧 선이고 선이 곧 신앙이다.

우리는 선보다 높은 것을 알지 못한다. 선보다 아름다운 것을 생각할 수 없다. 사람들은 완전한 선을 바라보면서 그것을 신이라고 부른다. 선함을 실천하는 모습을 보고서 그를 신이라며 숭배한다.

우리는 예수를 죄 없는 사람으로 바라본다. 예수 안에서 완전한 선이 드러난다. 모호하고 형이상학적인 방식으로가 아닌, 그의 모든 말과 행동에서 드러난다. 예수는 죄 없음으로 모범적이고 보편적인 스승으로 받아들여진다.

인류의 스승은 소수에 불과하다. 스승이 나타나지 않은 채 1,000년이 지날 수도 있다. 만일 참된 스승이 나타난다면 그를 알아볼 수 있는 특징은 바로 그의 삶이다. 그의 행동은 다른 사람들의 행동과 다르고, 그의 가르침은 어떤 사람이나 책에서 나온 것이 아니라 자신의 삶에서 비롯된 것이다. 스승은 먼저 선한 삶을 살고, 다른 사람들도 그렇게 살 수 있는 방법을 가르쳐준다. 스승 자신, 그리고 그의 삶 자체가 그의 가르침의 증거이자 목격자다. 수백만 명의 설교자 중 결국 인류가 참된 스승으로 받아들이는 사람은 오직 한 명이며, 그렇게 인정받고 존경받는 이는 바로 자신의 가르침대로 사는 사람이다. 다른 모든 설교자는 단순한 설명자이자 해설자에 불과하며, 따라서 금방 사람들의 관심에서 사라진다.

스승이신 예수는 가장 어려운 조건에서도 온전히 신성한 사랑의 삶을 살았다. 그는 대다수 사람이 선택하는 이기심의 거짓된 삶과는 다른 선의의 참된 삶을 추구했다. 예수는 이기심이 없었으며, 그의 모든 생각과 말과 행동이 사랑의 정신에서 나왔다. 그는 사랑의 정신을 온전히 따름으로써 그것과 하나가 되었고, 말 그대로 신성한 사랑의 의인화가 되었다. 자신 안에 있는 신성한 사랑의 법칙에 순종해 인격에 완전한 승리를 거두었으며, 그것으로 신성해졌다. 예수의 모든 가르침은 우리에게 똑같이 순종을 실천하는 사람은 그와 마찬가지로 신성한 삶을 실현하고 의식적으로 신성해질 것임을 알려준다.

예수의 변함없는 온유함, 영원한 연민, 따뜻한 용서, 끝없는 사랑과 인내심은 수많은 찬송가의 주제이자 마음에서 우러나오는 수백만 기도의 주제다. 이는 이것들을 모든 사람이 어디에서나 뚜렷하게 신성한 것으로 인식하기 때문이다. 이 자질들을 실천하는 삶을 주요 목표로 삼는 것이 바로 종교다. 이것들을 부정하고 계속해서 교만, 비난, 억압, 증오, 분노 같은 이기적인 요소를 유지하며 사는 것은 반종교다.

시비를 걸며 부인할 수도 있지만, 모든 사람이 마음속으로는 선이 신성하다는 사실을 안다. 예수가 신으로 숭배받는 이유는 그가 했던 말이나 그의 삶과 관련된 기적적인 상황 때문이 아니라 그가 완전한 선, 흠 없는 사랑으로부터 결코 멀어지지 않았기 때문이다. "신은 사랑이고, 사랑은 곧 신이다." 사람은 깨끗한 생각, 죄 없는 말, 온유한 연민, 용서의 행동을 통해 인간의 마음과 삶에 나타나는 사랑 외에는 신을 알지 못하며, 자기 복종을 통해 마음속 사랑을 실현한 만큼만 신을 알 수 있다. 신학적 논쟁의 대상이 되고 인간이 그토록 존재나 비존재를 증명하고자 하는 신은 가설과 추측의 신이다. 자신을 극복해 자기 안에 거하는 지고의 사랑을 발견한 사람은 그 사랑이 모든 이기적 논쟁의 범위를 훨씬 뛰어넘는 것임을 알고, 그 사랑에 따라 살 수밖에 없음을 안다. 그리고 헛된 논쟁은 더 높이 올라가지 않으려는 자들에게 남겨둔다.

순종함으로써 온전히 신성한 삶을 살았던 예수는 세상에 일정한 영적 규칙을 알려주었다. 모든 사람은 그 규칙을 따름으로써 하나님의 자녀가 되어 완전한 삶을 살 수 있다. 예수의 규칙 또는 가르침은 아주 단순하고 직접적이며 분명해서 오해의 여지가 없다. 심지어 글자를 모르는 어린아이도 그 의미를 어렵지 않게 파악할 수 있을 만큼 명확하고 분명하다. 이 규칙들은 모두 인간의 행동과 직접 관련이 있고, 개인만이 자신의 삶에 적용할 수 있다. 일상의 행동에서 이들 규칙에 담긴 정신을 실천하는 것은 삶의 전체 의무를 이루며, 신성한 기원과 본성, 최고선인 하나님과 하나 됨을 완전히 의식하도록 개인을 고양한다. 그러나 바로 여기에서 어려움이 발생한다. 수백만 명에 이르는 사람이 기적이나 형이상학적 의미에서 예수를 신으로 숭배하지만, 예수의 가르침을 믿고 그것을 자기 삶에서 실천하려고 노력하는 사람은 거의 없다. 이는 가르침 자체에 어려움이나 오해의 소지가 있어서가 아니라, 가르침을 읽은 사람들이 그것을 믿지 않기 때문이다. 사람들은 예수의 가르침을 실천하는 것이 가능하다고 믿지 않기 때문에 시도하지도 않는다. 반면, 가르침을 실천하는 것이 가능하며 또 필요하다고 믿으면서도 가르침에서 요구하는 개인적 희생을 실천할 의사가 없는 사람들도 있다. 그러나 예수의 가르침대로 살아가기 위한 노력을 진지하게 하지 않으면 참된 삶은 있을 수 없다. 단순히 예수를 "주님"이라고 부르는 것만으로는 제자가 될 수 없다. 예수의 말을 삶이라는 직물로 짜는 것, 예수의 신성하고 자기 완성적인 가르침을 실행에 옮기는 것만이 제자가 되는 길이다.

히브리 경전에 기초해 만들어진 셀 수 없이 많은 교의는 아무런 상관이 없다는 사실을 일찍이 이해해야 한다. 이는 전저으로 예수의 삶과 가르침, 그리고 그 가르침이 지향하는 마음속 중요한 진실성에 대한 것이다. 추측이 아니라 선, 신학 이론이 아니라 사랑, 덧없는 의견이 아니라 자기완성에 대한 것이다.

예수는 지극히 선한 사람이었다. 모든 이가 이 사실을 알고 있으며 아는 것만으로도 충분하다. 예수는 가르침을 남겼으니 그 가르침에 따라 행동한다면 틀림없이 지고의 선으로 인도될 것이다. 이런 사실을 아는 것은 기쁘고 영광스럽다.

선한 사람은 인류의 꽃이다. 그리고 이기적 성향을 극복해 날마다 더 순수하고 고귀하며 신에 가까워지도록 성장하는 것은 끊임없이 신의 마음에 다가가는 일이다. "내 제자가 되고자 하는 자는 날마다 자기 자신을 부인하라"는 말은 아무리 무시한다 해도 오해하거나 잘못 적용할 수 없다. 우주 어디에도 선을 대체할 것은 없으며, 선을 갖기 전까지 인간에게는 가치 있는 것도, 영구적인 것도 없다. 선을 소유하는 길은 오직 하나, 선에 반대되는 모든 것을 포기하는 것뿐이다. 이기적 욕망을 근절하고 불순한 생각을 버리며 의견에 대한 집착을 단념해야 한다. 이렇게 하는 것이 곧 그리스도를 따르는 길이다. 모든 교의, 믿음, 의견보다 중요한 것은 사랑하는 마음, 자기를 희생하는 마음이다. 예수의 삶은 이런 진리를 보여주었다. 그리고 예수의 모든 가르침은 이처럼 거룩한 지고의 완성을 이루기 위해 만들어졌다.

늘 인류를 향한 사랑 안에서 살아간다면 참된 삶을 사는 것이고, 삶 자체를 소유하는 것과 같다. 예수도 그렇게 살았다. 따라서 겸손하고 충실하게 예수의 가르침을 실천한다면 누구나 그렇게 살 수 있다. 이렇게 살기를 거부한 채 자신의 욕망과 격정, 의견에 집착하는 한 예수의 제자가 될 수 없으며, 오직 자기 자신의 제자가 될 뿐이다. "진실로 진실로 너희에게 이르노니 죄를 짓는 자는 죄의 종이라." 이는 예수의 엄중한 선언이다. 자신의 나쁜 성질, 정욕, 거친 말과 판단, 개인적 증오, 사소한 다툼, 소중히 여기는 자기 의견을 유지하면서 그리스도를 따를 수 있다는 믿음으로 스스로를 속이지 마라. 사람으로부터 사람을, 선으로부터 사람을 떼어놓는 모든 것은 그리스도의 뜻이 아니다. 그리스도는 곧 사랑이기 때문이다. 계속 죄를 짓는 것은 죄를 행하는 자, 자기를 따르는 자가 되는 행위이지 의를 행하는 자, 그리스도를 따르는 자가 행하는 일이 결코 아니다. 죄와 그리스도는 함께 거할 수 없으며, 순수한 선의 삶을 살면서 그리스도를 받아들이는 사람은 죄를 짓지 않는다.

그리스도를 따르는 것은 우리의 마음과 행동에서 사랑의 정신에 반하는 모든 것을 버린다는 뜻이다. 이는 순수하고 동정적이며 온유한 생각 외에는 품지 않는 완전한 자기 항복self-surrender을 필요로 한다. 사랑이라는 그리스도의 영은 모든 죄뿐 아니라, 모든 분열과 다툼을 종식한다. 가령, 내가 예수 그리스도의 비신성을 주장하는 의견에 반대해 예수의 신성을 주장하며 다툰다면 당장 분열과 갈등을 만들어내면서 사랑의 정신인 그리스도로부터 멀어질 뿐이다. 그리스도를 두고 논쟁을 벌이면 그리스도를 잃는다. 자신의 의견에 집착하는 행위는 불순한 욕망에 집착하는 것만큼 이기적이고 죄를 짓는 일이다. 이를 아는 선한 사람은 사랑의 정신에 스스로를 아낌없이 내주고, 인류를 향한 사랑 속에서 살며, 누구와도 다투지 않고, 아무도 비난하거나 미워하지 않으며, 모두를 사랑한다. 또한 타인의 의견과 신념, 죄의 이면에서 그들이 고통받고 마음속으로 슬퍼하는 모습을 들여다본다. "자기 삶을 사랑하는 자는 그것을 잃을 것이다."

영생은 하찮고 편협하며 죄를 사랑하고 다툼을 일으키는 자아를 고분고분하게 버리는 사람의 것이다. 오직 자아를 버려야만 크고 아름답고 자유롭고 영광스러운 풍성한 사랑의 삶으로 들어갈 수 있기 때문이다. 여기에 생명의 길이 있다. 선으로 가는 문은 엄중하고, 자제의 길, 즉 자기희생의 길은 좁기 때문이다. 선으로 가는 문은 엄중해 어떤 죄도 통과할 수 없으며, 자제의 길은 좁아 그 길을 걷고자 하는 사람은 이기적인 생각을 동반자로 삼을 수 없다.

율법과 선지자

그러므로 무엇이든지 남에게 대접을 받고자 하는 대로 너희도 남을 대접하라. 이것이 율법이요, 선지자이니라.

— 예수

네가 생명을 얻으려거든 계명을 지켜라.

— 예수

예수의 계명과 가르침은 사람들에게 지키라고 주어진 것이다. 이는 무척이나 단순하고 자명한 진리라 말할 필요도 없지만, 예수의 가르침이 세상에 전해진 지 거의 1,900년이 넘은 지금 이 자명한 진리를 언급해야 할 필요성이 매우 커졌다. 예수의 가르침에 담긴 내용들이 완전히 실행 불가능할 뿐 아니라, 인간은 절대 성취할 수 없다는 믿음이 널리 퍼져 있기 때문이다. 신의 명령을 수행할 수 없다고 믿는 이러한 불신은 인간이 무지한 탓에 사로잡히는 일차적 망상이다. 이 망상에서 벗어나기 전까지는 그 누구도 영적인 것을 이해할 수 없다.

예수의 말은 신성한 율법에 대한 해박한 지식의 직접적 결과이며, 예수의 모든 발화는 영원한 실체와 조화로운 관계에 있다. 우리는 그 말에 담긴 영적인 삶을 자신의 삶으로 빚어낼 때, 즉 가르침을 실천할 때 이를 깨닫는다.

이제 예수의 가르침을 살펴보고 어떻게 실천해야 하는지, 이 가르침들이 무엇을 의미하고 내포하는지 살펴보자. 가르침은 대부분 산상수훈에 구체화되어 있다. 그리고 모두 개인의 행동과 직접 관련되어 있기 때문에 이를 다루는 방법은 실천하거나 무시하는 것, 두 가지밖에 없다.

여기서 예수의 가르침을 하나하나 전부 다 언급할 필요는 없을 것이다. 이 책의 녹자들은 성경을 가까이 하고 있고, 각각의 가르침은 똑같은 신의 원리를 기초로 하는 만큼 하나의 정신을 배우면 모든 것의 정신을 알 수 있기 때문이다. 실로 예수의 모든 가르침뿐 아니라, 인간과 신의 관계에서 삶의 모든 의무가 "무엇이든지 남에게 대접을 받고자 하는 대로 너희도 남을 대접하라"는 아홉 마디 말로 구체화되어 있음을 볼 때 다른 가르침들을 언급하는 일은 이 하나의 가르침을 설명하기 위해서만 필요할 뿐이다. 이 하나의 가르침을 배우는 것에 넝찍인 삶과 기시이 젼 범위가 포함되어 있는 만큼 "이것은 율법이요, 선지자다".

이 가르침은 지극히 단순하다. 그래서 사람들이 이해하지 못하고 실천에 옮기지도 못한다. 다만 이 가르침을 개인의 영혼에 적용하는 것은 이기심과 자기 타협의 여지를 남기지 않는 데다, 매우 포괄적이라서 이를 완전히 수행한다는 것은 그리스도와 같은 인격을 완성한다는 의미다. 우리는 가르침을 실천에 옮기기 전에 먼저 이해하려고 노력해야 하며, 이 초기 단계에서조차 자신을 포기해야 한다. 물론 기꺼이 자기를 포기하는 사람은 거의 없다. 사람은 스스로를 배우는 자로 여기지 않으면 아무것도 배우지 못한다. 내면의 신성한 정신을 배우기 전에 자신의 모든 욕망, 의견과 견해, 심지어 소중한 이상까지도 버린 후 자신을 아무것도 모르는 맹목적이고 무지하며 지식을 구하는 어린아이로 여기는 그리스도의 발 앞에 무릎 꿇어야 한다. 이렇게 겸손한 태도를 취하기 전에는 신성한 삶과 지식을 얻는 것이 불가능하다. 반면 겸손한 태도를 받아들이는 사람은 금세 가장 높은 계시에 들어가 가르침을 실천하는 일이 쉽고 자연스러울 것이다.

겸손함의 옷을 걸친 사람이 스스로에게 던지는 첫 번째 질문은 이렇다. "나는 타인에게 어떻게 행동하는가?" "나는 타인을 어떻게 대하는가?" "나는 타인을 어떻게 생각하는가?" "타인에 대한 나의 생각과 행동은 내가 그들에게 받고 싶은 대로 이기적이지 않은 사랑에서 비롯된 것인가, 아니면 개인적인 혐오, 하찮은 복수, 편협한 아집과 비난의 결과인가?" 우리가 영혼의 성스러운 침묵 속에서 예수의 근본 가르침에 담긴 정신에 자신의 모든 생각과 행동을 집중하고 스스로에게 이와 같은 날카로운 질문을 던진다면 이해가 밝아져 지금까지 실패했던 부분들을 정확히 보게 되고, 마음과 행동을 바로잡기 위해 무엇을 어떻게 해야 하는지 깨닫게 된다. 이런 사람은 그리스도의 제자가 되어 그분의 발치에 앉아 어떤 희생을 치르더라도 그분의 명령을 수행할 준비가 된 것이다.

가르침의 의미를 배우고자 하는 진지한 소망을 품고, 가르침을 실천하겠다는 결심을 다지면서 가르침에 대해 매일 한 시간씩 명상하는 사람은 금세 자신의 죄 많은 본성을 넘어서 신성한 진리의 밝은 빛과 자유로 나아갈 수 있다. 그러한 실천을 통해 자신의 삶 전체를 개선하고 타인에 대한 태도를 바로잡게 될 것이기 때문이다. 행동하기 전 스스로에게 "타인이 나에게 이렇게 해주기를 바라는가?"라고 질문을 던져라. 그럼 자기 자신을 위해서가 아니라 타인을 위해 살기 시작할 수 있고, 이기적 성향을 맹목적으로 따르는 대신 자신의 생각과 행동을 신성한 사랑의 원칙에 맞춤으로써 곧 영적인 어둠에서 벗어날 길을 찾을 것이다. 다른 이들이 나를 어떻게 대하든 모든 사람을 침착하고 조용하며 용서하는 정신으로 대할 것이다. 다른 이들이 나의 태도, 신념, 종교를 공격하더라도 응수하지 않고, 신성한 주인의 명령을 수행하는 것이 자신에게 주어진 최고의 의무라는 사실을 깨달아 타인을 향한 공격을 멈출 것이다.

명령을 수행하려면 생각과 행동뿐 아니라 삶의 모든 세부 사항, 심지어 먹고 마시고 입는 것까지 재조정해야 한다. 새로운 삶으로 나아갈 때 예수의 가르침은 새로운 빛으로 빛나고 새로운 생명으로 활기를 띤다. 모든 가르침을 자신을 위한 것으로 느끼면서 다른 이들이 예수의 가르침을 실천하지 않는다고 비난하던 것을 멈추고 자기 스스로 실천해야 한다는 생각을 갖게 된다. 또한 "판단하지 말라"는 말씀을 읽으면서 모든 가혹하고 고약한 판단을 멈춘 채 내게 불친절한 사람에게도 친절한 사람에게만큼 너그러워야 한다는 사실을 깨닫는다. 다른 이들이 나를 판단하고 비난하더라도 그들을 똑같이 대해서는 안 되며, 개인적 고려는 모두 제쳐두고 그들을 공평과 지혜와 사랑의 정신으로 대해야 한다는 사실을 알게 된다. 따라서 "판단하지 말라"는 하나의 단순한 가르침을 수행할 때도 사람은 반드시 개인적이고 이기적인 욕망을 뛰어넘어야 한다. 그럼 특별한 영적 힘을 키울 수 있다. 부지런히 이러한 행동 방침을 추구하면 "악에 저항하지 말라"는 가르침을 준수하게 될 것이다. 타인을 악으로 판단하는 것을 멈추면 악이라고 생각한 그들에게 저항하는 일을 멈출 수 있기 때문이다.

최근 몇 년 동안 악에 저항하지 않는 것에 대한 글이 많이 나왔지만, "악에 저항하지 말라"는 가르침이나 다른 어떤 계율이든 그 영적 의미를 이해하려는 사람은 단순한 변증법적 정의에 만족하지 말고 부지런히 실천해야 하며, 그렇게 해야만 비로소 의미를 찾을 수 있다. 그리고 그 가르침을 실천함으로써 스스로 악의 눈을 파괴하고 선의 눈, 진리의 눈을 통해 바라보는 법을 배울 수 있다. 또한 악은 저항할 가치가 없으며 선을 실천하는 것이 최고로 훌륭하다는 사실을 알게 된다.

악에 저항하는 동안 인간은 선을 실천하지만, 실제로는 스스로가 다른 이들을 비난했던 비슷한 격정과 편견을 실천하고 있는 것이다. 그리고 그런 마음가짐의 직접적인 결과로 자신도 다른 이들에게 악으로 저항받게 된다. 사람, 정당, 법, 종교, 정부를 악으로 여겨 저항하면 나 자신도 악으로서 저항을 받는다. 자신이 받고 있는 박해와 비난을 큰 악으로 여기는 사람은 타인에 대한 박해와 비난을 멈춰야 한다. 지금까지 악으로 여겼던 모든 것에서 돌아서서 마음속에 격정과 원한과 보복을 없애고 선을 찾기 시작한다면, 자신이 지금까지 악으로 여겨 저항해온 것이 그런 존재가 아니며, 단지 자기 안에 있던 격정과 어리석음을 환상적으로 과장되게 반영한 것에 불과하다는 사실을 알게 된다. 이 가르침은 매우 깊고 원대하기에 이것을 실천하면 영적 지식과 성취의 높은 경지에 도달할 수 있다. 가르침에 따라 지금까지 모든 사람과 만물에서 악이 아닌 선을 보도록 자신을 정화하고 극복한다면 그것보다 더 높은 가르침, 즉 "네 원수를 사랑하라"를 수행할 준비가 된 것이다.

"네 원수를 사랑하라"보다 사람들이 더 힘들어하는 가르침은 없는데, 그 원인은 가까이에 있으며 매우 분명하다. 싸움과 보복, 적에 대한 증오를 고귀한 인격의 표시로 여기는 사람은 이 가르침을 실행하지 못할뿐더러, 매우 어리석은 명령으로 여긴다. 그들이 가진 지식의 관점에서 볼 때 이런 생각은 옳다. 인간을 신과 단절된 단순한 동물로 본다면 고귀하게 여겨지는 짐승의 이런 사납고 파괴적인 특징이 인간에게도 똑같이 고귀한 특징일 것이다.

동물적 특징과 본능에 따라 사는 사람에게는 온유함, 용서, 희생적인 사랑이 비겁함, 연약함, 나약한 정서로 보인다. 그러나 우리가 비록 더 뛰어난 사람이 존재할 수는 있어도 다소간 모든 사람이 어떤 신성한 자질, 즉 인간을 동물보다 높은 존재로 끌어올리는 사랑, 순결, 연민, 이성, 지혜 등을 소유하고 있음을 인정한다면 "네 원수를 사랑하라"는 가르침은 실천 가능해 보일 뿐 아니라, 인간의 올바르고 정당한 상태를 나타내는 요소로 생각된다. 그래서 "이것은 불가능한 계율입니다"라고 말하는 사람에게 나는 개인적으로 "당신 말이 맞습니다. 당신에게는 불가능합니다. 하지만 그것은 선함을 구성하는 자질의 효능을 믿지 않고 동물적 힘의 효능을 믿는 당신 마음이 그렇게 만든 것입니다. 마음가짐을 바꾸면 불가능은 사라지게 됩니다"라고 대답해줄 것이다.

동물적 본성을 기꺼이 버리지 않는 사람은 이 가르침을 이해하고 실천할 수 없다. 순수한 진리의 영이신 그리스도를 찾으려는 사람은 자신의 감정과 격정에 아첨해 영적 비전을 왜곡하고 눈멀게 하는 행동을 멈춰야 한다. 자기 안에 있는 모든 적의의 근원을 파괴해야 한다. 증오는 반감으로 불린다 해도 증오다. 반감이 아무리 동물적 인간에게는 자연스러운 감정일지라도 신성한 삶에서는 자리를 차지할 수 없다. 사람 마음이 악의, 혐오, 직개심, 복수심, 그리고 "(내가 보기에) 나는 옳고 너는 틀렸다"고 생각하는 맹목적인 자기중심주의에 사로잡혀 있다면 영적인 것을 보거나 영적인 진리를 받아들일 수 없다.

따라서 "네 원수를 사랑하라"는 계율을 지키기 위해서는 마음에서 모든 증오와 이기심을 제거해야 한다. 이를 달성하면 끊임없이 변하는 폭력적이고 동물적이며 개인적인 사랑을 정의로운 사람과 불의한 사람, 저 많은 사람과 덕이 높은 사람 모두에게 변치 않고 동일하게 적용되는 신성한 사랑의 원리가 대신할 것이며, 이는 폭력적 증오의 반대와 불가분의 관계를 갖는다. 동물적 인격으로 살아가는 동안에는 원수를 사랑하는 것이 불가능하다. 그런 인격은 맹목적인 사랑과 증오의 본성이기 때문이다. 개인적 요소를 버려야만 타인의 태도 변화에도 변치 않는 비개인적이고 신성한 사랑을 찾을 수 있고, 이 사랑을 행동의 지배적 요소로 만드는 것이 가능하다. 그리고 그렇게 했을 때 우리는 자신의 진정한 본성이 신성하다는 것을 깨닫는다.

원수를 친절히 대하고 다른 사람의 마음가짐과 상관없이 자신이 다른 사람에게 받고 싶은 바대로 베푸는 사랑은 감정이나 충동, 선호가 아니라, 실천으로 도달하는 신성한 지식 상태다. 이 지식이 마음속에서 완성되면 예언자들이 말하고 요구하던 신성한 법의 영원한 원리들이 이해된다.

예수의 가르침을 지키는 사람은 자기 자신을 정복해 신성하게 빛날 것이다. 그러나 예수의 가르침을 지키지 않는 사람은 영적 원리와 신성한 법칙에 대한 이해에서 모두 차단된 채 자신의 낮은 본성이라는 어둠 속에 머무를 것이다. 여기에 예수의 제자가 되는 확실한 시험이 있다. "나를 사랑하지 않는 자는 내 말을 지키지 아니하는 사람이니", "내 계명을 가지고 그것을 지키는 자는 나를 사랑하는 사람이라"고 말한 사람이 바로 예수 그리스도이기 때문이다.

멍에와 짐

나의 마음이 온유하고 겸손하니 나의 멍에를 메고 나에 대해 배워라. 그리하면 너의 영혼이 안식을 얻으리니. 나의 멍에는 편하고 내 짐은 가볍다.

— 예수

그러므로 하늘에 계신 아버지가 완전하듯 너희도 완전하여라.

— 예수

인간은 본질적으로 신성하다. 예수의 모든 가르침은 이 진리에 기초하고 있다. 인간이 신성하지 않다면 예수의 가르침은 무가치하고 무의미할 것이다. 인간의 마음에 호소할 대상, 즉 신성한 영혼이 없기 때문이다. 원수를 사랑하고 악을 선으로 갚을 수 있다는 바로 그 사실이 인간 내면의 본질적인 신성을 보여주는 증거다. 죄가 인간의 자연스럽고 올바른 상태라면 그 안에 머무르는 것이 옳을 테고, 덕과 신성함을 깨우치게 할 필요도 없다. 타고난 본성을 따르는 것 외에 다른 행동을 할 수 없기 때문이다. 사람은 다른 이들에게 덕, 행동의 고결함, 생각의 순결함, 이기적이지 않은 마음을 권할 때마다 무의식적으로 인간의 신성한 본성을 주장하며 강조하고, 부지 불식간에 죄에 대한 인간의 우월성과 죄를 극복할 수 있는 신 같은 힘이 자신들에게 있음을 분명히 한다.

하지만 인간은 너무 오랫동안 죄를 짓고 살아 결국 스스로를 죄의 원주민으로 여기게 되었고, 신성한 근원으로부터 단절된 존재라고 생각하게 되었다. 그리고 신성한 근원이 자신으로부터 멀리 떨어진 외부에 있다고 믿었다. 그 결과 자신의 신성은 물론, 선의 영이신 신과의 본질적인 하나 됨에 대한 자각과 지식을 잃고 말았다. 지금 인류는 머나먼 죄의 나라를 방황하며 기본적인 욕망과 그릇된 믿음의 더러운 껍질을 먹고살려는 탕자와도 같다. 모든 신성한 가르침과 명령은 인간에게 아버지의 집, 즉 본래의 순결함으로 돌아가 신성과의 참다운 하나 됨에 대한 지식을 회복하고 다시 확립하라는 부름이다.

예수의 모든 가르침은 자신이 행한 대로, 자신이 살았던 대로 살라고 간곡히 권고한다. 그리하여 예수는 자신과 인류가 본래부터 같다고 인정하고 확인하면서도 자기 자신만을 위해서가 아니라, 모든 사람을 위해서 "나와 내 아버지는 하나"라고 선언했다. 예수와 보통 사람의 삶의 차이는 임의로 강요된 것도 아니고 본질적으로 존재하는 것도 아니다. 두 삶의 차이는 스스로 부과한 것이며, 개인의 선택에 따른 것이다. 예수는 아버지(신성한 근원)와 하나 됨을 완전히 인식하면서 의식적으로 그 하나 됨 안에서 살았다. 반면, 보통 사람은 신성과 하나 됨을 인식하지 못할뿐더러 그것을 믿지도 않는다. 이렇게 믿지 않기 때문에 신성한 삶의 존엄과 위엄에 오르지 못하는 것이다. 스스로를 죄의 피조물로 여기면서 원래 타락했다고 믿으면 반드시 타락한 상태로 남아 죄의 지배를 받는다. 반면, 나 자신은 본래 신성하다는 사실, 나의 무지와 고의적인 선택으로 멀어지지 않는 한 신성과 단절된 적이 없으며 앞으로도 단절되지 않을 것임을 깨닫는다면 인간은 즉시 죄 위에 올라서 신성한 삶을 살게 될 것이다.

인간은 일차적으로 영적 존재이며, 따라서 인간이 신이라고 부르는 불변의 실재와 영원한 정신의 본성 및 본질을 지니고 있다. 인간에게는 죄가 아닌 선함이 올바른 상태이고, 불완전함이 아닌 완전함이 천성이다. 자아, 즉 성 바울이 '자연인natural man'이라고 부른 열띤 욕망, 교만한 의지, 자기중심주의와 이기주의를 부정하고 버리는 조건을 받아들인다면 그 상태에 들어가고 깨달을 수 있다.

산상수훈에서 예수는 신성한 삶을 사는 행동 방식과 사고방식을 설명한다. 하나님의 아들인 영적 존재로서 인간의 모든 의무를 규정한 후 "그러므로 하늘에 계신 아버지가 완전하듯 너희도 완전하여라"고 말하면서 사람들에게 신성한 관계에 따라 살라고 권한다. 예수는 완전함을 높이 부르고 불가능한 일을 명령하는 것이 아니라, 신성하고 완전한 참된 삶을 살면서 이기주의와 죄에 물든 거짓된 삶을 버리라고 설득할 뿐이다.

예수가 사람들에게 짊어지라고 요구하는 '멍에'는 순종의 멍에다. 모든 사람이 지닌 신성한 본성에 순종하고 더는 낮은 욕망과 충동에 복종하지 않는 것이다. '짐'은 죄 없는 삶의 짐을 의미한다. 순종의 멍에는 고통을 수반하지 않기에 '편하고', 죄 없는 삶의 짐은 슬픔, 불안, 두려움의 무게를 덜어주기에 '가볍다'. 이기적 삶은 불편하며, 죄의 짐은 그 죄가 아무리 가볍다 해도 무겁고 피곤하다. 이 진리를 알려면 단지 세상을 둘러보고 자신의 영혼을 들여다보면 된다.

예수는 모든 사람, 심지어 '악한'으로 불린 이들에게서도 신성을 알아보고 이를 강조해 거듭 말했다. 인간이 타고나길 타락한 존재이며, 스스로를 선함과 의로움의 높이로 끌어올릴 수 없는 길 잃은 피조물이라는 생각은 예수의 말씀이나 개념, 가르침 그 어디에도 들어 있지 않다. 예수의 모든 가르침은 인간의 타고난 선함과 선함을 실천할 수 있는 무한한 능력을 긍정하고 강조한다. "비난하지 말라 그리하면 너희가 비난받지 아니할 것이요, 용서하라 그리하면 너희가 용서받을 것이요, 주라 그리하면 너희가 받을 것이니, 곧 후히 되어 누르고 흔들어 넘치도록 하여 너희에게 안겨주리라"고 말할 때 예수는 우리가 모든 원한을 버리고 친절과 용서, 온화한 배려로 타인을 대한다면 인간은 본질적으로 선해서 우리에게 무수한 친절을 베풀 것임을 분명히 하고 있다. 타인의 '악함'에 대한 모든 생각과 의심을 버리고 자기 안에 있는 선을 찾아 실천하는 사람은 인간이 얼마나 선한 존재인지 알게 될 것이다.

또한 예수는 '의로운 자', '의로움에 굶주리고 목마른 자', '온유한 자', '자비로운 자', '마음이 순결한 자', '평화를 이루는 자'에 대해 말하면서 그러한 사람이 모두 복되다고 언명한다. 예수는 스스로를 악하다고 여기는 사람이 악하기는커녕 자녀에게 선한 선물을 할 줄 알고, 세리와 죄인조차도 사랑에 사랑으로 보답한다고 말한다. 스스로를 예수의 추종자라 부르는 사람들은 어린아이의 죄 없는 순수함에 대한 예수의 증언을 간과하고 무시해왔다. 예수는 사람들이 타락한 자들에 대해 언급하면서 그것이 인간의 진짜 본성이라고 여기고 그 극악무도함을 강조하며 과장하는 표면의 더럽힘에서 눈길을 돌려 축적된 죄 아래에 숨겨진 신성한 아름다움과 선함을 보고 이끌어낸다.

예수는 죄인들을 '포로'와 '맹인'이라고 표현하면서 구원을 전하고 그들의 시력을 회복하게 하는 것이 자신의 사명이라고 말하며, 죄는 인간에게 맞지 않고 죄가 없는 상태가 참된 상태임을 분명히 보여준다. 심지어 예수는 사람들이 자신보다 더 큰일을 할 것이라고 단언한다.

역사나 명안의 그 어디에서도 예수의 말과 행동만큼 잠재된 인간 마음의 의심할 여지없는 고매함과 본질적 순수함, 선함을 단언하는 증언을 찾을 수 없다. 예수는 신성한 선하심으로 인간의 마음을 알았고, 그 마음이 선하다는 것을 인지하고 있었다.

인간은 내면에 신성한 힘을 지니고 있다. 그 힘으로 영적 성취의 가장 높은 경지에 오를 뿐 아니라, 죄와 수치, 슬픔을 떨쳐버리고 최고선이신 아버지의 뜻을 행할 수 있다. 내면에 있는 모든 어둠의 힘을 정복해 찬란하고 자유롭게 설 수 있다. 세상을 정복하고 진리의 높은 정상에 오를 수 있다. 이는 선택과 결심, 신성한 힘으로 성취하는 것이지만, 오직 순종 안에서 순종으로만 이룰 수 있는 일이다. 우리는 온유하고 겸손한 마음을 가져야 한다. 평화를 위해 다툼을 버리고, 순결함을 위해 격정을 버리고, 사랑을 위해 미움을 버리고, 자기희생을 위해 이기주의를 버리고, 선으로 악을 극복해야 한다. 이것이 거룩한 진리의 길이면서 안전하고 영원한 구원이다. 이것이 그리스도의 멍에이자 짐이다.

말씀과 행하는 자

나는 누구든지 내 이 말을 듣고 행하는 자를 자기 집을 반석 위에 지은 지혜로운 사람과 같다 하리라. 비가 내리고 홍수가 나고 바람이 불어 그 집을 덮쳤으나 그 집이 반석 위에 서 있으므로 무너지지 아니하였느니라.

— 예수

너희가 내 말에 거하면 참으로 나의 제자가 되고 진리를 알지니 진리가 너희를 자유케 하리라.

— 예수

예수의 복음은 삶과 행함의 복음이다. 그렇지 않다면 영원한 진리를 말하지 않을 것이다. 정결한 행함이 그 성전이고, 자기 포기가 그 출입문이다. 예수의 복음은 사람들에게 죄를 떨쳐버리기를 권하며 결과적으로 기쁨과 축복, 완전한 평화를 약속한다.

인류가 구원자로 숭배한 모든 위대한 영혼의 가르침에는 한 가지 특징이 있다. 영혼과 삶의 단순한 사실 및 진리를 밝히고 직접 호소한다는 점이다.

예수의 가르침에서는 이러한 특징이 특히 두드러진다. 엄밀히 말해 예수는 어떤 이론도 제시하지 않았고 어떤 교의도 세우지 않았으며, 어떤 특정한 '견해'를 주장하지도 않았고 사변적 철학을 제의하지도 않았다. 다만 말하는 것으로 만족했다.

사람들은 자신의 쾌락, 이론, 신학, 철학에 사로잡혀 삶의 단순한 사실을 이해하지 못한다. 이런 사람들을 자기 영혼의 단순하고 아름다운 실재로 되돌려놓는 것이 참된 스승이 해야 할 최우선적 의무다. 거짓된 스승은 의무와 행위의 단순한 진리를 깨닫지 못할뿐더러, 자신과 타인을 있는 그대로 보지 못한다. 그는 진리의 길을 알려달라는 질문을 받으면 그 길은 전적으로 자신의 특정 신학을 받아들이는 데 있다고 선언하면서 질문자에게 다른 모든 신학 체계를 경고할 것이다. 그러나 인간의 마음을 알고 삶을 있는 그대로 보는 참된 스승은 그렇게 하지 않는다. 특히 예수는 삶의 길에 대한 질문을 받으면 늘 질문자에게로 다가가 행하라고 답했다. 예수는 질문한 사람에게 자신이나 다른 이의 견해와 이론, 교묘하게 짜인 철학에 대해서는 단 한 번도 언급하지 않았다. 의무와 더불어 순결한 삶과 행동에 대해 말했으며, 오직 그들 자신의 죄악을 경고했다. 그리고 진정 이것이 필요한 전부다. 사람은 죄를 버리거나 죄에 매달린다. 전자는 모든 것을 행하고 삶의 법칙을 깨닫는다. 후자는 아무것도 하지 않고 이해하지 못해 그저 무지하고 눈먼 상태로 있다.

진리는 생각의 체계가 아닌, 행동에 담겨 있다. 순수하고 죄 없이 사는 것이 온갖 말로 된 교리보다 훨씬 낫다. 모든 신학 체계를 주의 깊게 연구하면 마침내 하나의 사심 없는 생각, 하나의 순수한 행동이 모든 것을 부끄럽게 만든다는 사실을 알게 된다. 진리는 교의에 대한 논쟁으로부터 멀리 떨어져 있지만 무사무욕의 행위 속에서 밝은 빛으로 빛난다. 이는 예수의 이야기에서 얼마나 아름답게 묘사되어 있고, 예수 생애의 여러 사건에서 얼마나 강력하게 드러나는가! 누가복음 10장에서 어떤 율법 학자가 "선생

님, 내가 무엇을 해야 영생을 얻으리이까?"라고 묻는 부분이 특히 그렇다. 예수가 율법 학자에게 답하길 제1계율을 반복해보라고 한다. 율법 학자가 제1계율을 말하자 예수는 간단하게 "이를 행하라 그리하면 살리라" 하고 대꾸한다. 그러자 율법 학자는 의심할 여지없이 예수를 당황케 하고 논쟁에 끌어들이려는 의도로 "그러면 내 이웃은 누구입니까?"라고 묻는다.

여기서 선한 사마리아인의 비할 데 없는 비유가 나온다. 이 이야기에서 예수는 가장 단순하지만 강력하고 명백한 언어와 이미지로 선행을 동반하지 않으면 종교적 행위는 헛되고 쓸모없는 짐이며, 소위 세속적인 사람이라도 이타적 행동을 하는 자는 영생을 찾지만, 종교인이라도 자비와 이타심에 대해 자신의 영혼을 닫은 자는 영생을 얻지 못한다는 사실을 보여준다. 이 비유를 완전히 이해하려면 유대인이 제사장과 레위인은 하나님의 높은 총애와 선택을 받았다고 생각한 반면, 사마리아인은 완전히 구원의 범위 밖에 있는 존재로 생각했다는 점을 염두에 두어야 한다.

예수는 행위 외에는 어떤 종교도 인정하지 않았으며, 어떤 종교도 존재하지 않는 것이 진실이다. 순수한 선이 곧 종교이고, 그 밖에 다른 종교는 없다. 수많은 교리와 다툼과 열띤 논쟁이 있지만, 인간은 이런 것들을 뛰어넘어 연민과 사랑의 순수한 불꽃으로 모든 증오의 특징이 불타 없어지는 마음속 사랑의 장소에 도달할 때만 진정으로 신앙심을 가진다. 예수는 이 신성한 장소에 서서 안식과 평화를 받으라고 사람들을 부른다.

예수가 온유하고 겸손하고 동정적이고 순수하며 사랑한다는 것은 매우 아름다운 일이지만, 그것만으로는 충분하지 않다. 당신도 온유하고 겸손하고 동정적이고 순수하며 사랑해야 한다. 예수가 자신의 의지를 아버지의 의지 아래 두었다는 점은 영감을 주지만 그것만으로는 충분하지 않다. 당신도 예수와 마찬가지로 자신의 의지를 지배하는 선의 의지 아래에 두어야 한다. 예수 안에 있던 은혜와 아름다움과 선함은 그것이 내 안에 있지 않으면 아무런 가치가 없고 이해할 수도 없다. 그리고 그것들은 실천하기 전에는 결코 내 안에 있을 수 없다. 선함을 구성하는 자질은 행함과 별개로 존재하는 것이 아니기 때문이다. 예수가 지닌 신성한 자질 때문에 그를 흠모하는 것은 진리를 향한 먼 걸음이지만, 예수와 같은 자질을 실천하는 것은 진리 그 자체다. 타인의 완전함을 진정 흠모하는 사람은 자신의 불완전함에 만족하지 않고 그들을 따라 자신의 영혼을 만들 것이다. 우리 모두는 다른 이의 선함, 심지어 하나님의 선함일지라도 그것에서 어떤 축복과 평화를 얻을 수 없다. 선을 실천하고 끊임없는 노력으로 우리 존재에 선을 포함시켜야 비로소 축복과 평화를 깨닫고 소유할 수 있다. 따라서 예수를 그의 신성한 자질 때문에 흠모하는 이는 스스로 그 자질을 실천할 때 신성한 사람이 될 것이다.

예수의 가르침은 의義 또는 바른 행동은 전적으로 개인의 행동과 관계된 문제이지, 사람의 생각이나 행동과 별개인 신비로운 것이 아니라는 단순한 진리를 상기케 한다. 또한 개개인 스스로가 의로워야 하고, 각자가 말씀을 행하는 사람이 되어야 하며, 마음의 평화와 기쁨을 가져다주는 것은 타인이 행동이 아니라 자신의 행동이라는 단순한 진리로 돌아가게 한다.

수백만 명의 사람이 예수를 경배하고 수님이디고 부르지만 예수는 누가 자신의 제자인지, 누가 생명에 들어간 사람인지에 대해 어떤 이의나 의심도 남기지 않는다! "내게 주여 주여 하는 자마다 천국에 다 들어갈 것이 아니요, 다만 하늘에 계신 내 아버지의 뜻대로 행하는 자가 들어가리라"는 말은 직접적이고 단순하다. 예수는 또 이렇게 말한다. "어찌하여 너희는 나를 주여, 주여 하면서도 내 말하는 것은 행하지 아니하느냐?" 신성한 가르침에 따라 행동하는 사람이 아버지의 뜻을 행하는 자다.

말씀을 실천하는 사람은 자신의 마음과 삶에서 그 진리를 행하고 증명한다. 그리하여 그는 영원한 반석을 내면의 참다운 실재로 알고 그 위에 어떤 슬픔의 비, 유혹의 바람, 죄의 홍수도 파괴하거나 허물 수 없는 의의 성전을 짓는다. 오직 용서를 행하는 사람만이 용서의 달콤함을 맛보고, 사랑과 자비와 의를 실천하는 사람만이 그 넘치는 복됨을 마음에 받아들일 수 있다. 인류를 향한 평화 속에서 살아가는 사람을 제외하고는 아무도 무한하고 헤아릴 수 없는 평화를 알지 못한다. 예수의 말을 행하는 사람이 곧 참 제자이며, 예수의 말을 계속 따르면서 마음과 정신을 그 말과 하나 되게 만드는 사람은 영혼을 죄의 속박에서 해방시키는 진리를 알게 될 것이다.

포도나무와 가지

나는 포도나무요 너희는 가지라. 내 안에 머무르고 나도 그 안에 머무르는 사람은 많은 열매를 맺나니 너희는 나를 떠나서는 아무것도 할 수 없음이라.
— 예수

수고하고 무거운 짐 진 자들아 다 내게로 오라 내가 너희를 쉬게 하리라.
— 예수

그리스도는 사랑의 영이자, 사람 안에 머무는 실재다. 그러나 그 완전한 성전은 인간의 형태이며, 인격 안에서 인격을 통해서만 가시적이고 의식적으로 현현할 수 있다. 본질적으로 인격을 가지지 않는 보편적이고 영원한 원리인 동시에 생명의 근원이자 실체다.

그 사랑의 원리 안에 모든 지식, 지성, 지혜가 담겨 있다. 인간은 자기 존재 안의 중요한 실재로서 이를 깨닫기 전까지는 그리스도를 온전히 이해하지 못한다. 이런 영광스러운 깨달음이 진화의 면류관이고 존재의 최고 목적이다. 그 성취는 완전한 구원이자 모든 과오와 무지, 죄로부터 해방이다.

사랑의 원리는 모든 사람에게 있으나 모든 사람이 이를 발현하는 것은 아니다. 사람은 원리의 존재와 힘을 흐리는 인간적 요소에 계속해서 집착하기 때문에 사랑의 원리를 알지도 못하고 발현하지도 못한다. 사람이 가진 본성의 모든 인간적 요소는 가변적이고 부패하기 쉽다. 이런 것들에 매달리는 사람은 부정, 그림자, 죽음을 받아들이는 것과 같다. 물질세계에서는 가로막은 모든 방해물을 치우기 전까지는 물체를 인식할 수 없다. 마찬가지로 영적인 영역에서는 모든 무상한 요소를 버리지 않으면 영원한 원리를 이해할 수 없다. 자기 안의 영원한 실재로서 사랑을 알려면 사랑의 완전한 현현을 좌절시키는 모든 인간적 성향을 온전히 버려야 한다. 그럼으로써 사랑과 하나가 되고 사랑 자체가 된다. 그리고 자신이 늘 신성했으며, 신과 하나였고, 지금도 그렇다는 사실을 알게 된다.

예수는 자아에 완전히 승리해 최고의 정신과 일체성을 깨달았고 이를 분명히 드러냈다. 그리고 자신의 모든 본성과 삶을 비인격적 사랑의 아래에 둠으로써 말 그대로 그리스도의 체현이 되었다. 그렇기에 진정 그리스도로 불리는 것이다.

예수가 "나를 떠나서 너희는 아무것도 할 수 없음이라"고 했을 때 그는 자신의 썩기 쉬운 몸이 아니라 그의 행위로써 완전하게 현현한 보편적 사랑의 영에 대해 말한 것이다. 예수의 이 말은 단순한 진리를 전한다. 즉 사람의 행동은 인간적 목적을 위해 행해졌을 때 헛되고 무가치하며, 그 자신은 인간적인 만족 속에서 사는 한 죽음을 두려워하고 어둠에 잠긴 썩기 쉬운 존재로 남는다는 것이다. 인간 안의 동물은 결코 신에게 반응하거나 신을 알 수 없으며, 오직 신만이 신에게 반응할 수 있다. 인간에게 있는 증오의 영은 사랑의 영과 조화를 이루어 진동할 수 없다. 사랑만이 사랑을 이해하고 그것과 연결될 수 있다. 인간은 신성하다. 사랑의 본질을 가지고 있다. 따라서 지금까지 맹목적으로 따랐던 불순하고 인간적인 요소들을 버리고 그리스도 영의 비인격적 실재, 즉 순결, 겸손, 연민, 지혜, 사랑을 키운다면 이를 깨달을 것이다.

　예수의 모든 가르침은 실천에 앞서 이기적이고 개인적 요소들을 조건 없이 희생하라고 요구한다. 인간은 실재하지 않는 것에 매달려서는 실재를 알 수 없고, 과실에 집착해서는 진리의 일을 할 수 없다. 정욕, 증오, 교만, 허영, 방종, 탐욕을 소중히 여기는 동안에는 뭔가를 하는 것이 불가능하다. 이들 죄의 요소가 하는 일은 실재하지 않으며 쉽게 썩기 때문이다. 오직 내면에 존재하는 사랑의 영으로 피신해 인내하면서 온유와 순수, 동정, 용서의 마음을 가질 때만 의로운 일을 행하고 생명의 열매를 맺을 수 있다. 가지 없는 포도나무는 포도나무가 아니며, 그 가지가 열매를 맺지 않으면 완전하지도 않다. 사랑은 사람이 그것에 생명을 불어넣기 전, 즉 완전히 이해해 행동으로 발현할 때까지는 불완전하다. 인간은 모든 다툼과 증오, 비난, 불순함, 교만, 자기 추구를 버리고 오직 사랑의 생각, 사랑의 행동을 할 때만 의식적으로 사랑의 포도나무와 하나가 될 수 있다. 그리하여 지금까지 억누르며 부인해왔던 내면의 신성한 본성을 깨우게 된다.

　분노, 조바심, 탐욕, 교만, 허영심 등 다양한 형태의 개인적인 이기심에 굴복할 때마다 우리는 그리스도를 부인하고 사랑으로부터 멀어진다. 그리스도는 공식화된 교의를 거부함으로써 부정되는 것이 아니라, 이기심에 굴복함으로써 부정된다. 그리스도의 실재는 끊임없이 분투해 스스로를 죄 많은 존재에서 순수한 존재로 변화시킨 사람, 그리고 고귀하고 도덕적인 노력을 기울여 모든 고통과 슬픔과 불안의 근원인 부패하기 쉬운 자아를 포기하고 이성과 온유, 평화, 사랑의 본성을 키운 사람만이 알 수 있다.

　죄로부터 벗어날 인간의 유일한 피난처는 죄 없는 사랑이다. 사랑을 이해하고 그 안에 머무르는 사람, 덧없고 실재하지 않으며 무가치한 것을 모두 버리고 마음과 생각과 행동으로 인류를 향해 날마다 사랑을 실천하는 사람, 해롭거나 불결한 생각을 품지 않는 사람은 존재의 원리를 발견하고 영원한 생명과의 일체성을 완전히 깨달아 끝없는 안식을 얻는다.

구원의 날

오늘 구원이 이 집에 이르렀으니.
― 삭개오에게 예수가

보라, 하나님의 나라가 네 안에 있다.
― 예수

　앞에서 이야기한 총 다섯 장을 통해 예수의 가르침이 전적으로 행동의 완전성을 바탕으로 하며, '선'이라는 한 단어로 요약될 수 있음을 알려주고자 했다. 예수는 자신의 삶에서 뚜렷하게 선을 보여주었다. 예수의 가르침은 매우 강력한데, 이는 그것이 그의 삶과 행동에 뿌리를 두고 있기 때문이다. "나를 따르라"는 명령은 예수가 살아간 삶의 외적인 세부 내용을 맹목적으로 모방하라는 뜻이 아니라, 자기 자신을 극복함으로써 예수가 그랬던 것처럼 선과 연민, 사랑의 경지에 오르라는, 그야말로 말 그대로의 실제적 명령이다. 예수의 가르침에 담긴 영광은 그의 계율에 구체화되어 있다. 예수가 살아간 삶의 영광이 계율에 담겨 있는 만큼 그 계율을 삶의 지침으로 받아들이는 사람은 생각과 행동의 내적 원천을 정화함으로써 자신의 행동을 완성해 영적이고 죄 없는 존재가 되고, 삶의 모든 의무와 존재의 목적을 이루게 될 것이다. 여기에는 완전한 구원, 다시 말해 죄로부터 자유도 포함된다.

예수는 구원이라는 단어를 단 두 번 언급했는데 그중 한 번, 즉 삭개오에게 하신 말씀이 우리에게 중요한 의미를 지닌다. 구원에 대한 짧은 언급에서 우리는 삭개오의 변화된 행동에 비추어 그 의미를 충분히 깨달을 수 있다. 추론컨대 삭개오는 그때까지 냉정하고 엄격하며 욕심 많은 사람이었다. 다만 아직 새로운 스승을 직접 만나지는 못했으나 예수의 메시지를 듣고 인간은 회개할 수 있고, 회개해야 하며, 이기적인 죄 많은 행동을 멈추고 선한 죄 없는 행동을 해야 한다는 복음에 마음을 열었다. 그리하여 복음대로 행하면서 그 복을 증명했으니 예수가 그의 집에 오셨을 때 "그를 기쁘게 맞이하고" 어떻게 옳은 일을 위해 잘못된 행동을, 선을 위해 악을, 이타적인 삶을 위해 이기적인 삶을 버렸는지 이야기했다. 예수는 삭개오에게 '종교적 견해'를 묻지 않았고, 견해나 의견을 바꾸라고 강요하지도 않았으며, 예수 자신을 메시아, 하나님의 아들로 믿으라고 요구하지도 않았다. 삭개오는 자신의 행동을 바꾸었고 다른 사람을 대하는 태도를 완전히 전환했다. 관대함을 위해 탐욕을, 자애를 위해 강탈을, 정직함을 위해 부정직함을, 이타심을 위해 이기심을, 선을 위해 악을 버린 것이다. 예수가 "오늘 구원이 이 집에 이르렀으니"라고 선언한 것처럼 그것으로 충분했다.

예수가 인정하고 가르친 유일한 구원은 죄와 죄의 결과로부터 지금 여기에서 구원을 얻는 것이고, 이는 죄를 완전히 버림으로써 이루어진다. 죄를 온전히 버리면 하나님의 왕국은 완전한 지식, 완전한 축복, 완전한 평화 상태로 마음속에서 실현된다.

"거듭나지 아니하면 하나님의 왕국을 볼 수 없느니라." 사람은 '새로운 사람'이 되어야 한다. 과거 모습을 완전히 버리지 않고 어떻게 새로운 사람이 될 수 있겠는가? 여전히 과거의 성질, 과거의 독선, 과거의 허영심, 과거의 이기심에 집착하면서 특정 신학이나 신앙을 받아들여 신비하고 설명할 수 없는 방식으로 "새로운 사람이 되었다"고 생각하는 사람의 이후 상태는 처음보다 더 나쁘다. 과거의 자연스럽고 이기적인 자신을 되돌아보고 그것을 부정하면서 버릴 때만 비로소 다시 태어났다고, 새로운 사람이 되었다고, 죄에서 구원받았다고 말할 수 있는 것이다. 과거의 성질, 과거의 독선, 과거의 허영심, 과거의 이기심 등 그것이 무엇이든 과거의 자기 삶을 영원히 버린 뒤 온유하고 순결하며 겸손하고 이타적인 사랑의 새 삶으로 돌아서야만 죄에서 구원받았다고 할 수 있다. 그는 참으로 구원받았으니, 더는 그것을 실천하는 일이 그를 괴롭히지 않을 것이기 때문이다. 또한 여기에 천국이 있다. 그것은 무덤 너머 사변적 천국이 아니라, 마음속에 항상 존재하는 진짜 천국이다. 모든 지옥 같은 욕망과 기분, 고통은 사라지고 사랑이 지배해 늘 평화가 있는 천국이다.

실로 복음은 인간에게 신성한 가능성을 알려주는 예수의 메시지다. 예수의 메시지는 본질적으로 죄에 빠진 인류에게 "네 침상을 들고 걸어가라"고 말한다. 즉 선함만을 믿고, 죄가 없는 선을 자신의 삶에서 실현할 때까지 지켜보면서 노력하고 극복한다면 더는 어둠과 무지, 죄의 피조물로 남을 필요가 없다는 것이다. 이렇게 믿고 극복해낸 인간은 예수가 그의 계율에 구체화한 완전한 규칙이라는 길잡이를 얻을 뿐 아니라, 내면의 안내자, 마음속 진리의 영인 "세상에 들어온 모든 사람을 비추는 빛"을 갖게 된다. 그리고 그것을 따를 때 틀림없이 계율의 신성한 원천을 보게 될 것이다.

완전한 분의 숭고한 비전은 본성의 불순하고 거짓되며 사랑스럽지 않은 모든 요소를 버리고, 신성한 계율을 위반하는 모든 잘못을 없애기로 결심한 뒤 겸손하게 선의 문을 통과하는 사람, 충실하고 겸손하며 진실한 사람에게 나타날 것이다. 그리고 날마다 마음을 정화하고 비전에 따라 자신의 행동을 완성하는 사람은 조만간 낮은 자기 본성의 모든 미묘한 것들을 뛰어넘어 영혼에서 불명예스러운 얼룩을 씻어내고 그리스도의 완전한 선함을 깨닫게 될 것이다.